- 中央财政支持地方高校发展专项"俄罗斯远东智库建设"专项资金出版资助

- 教育部国别和区域研究中心"黑河学院俄罗斯研究中心"系列成果

黑龙江流域暨远东历史文化丛书
丛喜权 王禹浪 谢春河 / 主编

黑龙江中上游右岸民俗文化

白长祥 ◎ 编著

中国社会科学出版社

图书在版编目（CIP）数据

黑龙江中上游右岸民俗文化/白长祥编著． —北京：中国社会科学出版社，2019.11
ISBN 978-7-5203-5132-4

Ⅰ．①黑… Ⅱ．①白… Ⅲ．①风俗习惯—研究—黑龙江省 Ⅳ．①K892.435

中国版本图书馆 CIP 数据核字（2019）第 209372 号

出 版 人	赵剑英
责任编辑	安　芳
责任校对	张爱华
责任印制	李寡寡

出　　版	中国社会科学出版社
社　　址	北京鼓楼西大街甲 158 号
邮　　编	100720
网　　址	http://www.csspw.cn
发 行 部	010-84083685
门 市 部	010-84029450
经　　销	新华书店及其他书店
印　　刷	北京明恒达印务有限公司
装　　订	廊坊市广阳区广增装订厂
版　　次	2019 年 11 月第 1 版
印　　次	2019 年 11 月第 1 次印刷
开　　本	710×1000　1/16
印　　张	22
插　　页	2
字　　数	341 千字
定　　价	98.00 元

凡购买中国社会科学出版社图书，如有质量问题请与本社营销中心联系调换
电话：010-84083683
版权所有　侵权必究

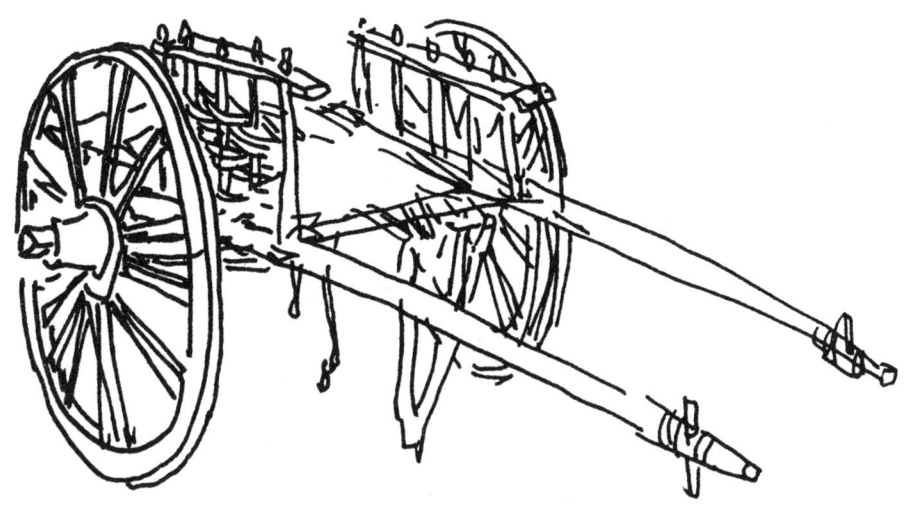

达斡尔族勒勒车俗称"草上飞"

打木楔

鄂伦春族猎手

东北少数民族烟荷包

俄式马爬犁

鄂伦春族妇女肩背摇车哺乳

鄂伦春族婚礼拜长辈

达斡尔族传统木犁"达木哈"

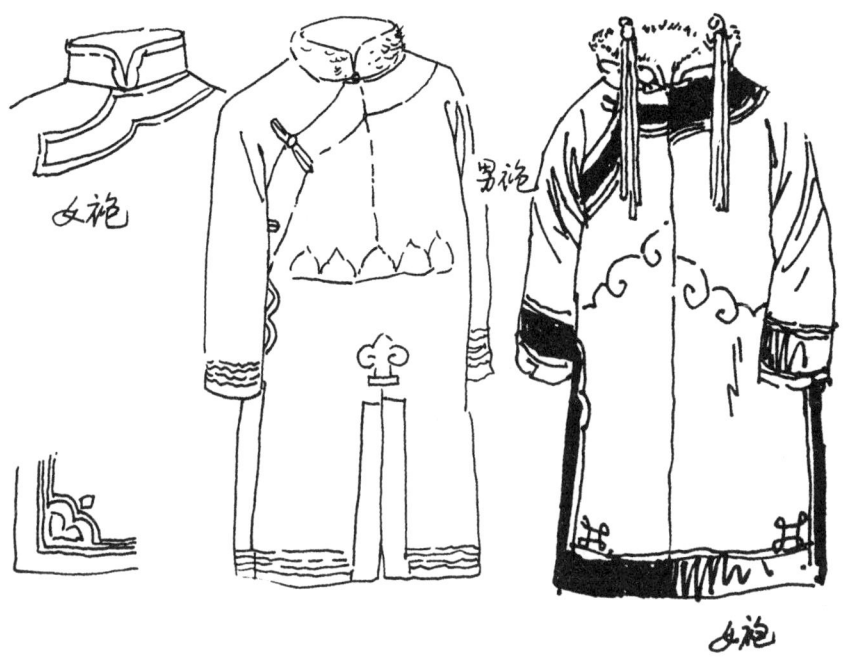

鄂伦春族男、女皮袍"苏恩"

鄂伦春族狍头帽"灭它哈"

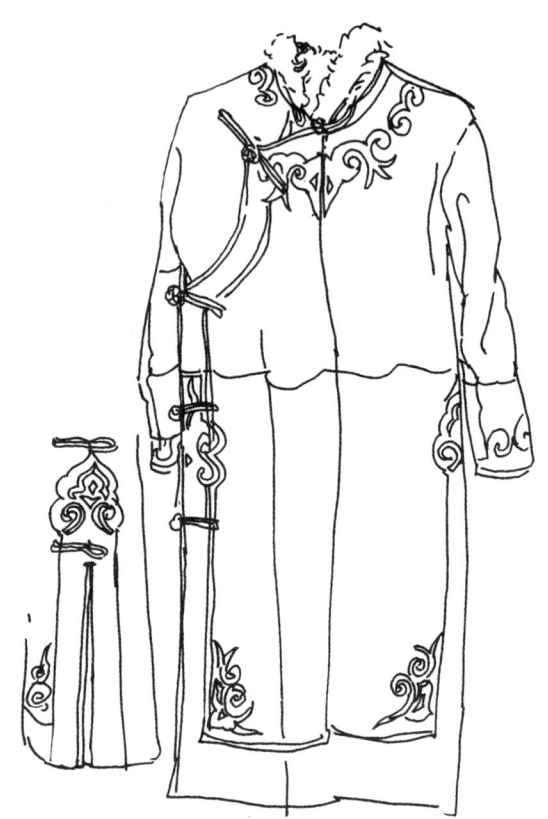

鄂伦春族皮袍两侧防撕裂的开襟图案

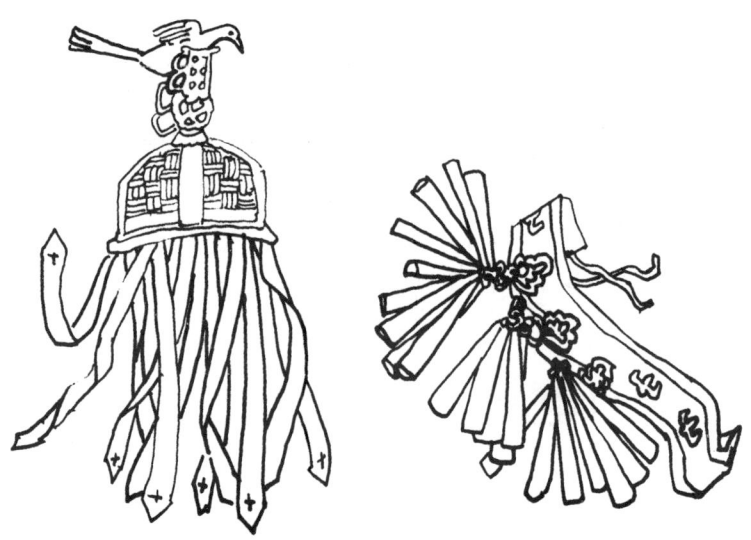

鄂伦春族萨满神帽

黑龙江上"放木排"

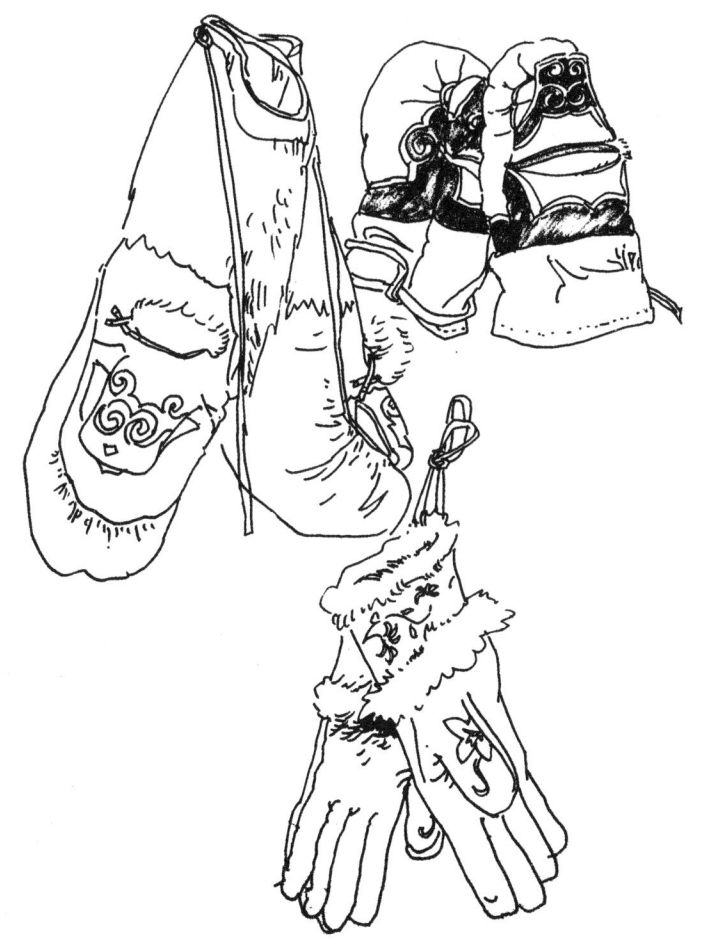

鄂伦春族狩猎手套"考哈唠"和五指手套

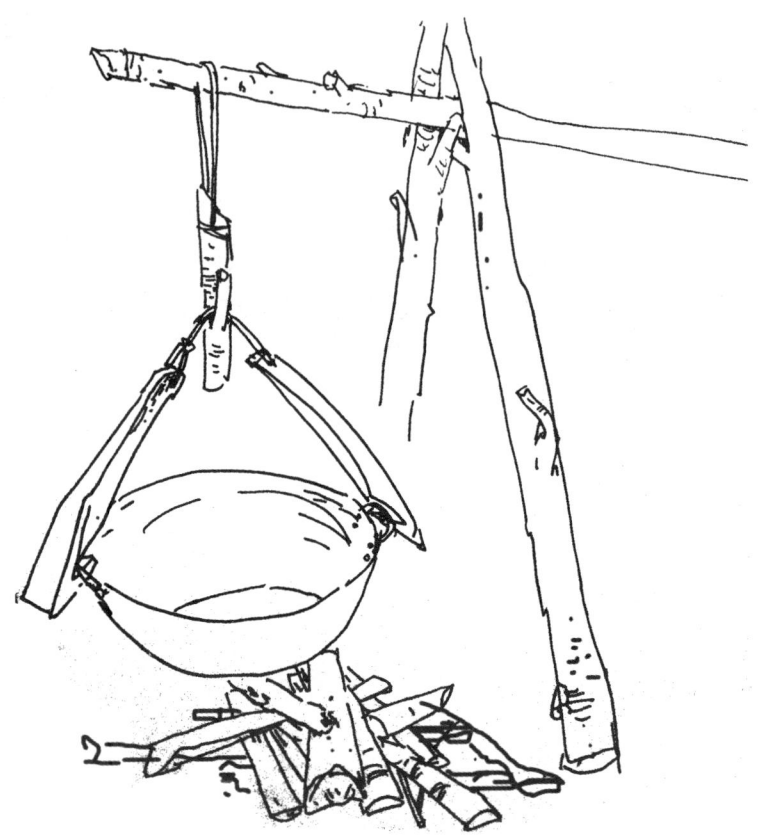

鄂伦春族野炊工具吊锅子

江畔一景长渔凳

欻嘎拉哈

两棵原木夹运大鳇鱼

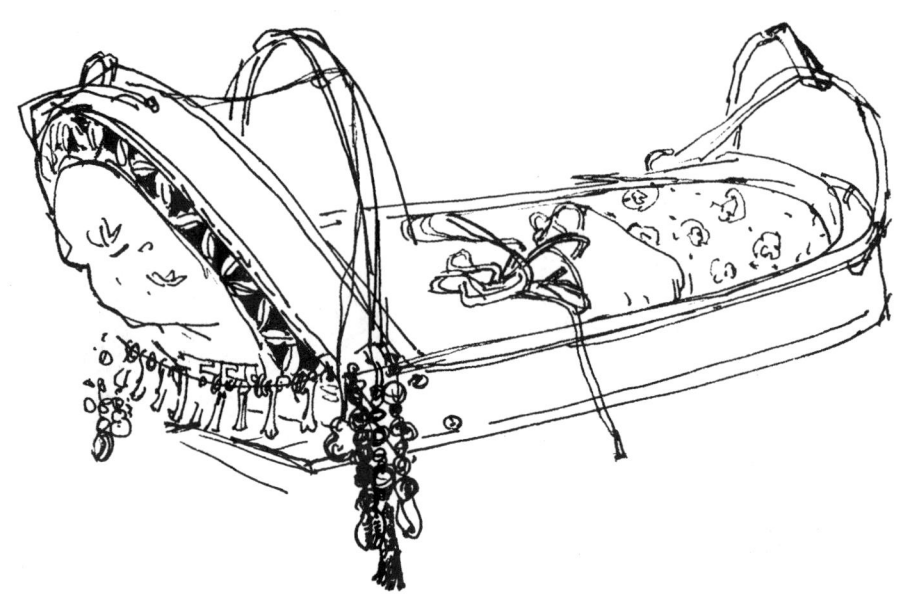

满族、达斡尔族婴儿传统寝具"摇车"

木刻楞建筑之一井房

木刻楞建筑之二住宅

斜仁柱旁晒肉架

站人用马掌做刀削面

瑷珲古城"上元节"

江两岸《双子城》中国黑河市与俄罗斯布拉戈维申斯克

作者在俄远东地区勘察加进行民族文化考察

插图速写：姜荣慧

图片摄影：张洪梅　曹福全　王殿杰

编 委 会

主　任：王　刚　贯昌福

编　委：（按姓氏笔画）

　　　　王　刚　王禹浪　丛喜权　刘润南

　　　　[俄] 安德烈·扎比亚卡　杨富学　贯昌福

　　　　姜占民　孟繁红　崔向东　都永浩　周喜峰

　　　　黑　龙　彭传勇　谢春河　魏国忠　戴淮明

　　　　[日] 藤井一二

主　编：丛喜权　王禹浪　谢春河

序

瑷珲——清代黑龙江边关重镇之一，曾经是黑龙江流域政治、军事、经济、文化的中心。以其地名依次设置黑龙江将军衙门，亦称瑷珲将军衙门；黑龙江副都统衙门，亦称瑷珲副都统衙门，以及后来的瑷珲兵备道、瑷珲直隶厅、瑷珲县、伪瑷珲县公署，1946年经过民主选举组建的瑷珲县人民政府、直至如今的黑龙江省黑河市爱辉区人民政府。虽然不同历史时期设置不同，辖境亦有所区别，但是瑷珲这个由满语"阿依活"和达斡尔语"阿依贝"多次音转、语意为"母貂"的地名称谓却一直沿袭着。

瑷珲历史悠久、文化积淀厚重。考古资料证明，从北部临界呼玛县出土方格纹、附加堆纹、小石刀等文物的江湾农场原始文化遗址开始，到爱辉区界内黑龙江右岸沿江一线泡子沿村出土的金代铁犁铧、崇宁通宝；张地营子村炮台遗址中的骨卜、石臼；卧牛河口的石网坠、单刃刮削器、石核；长发村的石网坠、骨器、陶器、古墓葬；小乌斯力村东南和东北的石网坠；卡伦山村东南金代铁刀、陶器、墓葬漆器、桦皮器；黄旗营子村的骨镞；瑷珲城南的石网坠、刮削器，南树林子将军墓的绿宝石扳指、桦树皮箭囊，城西将军墓的红宝石金簪、翡翠手镯、石兽祭品，城北头道沟桥西南古墓中的铁马镫、铁镞、鸣镝、铁矛枪头、无纹饰铜镜、小铁锅、旱烟袋，江岸战备掩体里大铁锅中重达百余公斤铜币及其中的巴思巴文钱币；富拉尔基村达斡尔人供奉而被瑷珲族人称之为诺·巴尔肯的吉雅其·巴尔肯神偶，藏于西部山区鄂伦春族桦树皮系列神偶等弥足珍贵的文物，以及西南部神秘的西沟古山城，可以讲述许许多多历史故事或有待揭示某件重大历史史实的文物古迹。此外，民间广为流传着《白天为啥比黑夜亮》《妮雅岛》《三仙女》《十二架金葡萄》

《十里长江出娘娘》《大马哈鱼的传说》《秃尾巴老李》等充满地域和民族色彩的神话传说，以及《瑷珲即景》《艾河元夕竹枝词》《纪异》《失瑷珲》《推黑河》《龙沙吟》《鄂伦春竹枝词》等传世诗作……而西部山区宏湖图河一带还是我国最早的鄂伦春族风情诗诞生地。更为诱人的是瑷珲有绚丽多姿生于民间、传于民间、相沿积久的大量的民俗事象。这些不同历史时期不同门类不同文化类型的文化遗存，是瑷珲境内人类文明的重要标记。可以说，瑷珲因其历史久远厚重而为古今中外世人所瞩目，亦因其民族文化多姿多彩光鲜靓丽而具有多元的研究价值。

民俗产生的基础是社会生活。大量的文献记载了瑷珲这个多民族聚居地，以满族、达斡尔族、鄂伦春族这三个原住民族及其先民为主体，并与多个兄弟民族相邻相容，他们一代又一代共同劳动生息繁衍在这片广袤的边陲大地上。在历史的长河中，尽管经历了民族迁徙、朝代更迭、战争和移民戍边等变故，但是他们始终热爱并固守着自己的家园，用勤劳和智慧创造出久远厚重的历史文化、光辉灿烂的民族文化、独具特色的地域文化。而多姿多彩的民俗文化则构成一幅幅生动鲜活的瑷珲人民风俗画卷。以民间故事、传说串联起来，我们可以作这样勾画：一座"斜仁柱"旁，一位年轻的鄂伦春族女人，在丈夫出猎后，一边缝着"狍头帽"，一边倾听婆母讲述"扎老桦树皮成人"的神话传说。突然，她感到腹痛加重就要临产。在无医无药的岁月里，婆媳俩只能按着或原木滚压，或马背颠簸，或鸣枪惊吓等"鄂伦春人传统催生方法"迫使孩子降生。为了生活，还在哺乳期的婴儿躺在母亲胸前挂着的"鄂伦春族传统摇车"里，随骑马的母亲奔赴猎场。一声枪响，一只"不傻的狍子"倒在地上。母亲把摇车挂在树杈上，弯腰将猎物开膛，按"鄂伦春人传统的吃生习俗"当场吃掉还在冒着热气的狍子肝肾。然后再胸挂摇车，驮上猎物，骑上猎马回到驻地。在"斜仁柱"前，把"吊锅子"挂在木杆支架上，开始为婆婆煮肉……应该说，这些生动鲜活的风俗画的真正作者与传承者，不是别人，正是生活在瑷珲境内的各族人民和他们的先祖。

本书集中概括了瑷珲境内各民族的民俗，具有民俗事象繁多、内容丰富、传承时间长、民族特色鲜明、与汉族文化和临近民族文化既有差异又有融汇等特点。从民族成分上看，有满族、达斡尔族、鄂伦春族、蒙古族和汉族，也涉猎鄂温克族、赫哲族和回族。从行业上分，有农耕、游猎、渔猎、采金、流送、航运、运输、建筑、商服，等等；从生活内容看，涵盖了生产、住行、饮食、服饰、婚育、节令岁时、文化娱乐、禁忌、社会、宗教信仰、外来文化等各种风俗260余项。当然，瑷珲风俗也有某些"十里不同风，百里不同俗"的变异现象。例如，同样的满族、达斡尔族婚礼中的"撒帐歌"，县城的歌词一般都是"撒帐东、撒帐东，撒得莲花朵朵红，今宵牛郎会织女，早生贵子做国公。撒帐南、撒帐南，撒得洞房喜连连，今宵牛郎会织女，早生贵子中状元"。而流行于乡下的满族和达斡尔族的《撒帐歌》词却是"一撒金，二撒银，三撒骡马一大群，生个小子打洋草，生个姑娘摘豆角"。显而易见，同样的习俗形式，也许两地距离不足百里，仅是城乡之差，歌谣中的典型环境不同，两地人的心理追求不尽一致，味道也就不同了。然而风俗一经形成，就渗透到人们的生产生活中，经过染习传承、代代因袭，成为一股具有约束力的精神力量。以《撒帐歌》为例，万变不离其宗，还是同一母体的称谓，还是具有同一种喜庆的功能。这里还需要特别指出两点：一是瑷珲境内的满族、达斡尔族和鄂伦春族三个民族都曾经信仰过一种原始宗教——萨满教，"万物有灵"的自然崇拜、动物图腾、祖先崇拜以及灵魂不死等观念几乎贯穿他们全部的社会生活中，从而产生许许多多令人疑惑不解的禁忌民俗。应该说具有这种奇异的禁忌民俗文化事象在本书中占有一定的比例，从而使本书某些民俗事象具有一定的神秘感。二是由于瑷珲地处亚欧文化交汇处，中俄两国经济、文化交往时间较早，活动十分频繁，对瑷珲境内的民俗文化也有一定的影响。特别是有段时间俄式先进农具的融入带动了瑷珲沿江一带的农业发展和某些生活方式的改变。这中间似乎有一条超越政治、超越民族、超越国界的因素在起作用，这就是文化的因素，是人类文明的吸引、社会发展进步的必然选择。这也是本书的一个亮点。

民俗是一种社会文化现象，其与人民的生产生活具有密切联系。对于广大人民群众来说，都具有一定的实用功能，属于实用文化范畴。一般来说，这些被称为风土人情或风俗习惯的民俗文化事象，都具有约定俗成、自我教育的功能。例如，鄂伦春全民族的人都有强烈的热爱大自然的情结，他们几乎是如醉如痴地热爱、依恋山林里的一切，从不破坏自然环境。因为他们懂得，自己的吃、穿、住、用都来自山林。所以他们在狩猎过程中从来不打正在交配的野兽，以利于动物的自然繁殖。他们也从不乱砍滥伐，时时刻刻把防火放在心上，总是教育孩子："要记住，这可不是小事，要是林子着火，咱们可就啥都没有了。"这种淳朴的，热爱自然、亲近自然、保护自然的意识至今仍然值得全社会大力提倡。又如，满族春耕祭犁仪式，既有萨满教祭犁敬神的内容，又有亲朋间喜庆聚会吃蛋的事象，其目的就是期盼秋后丰收，能打万蛋（石）粮食，这种祈求平安、希冀丰收的心理是产生春耕祭犁习俗的心理因素。再如，过年（春节）期间，老人们总是一再嘱咐晚辈人，特别是妯娌们一定要把过去的一切磕磕绊绊和不愉快的事情全都忘掉，要家庭和睦，讲究的是"过年和，全年顺""家和万事兴"的老理儿。而在大量的生产生活民俗事象中，有很多习俗传授的是各种具体的生产技能、民间传统手工技艺。如鄂伦春族"斜仁柱"、满族"垃哈墙"、达斡尔族"捕大马哈鱼专用工具滚钩"、满族"搬木罾捕鱼"、鄂伦春族"水轧鹿茸"等民俗事象本身就是属于国家非物质文化遗产保护项目。上述民俗事象，不仅可以作为民族优秀传统文化遗产继续得到保护传承，还可以继续发挥其传统道德教育的功能。

本书内容基本为笔者民间采风、田野调查的成果，是笔者自1979年至2016年间在报纸杂志上发表过的部分民俗词条或文章、民俗培训班讲稿、黑河大岛中植旅游文化艺术馆解说词和黑龙江中俄民族风情园导游词的集合体。编写过程中参考过相关的书籍，借鉴吸收一些前人的科研成果。对此，深表谢意。

编写本书是笔者多年来的夙愿，意在为家乡民俗文化留点系统的文字记忆，即一本供大家消遣的雅俗共赏的读物，一本信息量较大、力图为学术界朋友们科研活动提供一些或许能用得着的参考资料。倘若能稍微接近此目的，笔者就将心满意足了。需要说明的是，瑷珲境内的风俗事象远不止这些，囿于各种因素制约，能够纳入本书的仅仅是其中的一部分。同时，由于瑷珲的设治数度变更，其辖境也不断改变，本书只好采用瑷珲境内一说，皆指某个特定历史时期特定辖境内所特有的民俗事象。

由于本人学识所限，书中难免有错误和疏漏之处，恳请专家学者、有识之士和朋友们予以批评教正。

本书出版得到黑河学院，特别是远东研究院院长谢春河教授的鼎力支持，在此我深深表示诚挚的敬意和感激之情。

白长祥

2016年8月8日于黑河

目　　录

第一篇　生产篇

达斡尔族春耕祭犁吃煮蛋 …………………………………… (3)
满族春耕祭犁仪式 …………………………………………… (4)
用牛肋骨刀割荞麦 …………………………………………… (5)
冰天雪地打冻场 ……………………………………………… (6)
从"关东姑娘抽烟袋"习俗说到种黄烟 …………………… (7)
达斡尔人种黄豆趣闻 ………………………………………… (9)
瑷珲境内水稻种植旧闻 ……………………………………… (10)
鄂伦春人猎犬驯养法 ………………………………………… (11)
达斡尔族驯鹰法 ……………………………………………… (12)
满族驯鹰与鹰猎 ……………………………………………… (13)
黑龙江鱼中之王 ……………………………………………… (14)
黑龙江的名鱼"三花五罗" ………………………………… (16)
搬木罾捕鱼 …………………………………………………… (17)
"罗夏·阿拉格"是什么渔具 ……………………………… (18)
没有麻绳用什么材料织挂网 ………………………………… (19)
套哲罗鱼 ……………………………………………………… (20)
捕大马哈鱼专用渔具滚钩 …………………………………… (21)
鱼叉叉鱼 ……………………………………………………… (23)
木榔头震鱼 …………………………………………………… (24)
拉毛钩钓大鱼 ………………………………………………… (25)
鱼罩罩鱼 ……………………………………………………… (26)

蓄笼网鱼 …………………………………………………………… (26)
甩线也能钓大鱼 ………………………………………………… (27)
挡亮子放鱼兜 …………………………………………………… (28)
挡亮子小插箔 …………………………………………………… (29)
渔场禁忌 ………………………………………………………… (30)
江边一景——长鱼凳 …………………………………………… (31)
鄂伦春人三件宝 ………………………………………………… (32)
鄂伦春族最初使用火枪的分歧 ………………………………… (33)
鄂伦春族狍哨和鹿哨 …………………………………………… (35)
打红围 …………………………………………………………… (36)
撵鹿 ……………………………………………………………… (37)
抽鹿筋 …………………………………………………………… (38)
熥皮子 …………………………………………………………… (39)
水轧鹿茸 ………………………………………………………… (40)
关于犴的常识 …………………………………………………… (41)
秋冬两季打野猪 ………………………………………………… (42)
狍子不傻 ………………………………………………………… (43)
捕猎"蹲仓"的熊 ……………………………………………… (44)
打"元皮" ……………………………………………………… (46)
貂消失的传说 …………………………………………………… (47)
掏貉子洞 ………………………………………………………… (48)
梳皮子 …………………………………………………………… (49)
阿那格 …………………………………………………………… (50)
防狼草圈 ………………………………………………………… (52)
草原蛟龙勒勒车队 ……………………………………………… (53)
放木排 …………………………………………………………… (55)
打木样 …………………………………………………………… (57)
金沟与采金 ……………………………………………………… (58)
俗语与采金工人生活 …………………………………………… (59)
金沟禁忌 ………………………………………………………… (60)
民国年间达斡尔人的一段"出国打工热" …………………… (61)

回族同胞经商意识 …………………………………………………… (61)
黑龙江沿江客栈挂鱼圈幌的由来 …………………………………… (63)
城里的幌子和招牌 …………………………………………………… (64)

第二篇　住行篇

瑷珲沿江村屯街道的走向 …………………………………………… (69)
达斡尔人如何选择村落地址 ………………………………………… (70)
鄂伦春人的斜仁柱 …………………………………………………… (71)
塔洛 …………………………………………………………………… (73)
铁克沙 ………………………………………………………………… (73)
额尔墩 ………………………………………………………………… (74)
鄂伦春族产房 ………………………………………………………… (75)
斜仁柱内部格局 ……………………………………………………… (75)
斜仁柱内的忌讳 ……………………………………………………… (76)
刻木记事 ……………………………………………………………… (77)
林盘 …………………………………………………………………… (77)
奥伦 …………………………………………………………………… (78)
挖地窨子 ……………………………………………………………… (79)
搭窝棚 ………………………………………………………………… (80)
垒土堡子房 …………………………………………………………… (81)
盖草房 ………………………………………………………………… (82)
码桦子垛房 …………………………………………………………… (83)
木刻楞 ………………………………………………………………… (84)
满族口袋房 …………………………………………………………… (85)
满族盖房"上梁"习俗 ……………………………………………… (86)
拉哈墙 ………………………………………………………………… (87)
蔓枝炕 ………………………………………………………………… (88)
蛮爷炕 ………………………………………………………………… (89)
满族烟囱 ……………………………………………………………… (90)

满族花格木棱门窗 …………………………………………（91）
满族院落的格局 ……………………………………………（92）
满族家庭室内摆设 …………………………………………（93）
火炕习俗的记忆 ……………………………………………（94）
泥火盆 ………………………………………………………（96）
挂幔帐 ………………………………………………………（97）
摇车 …………………………………………………………（99）
糠灯 …………………………………………………………（101）
苞米楼子 ……………………………………………………（102）
高脚仓房 ……………………………………………………（103）
两种爬犁 ……………………………………………………（104）
四轱辘车 ……………………………………………………（105）
往来于齐齐哈尔和瑷珲之间的勒勒车队 …………………（106）
河中轻舟桦皮船 ……………………………………………（107）
满族威呼 ……………………………………………………（108）
黑龙江上"跑风船" …………………………………………（109）

第三篇　饮食篇

"吃生"习俗 …………………………………………………（115）
鄂伦春人的食物烫熟法 ……………………………………（116）
晒肉干 ………………………………………………………（116）
手把肉 ………………………………………………………（117）
狍头的吃法 …………………………………………………（118）
吃犴鼻子 ……………………………………………………（119）
调飞龙汤 ……………………………………………………（120）
烤鹿尾 ………………………………………………………（120）
吊锅子 ………………………………………………………（121）
吃火锅 ………………………………………………………（122）
不同地域鄂伦春人的肉类食用法 …………………………（123）

与肉同味的猴头蘑 ……………………………………（124）

曾经是"贡品"的毛尖蘑 …………………………………（124）

被达斡尔人称为"救命草"的柳蒿芽 ……………………（125）

多种吃法的老山芹 ………………………………………（127）

桦树汁与扎老桦树皮成人传说 …………………………（128）

阿玛尊黄金肉的来历 ……………………………………（129）

满族七碟八碗习俗的演变 ………………………………（130）

黏食饽饽 …………………………………………………（132）

土豆饽饽 …………………………………………………（133）

自榨苏子油 ………………………………………………（133）

满族特色饮食白肉血肠 …………………………………（134）

达斡尔族婚宴主食"压饸饹" ……………………………（135）

鄂伦春族吃"察醯" ………………………………………（136）

鄂伦春族婚礼新人吃"黏饭" ……………………………（137）

达斡尔族新人婚前吃"拉里" ……………………………（138）

满族新人吃"子孙饽饽" …………………………………（139）

菜包饭 ……………………………………………………（140）

过水饭 ……………………………………………………（141）

喝鱼头酒习俗 ……………………………………………（142）

鄂伦春人烧饺子 …………………………………………（142）

渍酸菜 ……………………………………………………（143）

农村压桌小菜 ……………………………………………（144）

冷冻食品的习惯 …………………………………………（145）

真正江水大豆腐 …………………………………………（146）

第四篇　服饰篇

狍头帽 ……………………………………………………（149）

皮大哈 ……………………………………………………（150）

狍皮被 ……………………………………………………（151）

黑河地区鄂伦春族女性头饰"德力布亥" ……………………………(151)
鄂伦春族狍皮手套 ………………………………………………(153)
原始的兽皮染色法 ………………………………………………(154)
缝制兽皮制品的材料加工 ………………………………………(154)
鱼皮服饰 …………………………………………………………(155)
满族靰鞡 …………………………………………………………(156)
旗袍 ………………………………………………………………(157)
满族男人服饰特点的文化解读 …………………………………(158)

第五篇　婚育篇

"拉帮套" …………………………………………………………(163)
端盅 ………………………………………………………………(165)
迎亲喜车多红 ……………………………………………………(166)
接亲如同"过关" …………………………………………………(166)
喜车过横垄沟地 …………………………………………………(167)
镜崇拜与射箭驱邪 ………………………………………………(168)
不拜天地拜北斗 …………………………………………………(169)
萨满婚礼祝词 ……………………………………………………(170)
挑盖头不同用品的寓意 …………………………………………(171)
变异的撒五谷 ……………………………………………………(171)
满族婚炕放柳枝 …………………………………………………(172)
开脸滚鸡蛋 ………………………………………………………(173)
饮交杯酒习俗的演变 ……………………………………………(174)
瑷珲境内特有的撒宝瓶歌谣 ……………………………………(175)
满族"落草"习俗 ………………………………………………(176)
鄂伦春族传统催生方法 …………………………………………(177)
奶俗种种 …………………………………………………………(178)
洗三和打聪明 ……………………………………………………(179)
满族生育状况的实物档案 ………………………………………(180)

抓周 ·· (181)
睡扁头 ·· (182)

第六篇　礼仪篇

回族礼节 ·· (187)
满族礼俗 ·· (187)
达斡尔族礼节 ·· (189)
敬下马酒 ·· (190)
敬烟 ·· (191)

第七篇　节令篇

春节习俗漫议 ·· (195)
瑷珲上元节 ··· (199)
坤河达斡尔族敖包节 ·· (201)
鄂伦春族古伦木沓节 ·· (202)
瑷珲开江节 ··· (204)
瑷珲节令民俗杂议 ··· (207)

第八篇　文娱篇

早期儿童学习用品"萨木然" ·· (210)
鄂伦春族神话综述 ··· (210)
鄂伦春人图腾文化简述 ··· (211)
鄂伦春人熊图腾 ·· (212)
鄂伦春族人类起源的神话传说 ··· (214)
男人和女人（鄂伦春神话传说） ·· (215)
白天为啥比黑夜亮（鄂伦春神话传说） ································· (216)
达公射太阳（鄂伦春神话传说） ·· (217)

没脑袋神（鄂伦春神话传说） ………………………………（217）

狍子屁股为啥是白的 ……………………………………（219）

马鞍山传说（地方风物传说） ……………………………（220）

妮雅岛传说（满族民间故事） ……………………………（222）

三仙女传说（满族民间传说） ……………………………（225）

金葡萄的传说（地方风物传说） …………………………（227）

大马哈鱼传说（达斡尔族民间传说） ……………………（228）

我国最早的鄂伦春族风情诗产生于瑷珲 …………………（229）

瑷珲的桦皮文化 …………………………………………（231）

猪毛皮滑雪板 ……………………………………………（233）

满族妇女轱辘冰和卖病 …………………………………（234）

满族儿童游戏"跑马城" …………………………………（235）

达斡尔族跳骆驼 …………………………………………（236）

玩嘎拉哈 …………………………………………………（237）

赛威乎 ……………………………………………………（238）

雪地行 ……………………………………………………（238）

打"贝依阔" ………………………………………………（239）

下斑碟 ……………………………………………………（240）

民间乐器口弦琴 …………………………………………（241）

草木灰水洗头发 …………………………………………（242）

第九篇　宗教篇

聊聊萨满教 ………………………………………………（247）

努尔哈赤采参传说 ………………………………………（249）

鄂伦春人与篝火 …………………………………………（250）

达格拉耶哈嘿 ……………………………………………（251）

抬枪卜 ……………………………………………………（253）

笊篱姑姑汗卜 ……………………………………………（254）

妞妞摆鞋卜 ………………………………………………（254）

扣吊锅子听声音卜 …………………………………………（255）
镜子照水卜 ………………………………………………（256）
水鸭子骨卜 ………………………………………………（256）
篝火灰烬卜 ………………………………………………（256）
满族喜庆日子的说道 ……………………………………（257）
满族烧香跳神 ……………………………………………（258）
祭天求雨 …………………………………………………（259）
鄂伦春人心目中的龙神 …………………………………（261）
鄂伦春族射领路箭 ………………………………………（261）
吊棺葬 ……………………………………………………（262）
满族敬犬 …………………………………………………（263）
敬山神 ……………………………………………………（264）
达斡尔族供奉主司命运之神 ……………………………（265）
达斡尔族禁忌民俗 ………………………………………（266）
鄂伦春族禁忌民俗事象五十九例 ………………………（269）
满族的天体物和动植物禁忌民俗 ………………………（274）
妇女日常生活需要注意的事 ……………………………（275）
萨满神服的文化内涵 ……………………………………（276）
镶蓝旗佛满洲关氏家祭简记 ……………………………（278）

第十篇　社会篇

鄂伦春人的氏族 …………………………………………（287）
鄂伦春族乌力楞 …………………………………………（289）
靠传统习惯维持氏族秩序 ………………………………（290）
鄂伦春人热爱大自然的情结 ……………………………（291）
鄂伦春人对色彩的认识 …………………………………（292）
鄂伦春人定居前后的真实心态 …………………………（293）
满族人发式 ………………………………………………（295）
满族大、小姑子在娘家的地位 …………………………（296）

"肩胛骨上长着眼睛的民族" ………………………………………（296）
土匪秘闻 …………………………………………………………（297）
站人逸事 …………………………………………………………（298）
黑龙江上冬天中俄边界的标志 …………………………………（300）

第十一篇　外来文化篇

钉齿耙传入瑷珲的时间 …………………………………………（305）
俄式农具对瑷珲农业发展的影响 ………………………………（305）
瑷珲沿江乡村的"马神"热 ……………………………………（306）
进口俄货的"洋"字风 …………………………………………（307）
刷白灰水的苏联"玛达姆" ……………………………………（308）
瑷珲沿江一带的俄式取暖设施 …………………………………（309）
使用俄制计量单位的习惯 ………………………………………（310）
瑷珲语言的多元化 ………………………………………………（311）
俄国建筑文化对瑷珲民居建筑的影响 …………………………（312）
一个家庭两种信仰，一桌吃饭
两种饮食习惯 ……………………………………………………（313）

后　记 ……………………………………………………………（315）

第一篇

生产篇

达斡尔族春耕祭犁吃煮蛋

在我国东北地区少数民族中，达斡尔是较早进入农耕社会的民族。据史料记载，至迟939年，契丹人石烈儿就在海拉尔从事农耕。金灭辽之后，石烈儿属下的一部分人翻越大兴安岭，来到主要是黑龙江上中游及其最大的支流精奇里河、牛满江沿岸，从事农耕、渔猎和牧业生产，并与当地原住民长期融合，形成一个新的民族共同体——达斡尔族。在流传的达斡尔族称几个含义中，就有"耕种者"的词意解释。中华人民共和国成立初期，一些达斡尔族人家中仍保留供奉菩萨石烈佛的习俗。

达斡尔人在长期的农耕生产生活中，创造并保留下来很多具有民族特点的风俗习惯，其中春耕开犁吃煮鸡蛋就是典型的农耕生产习俗。

每年春耕开始，农户都要准备足够数量的鸡蛋，备上香烛。如果没有香烛，可同满族、赫哲族一样将青蒿杆作为代替品，这也是这几个东北少数民族共有的习俗。然后选一个风和日丽的响晴天开犁，举行祭犁仪式。

开犁前，土地主人要把煮熟的鸡蛋和香烛拿出来，把一种坤河达斡尔人称为"达木哈"的牛拉抬杠木犁摆放在地头准备入犁的地方，把熟鸡蛋埋在原来的垅台土里，在"达木哈"前，将所带来香烛或就近采来的青蒿杆点燃，跪拜磕头祷告祭犁。然后开犁破茬，象征性地把埋在土里的鸡蛋翻出来，大家边吃鸡蛋边相互祝福，说一些吉利话。吃完煮蛋，挥鞭开犁，春耕正式开始。

春耕开犁吃蛋的习俗，一方面是为祭拜先祖和答谢"达木哈"等农具神灵的恩赐，这也是达斡尔族人信仰萨满教，在"万物有灵""泛神论"观念下产生并传承下来的一种萨满教文化活动，体现对自然万物的尊重；另一方面体现农民图吉利、预祝自己能实现秋收万蛋（石）粮的心愿，是一种祈福心理作用下的民俗活动。

在庄稼成熟开镰割地之前，生活比较富裕的人家还要招来很多帮工，家主杀猪备酒，吃喝一顿。席间，主人要敬酒表示感谢，同时在言语间也嘱托帮工人员，提示大家要割得快、收得净，并嘱咐帮工们要穿狍皮"卡拉塔米"（一种较长无毛狍皮衣，民间称其为"卡气"）。由于皮袍襟长能遮挡住膝盖，不至于被庄稼直接磨着肉皮。

打完场后，达斡尔族农户还有归拢和擦拭农具的好习惯，他们把犁、磙、锹、杈、耙等各种农具全部检查、清理、擦拭后，分门别类入棚入库，勒勒车因为随时还要使用，需要单放在一间棚库里。农具整理入库后再烧香、叩头和祷告，进行一年中最后一次答谢"达木哈"等所有农具神灵的祭拜活动，感谢它们对主人家的恩赐，祈求它们继续保佑主人家来年仍然有个好收成。

满族春耕祭犁仪式

同坤河达斡尔族春耕祭犁习俗相近，这种相似的春耕祭犁仪式在黑龙江省满族村屯曾经普遍流行。例如，"宁安一带满族中，有的人家春天种地时也祭祀，即在套犁杖的第三天，把豆面饽饽装一盘放在地头上，把柳树枝插在垄台上，两个鸡蛋埋在垄沟里，任其犁杖蹚过。"这种春耕祭犁仪式与瑷珲境内流行的祭犁仪式相近，但与达斡尔族有差别：一是时间不同。满族春耕开犁祭祀的时间是在套犁杖的第三天举行。二是祭品有别。祭祀前，先在家准备好祭品：一盘黏面红豆饽饽，即将事先煮熟的红饭豆掺进黏面里做成饽饽蒸熟，撒上一层用甜菜疙瘩熬成的糖稀，后来又逐渐发展到再撒上一层炒熟的黄豆面，使其黏、甜、香，十分可口。特别需要强调的是还要带上预先折好的两束已露出毛毛狗①的青嫩柳枝。当然与达斡尔族相同的是也要带上一些煮熟的鸡蛋，有香烛的带上香烛，没有香烛的可以折三根柳蒿杆代替香烛。

祭犁前，先把已煮熟的鸡蛋有规矩地埋在距地头远一点的垄台土里，

---

① 毛毛狗：在东北方言中称早春柳树上刚发出的嫩芽为毛毛狗。

而不是像宁安那样随便扔在垄沟里用土埋上，再把木犁铧子插进地头的垄台土里，犁前摆放一盘豆面饽饽，在垄台上插上两束带毛毛狗的青嫩柳枝，将代替香烛的柳蒿杆点燃后，土地主人跪地虔诚地说一些祷告祈福的话，任木犁蹚过，将鸡蛋翻出，大家抢在手中。然后聚集在一起，相互说些祝福的吉利话，吃豆面饽饽，吃煮熟的鸡蛋。因为满族视柳叶为自己的祖先神，有崇柳的习俗，所以插青柳枝是一种希冀家族人丁兴旺的自然崇拜活动。豆面饽饽作为满族传统的祭祀食品早已被称为"磕头饽饽"，经过供奉，人们就可以食用了。此时人与神灵同享开犁之欢乐，祈求在神灵的保佑下，秋季粮食丰收，能打万蛋（石）粮食。至此，满族春播开犁祭祀仪式在一种祈盼寄托心理的作用下和热闹祥和的气氛中结束。

用牛肋骨刀割荞麦

在农业现代化过程中，瑷珲境内的农民不仅已基本实现粮食生产机械化，而且正朝着大马力的大型农机具作业的方向发展。然而，有谁能够想到或者相信历史上牛肋骨曾经代替镰刀割过荞麦呢？

传说，这种生产趣闻发生在300多年前。那时达斡尔族还在黑龙江以北的精奇里河流域从事农耕，多种植些日照时间短的早熟作物，如燕麦、谷子、黏谷、糜子、荞麦等。生产的粮食主要是解决自家人吃粮和牲畜饲料。谷子、糜子熬粥或捞干饭，黏谷磨浆包豆包。荞麦磨面压饸饹或烙锅出溜或吃刀削面或用手指捏拉成柳叶面条。燕麦和一部分未成熟的作物用于喂牲畜。

当时由于生产工具落后，割地成为大问题，特别是荞麦成熟期十分集中，往往就么三四天，由于没有相应工具，收割不及时，小风轻微一吹，荞麦粒就会哗哗地掉下来，淌成一地。为减少损失，达斡尔人首先想到试着用牛肋骨当刀割荞麦。他们找来很多牛肋骨，把肋骨内弯边骨放在石头上蘸水反复摩擦，使其变薄，形成"刀刃"。然后就握着这种牛肋骨刀试着割荞麦，虽然不怎么好用，但总比没有割刀强。牛肋骨割刀的发明与使用，不仅解决了割荞麦缺少工具的燃眉之急，还反映出达斡尔人的聪明才智。

到了19世纪中叶，用牛肋骨刀割荞麦的工具逐渐被一种用木棍夹住长条铁片的收割工具所替代，这种工具叫作夹镰。不久，夹镰又被俄国人使用的芟刀所取代。

冰天雪地打冻场

在脱谷机还没有进入瑷珲的年代，脱谷是个很大的难题。特别是瑷珲境内种植了面积较大的黄豆、小麦、燕麦等作物的脱谷，最初全靠木枷打。后来就发展到以碌子压为主的打冻场。相比过去用连枷打，或用木棒击打麻袋里的麦穗、玉米，或在簸箕里用手搓麦穗等脱谷方法生产效率提高很多。

打场就是在场院里进行脱谷，因为打场是在冬天用水浇成冰的场院里进行，所以又叫"打冻场"，还有人称其为"打懒场"。那时，农村几乎家家户户都有周围带障子（东北方言，即围栏）的场院，一是怕牲口祸害好不容易拉回来的庄稼；二是等地皮冻结实，可以用水浇冰场院准备打场。浇冰场院前，要把地面打扫得干干净净，特别是要把石子、土块都清理掉，等到天特别冷也就是滴水成冰的时候，用水把场院浇平，待冰冻透冻硬就可以打冻场了。因为冰把地面全覆盖了，打下的粮食就不会再有小石子、小土块掺进粮食里。这也是东北人利用天时地利收获粮食的一种巧妙的生产技能。

打冻场要选择最冷的天进行，一般都是下午把要脱粒的作物铺在结冰的场院上叫铺场。打冻场时间一般都安排在后半夜天特别冷的时候，也就是老百姓说的"狗龇牙"前后进行。如果是打麦子，就赶着牲畜拉着石碌子一圈一圈地由里向外转着圈压，直到把麦粒从麦穗中压出来为止。如果是黄豆，就预先把黄豆垛拆开，铺在已经冻结实的圆形场院上。

待到后半夜，把马都牵到场院豆秸上，用绳子把几匹马与头马连起来，打场赶马人一手拿着与头马之间的缰绳，一手挥动马鞭子，大声吆喝着，赶着马群像拉磨一样转圈跑。由于豆荚已经冻脆了，马蹄一踩，豆荚就会噼噼啪啪炸裂开来，豆粒也就自动脱出荚了。

如果赶上月亮地，在皎洁的月光下，场院里，人们或是赶着马拉石头磙子一圈又一圈辗轧着未脱粒的谷物，马嘴不断喷出团团白雾，石磙架不断发出"吱扭吱扭"的摩擦声；或是地上有一群马在偌大的场院转圈跑动，那豆荚的炸裂声和着赶马人的吆喝声融在一起，真是诗情画意。这也算是咱们地处北纬50°瑷珲农村所特有的"冬夜脱谷"交响曲吧。

从"关东姑娘抽烟袋"习俗说到种黄烟

东北人爱抽烟是出了名的，不然，怎么会有关东三大怪中的"十七八姑娘嘴叼大烟袋"的俗语广泛流传呢。

先说抽烟习惯，关东结冰期长达七个月，特别是冬天，天冷夜长还没有电，油灯点时间长了也点不起。大多数农户是一家人凑在一起，烤着火盆、抽着烟袋，或是讲故事，或是"千年谷子万年糠"地闲聊，打发这漫长的寒夜。夏天虽说天不冷，但是荒僻之地，蚊蠓小咬①几乎是一团接着一团糊在脸上，着实让人受不了，所以人们就想尽办法驱赶蚊蠓小咬。其实抽烟袋最初的目的主要是驱除蚊蠓小咬，结果抽时间长了人就上了瘾。就说这烟袋吧，老头的烟袋杆虽然短，但烟锅大，能多装烟；老太太的烟袋锅虽然小，但烟袋杆是又细又长，长到什么程度，别人家的不敢说，家住卡伦山村，笔者徐姓三姨奶奶的烟杆是从嘴巴向右平伸一只胳膊，还有差不多有一拳头的距离，用尺量量，足足有70多厘米。

---

① 小咬：东北方言，飞蠓的俗名。种类多，分布广，遍及全球。

这么长的烟袋杆有两个好处，一是距离火盆近，用火盆里的炭火点烟袋，那是老太太的拿手绝活，一按一转就点着了。二是不抽烟时特别是走路的时候，嫌拿着烟袋碍事，就把烟袋嘴那头往后背上一插，像抗日电影中游击队员背插大刀似地走。要说中青年男性倒是有抽小烟袋的，平时也总是把烟袋插在腰带的烟荷包上。可要说咱们瑷珲这地方特别是沿江一带的十七八岁姑娘抽烟袋的现象，我是没见着过，起码近70年之内没有。一个挺俊的大姑娘嘴上却叼着个小烟袋，多难看呐！我倒是见着过外地姑娘串亲戚在瑷珲乡下抽小烟袋的，人家一点都不在意，嘻嘻哈哈该咋抽就咋抽。本地姑娘们基本上是卷旱烟抽，就是把学生作业本或废报纸撕成10厘米长，三四厘米宽的长方形烟卷纸，撒上烟末，卷成旱烟卷。烟瘾小的把烟卷得细长，烟瘾大的卷得挺粗，有人笑话说，"瞧见没有？又在抽'大炮'呢！"为了招待客人和自己抽着方便，有的人家还在闲暇时间卷很多这种自制的旱烟卷放在烟笸箩里备用。

可能是邻近苏联的缘故，从打光复之后，在瑷珲境内农村青年人中兴起一股抽自制烟斗的习惯。这是一种用带树疖子的白桦木刻制而成的烟袋锅大、杆短弯曲、能多装烟的小烟袋。江右边人抽这种烟袋为的是多装烟丝，并且用手一端，显得潇洒绅士又有风度；江左边的人抽这种烟袋大多数是为了多装旱烟叶。两岸人都把这种烟袋叫"木什斗克"。

从前的农村，几乎家家园子里都种黄烟，或是直接种，或先畦苗再移栽。种黄烟要找松土，最好是"瞎笨鼠子"倒洞倒出来的土，浇上水撒上烟籽，再盖上一层细土、压上一层碎石块，浇遍水，以后每天早晨太阳没出来的时候都要浇遍水。烟苗从石缝里长出来大约一拳头高的时候起烟苗。起烟苗前要浇透水，之后再把幼苗拔出来，移栽在有水的土坑里，轻轻压实即可。移栽烟苗的时间一般都在午后，太阳落山之前进行，不能在太阳毒的时候（即气温太高的时候）移栽。

烟苗移栽后，要陆续进行打底叶、培土、掐尖、打杈。白露前，烟叶上出现蛤蟆纹时就可以收叶了。再经过劈烟叶、蒿子捂、穿烟绳、上杆晾晒、下杆折成庹、水闷成形阴干等工序就算收成了。

据说，市场上卖的烟都是本地产的黄烟，同洋烟卷相比较，咱们自制的土烟有三点好处，就是劲儿大、好抽、不咳嗽，所以瑷珲境内产的黄烟也是挺有名气的。有人说孙吴县四季屯的黄烟很有名气，可是和上马厂南窑地产的黄烟比起来就有不同的说法了,人们都说,抽四季屯黄烟吐出来的烟味有点发干,不如南窑地黄烟吐出来的烟味绵软还有点香气。所以南窑地的黄烟一直都是市场上的抢手货。

随着社会的进步,现在抽烟的人越来越少了,黄烟的种植面积也在急剧减少。

达斡尔人种黄豆趣闻

瑷珲境内种植黄豆的历史很短,因为人们过去还不知道黄豆是啥东西。

光绪二十六年(1900)"跑反"① 前,人们只听说过有黄豆这种作物,但黄豆是什么样谁也没见过,更没吃过。传说,"跑反"时有一拨江东达斡尔人跑到山里,把人家送的黄豆当成豌豆,煮熟后一吃,不但没有一点点豌豆味,反而很腥,也就不在意种不种黄豆了。

"跑反"回来,坤河一带达斡尔人种地还是只种小麦、谷子、燕麦、糜子、荞麦、黏谷和黑豆。种糜子、荞麦、黏谷、谷子是为自食;小麦主要是为卖钱;燕麦和黑豆为的是喂牲口,燕麦用不完也出售;玉米因为产量太低,只在园田地里种点,为的是啃青②。

据说是在民国四年(1915)之后,也有的文献资料确切地说是1915年,这里才开始试种黄豆。起初是在垄沟里点完豆种后,用犁把垄台翻一遍,种子上面盖一层厚土,出苗很慢,当时人们称这种方法叫"一犁挤"。后来慢慢改成先用犁破茬儿翻垄台,后边跟两个人,一人踩埯、一人点种,再用犁杖顺原垄沟翻扣一遍,埯子里的豆种被盖上大约2寸的

---

① "跑反":1900年,瑷珲境内接连发生"布拉戈维申斯克惨案""江东六十四屯人被驱赶""火烧瑷珲城"三大事件,迫使瑷珲境内四五万居民向省城齐齐哈尔逃难,民间称其为"跑反"。

② 啃青:玉米尚未完全成熟前吃,民间称其为"啃青"。

薄土。这叫"二犁扣"。好处是地被翻两遍，土松软多了，上下都是湿土，豆种发芽好、出苗齐，成活率高。"二犁扣"种的黄豆比"一犁挤"的产量明显高出不少，好的年成每垧地产量可达到3—4石。

后来，瑷珲城建了油坊，榨油出售，黄豆的销路立马见好，价格也就迅速上升，农民种黄豆的积极性随之提高，黄豆的种植面积也就越来越扩大了。

瑷珲境内水稻种植旧闻

瑷珲地处北纬49°31′—50°51′之间，年平均气温为-0.4℃，年均结冰期长达127天。地方史料记载，瑷珲县境内最早种植水稻的时间分别是1927年和1935年。如民国九年（1920）版的《瑷珲县志》中的谷物产量统计表中记载"1935年种植水稻92.5垧，垧单产653.5斤"。然而，徐兆奎所著《清代黑龙江流域经济》一书，明确记载："1898年，一位朝鲜人从海参崴经布拉戈维申斯克到法别拉河口，当年试种水稻成功。"依据此书记载时间推断，上马厂乡法别拉村最早种植水稻的时间应是1898年，比《瑷珲县志》记载的时间早29年，距2018年正好120年。但是此书记载的种植情况尚未得到相应的佐证。

20世纪50年代初，一位家在"三屯"（即杨树、新民、蓝旗）的一位被称为"老把式"的关姓水稻技术员同上马厂村合作，在临江沟南处拉水道，叠埂子，试种水稻。当时法别拉村村主任何庆丰听说后找到被称为"关把式"的水稻技术员，拉着他到法别拉河口察看，关把式在现场察看后说："从这些水沟和这一条条像垄台又不是垄台圈起来的一块块地形看，像是种过水稻地的池埂子。"何庆丰接过话茬说："可从来没听说过是谁在这里种过水稻。"现在看来，《清代黑龙江流域经济》的史料记载，与何庆丰同"关把式"实地考察后得出的结论，应该说是相互印证了法别拉村在120年前种过水稻的史实。

无独有偶，当法别拉村于1898年试种水稻成功近100年后的1997年

8月下旬,黑河市旅游局从外宣角度请爱辉区委宣传部帮助落实接待日本人要考察的一个课题,即选一个点,说是一伙日本人非要组团漂洋过海到中国北纬50°的地方,亲眼察看验证爱辉区在高寒地带种植水稻的事实。记得那是8月24日清晨,一个由20多人组成的"日本大阪市高等学校教职员旅行团"从黑河火车站下车,直接登上旅游大巴来到西岗子镇。在听取镇长和水稻种植户的介绍后,日本人匆匆忙忙地来到农户家中,察看仓库里剩余的稻种和尚未加工成米的水稻,一阵拍照录像后,又匆匆忙忙地来到村外的稻田地,拔苗察看水稻生长情况后,才心服口服地说:"多少年来,我们一直不相信也不敢相信中国在北纬50°高寒地区种植水稻的事实,现在我们不得不承认这是真的。"说完不住地点头称赞。参观考察后,考察团全体成员纷纷提出同种植水稻的农民合影留念的请求,西岗子村种植水稻的农民愉快地接受了邀请。西岗子镇政府也用当地产稻米饭和"炸茄盒""炝倭瓜花""清蒸哲罗鱼"等农家饭菜招待了这些远道而来又"十分认真"的客人。

鄂伦春人猎犬驯养法

鄂伦春人最早驯养的家畜是狗。一个有趣的传说证实了这一点。说的是鄂伦春族英雄卡哈刻到京师去见清朝皇上,穿的是"红杠子"(夏末初秋时节,狍子,皮毛短并呈红色,猎民称其为"红杠子")皮衣,身背弓箭,牵着一条猎犬上了大殿。皇上是又吃惊又高兴。吃惊的是这个人这么不懂规矩和礼节,竟然把猎犬也带进大殿。高兴的是这个人眉宇间露出一脸真诚和霸气,觉得这是个可信的汉子。皇上仔细打量了卡哈刻身边的猎犬,只见这条猎犬长得非常壮实,大概一口可以咬死一条狼。后来在京城演武场进行的一场猎犬比赛中,卡哈刻带来的猎犬战胜所有将军带来的猎犬。皇上一高兴,赏给卡哈刻一个有白银装饰物的马鞍子,卡哈刻没有接受,他说白银马鞍子漂亮好看,但不中用,而是选了些布料带回家,分给全部落的人。

这个故事说的是猎犬在主人心中的位置，也证明了鄂伦春人养狗在养马之前。

鄂伦春养犬只养用于打猎的犬。对于初上猎场的新犬，主人出猎时用绳子牵，怕犬跑丢了，也怕遇见大型动物会伤害着新犬。连着出几次猎，就不再用绳牵着了。鄂伦春人对猎犬没有什么单独的训练方法，而是采取以大带小、以老带新，特别是优秀的猎犬带小犬的方法，让它们在狩猎过程中学会瞄踪、学会追捕、学会围猎撕咬野物。

《黑龙江外纪》在评价这些猎犬时，曾有这种记述："犬各擅一长，精于虎者不捕野猪，精于野猪者不捕雉兔，共捕雉兔者，雉兔伏数矢外，皆能嗅而得之。"① 据说好猎犬具有一个冬季就能使猎人多收入三匹马的价值。所以鄂伦春族谚语中才有"好狗不换马"的说法，并一直流传下来。

达斡尔族驯鹰法

满族和达斡尔族都是曾经进行过鹰猎的民族，只是达斡尔族的鹰猎生产活动沿袭的时间比满族长些。至于鹰猎生产的效益如何，据鹰把式②们介绍，很大程度上取决于驯鹰的方法与质量。

达斡尔人在捕捉到鹰以后，立即将其绑在摇篮上，像悠小孩儿一样不停地悠着，连着悠几天，鹰也会像小孩一样总是迷迷糊糊的。接着带鹰到各家串门，让它多接触人，消除它对事物的敏感性，减轻它对人的恐惧心理。如果悠后接连串几天门的效果不理想，就再接着用摇篮悠，再带着它串门，直到它习惯接触人不往别处飞时为止。如果飞出去不能叫回来，再进行第二步，就是先饿它几顿。然后在宽阔的场地上，把小

---

① （清）西清撰《黑龙江外纪》卷八，《吉林师大学报》（历史）1959（3）"黑河地区鄂伦春族历史调查"一文 28 页引用《黑龙江外纪》曾有以下记述："布特哈犬……"

② 鹰把式：善于驯鹰的人。

肉块扔出去，让它飞出去捡食，吃完把它叫回来；再扔一块让它飞去吃，吃完再招呼回来。每天都反复地训练几次。当鹰驯到特别听话时，再把鸽子、沙半鸡的翅膀多剪短一些，在平地上放出去，让鹰飞出去捕捉。当鹰飞出去很远还能叫回来，并把捕捉到嘴里的食物也叼回来，训练可算基本成功，可以放出捕捉食物了。此时，需要注意的是，鹰身体如果过胖时，出猎前可把小麻球裹在小肉团里，让鹰吞下去，把肚子里的油刮下来。因为鹰身体过胖，抓不住野鸡会失去信心，就是说抓几次没抓着，再看见野鸡就不想再捉了。

满族驯鹰与鹰猎

满族民间多习惯把各种鹰统称"老鹰"或是"老雕"。其实鹰中之王要属"海东青"，学名是矛隼，又称白尾海雕。这种鹰双目最犀利，身体最敏捷，最容易驯养，是朝廷和猎民都认可的一种鹰。它分布在北极、北美洲和亚洲部分地区。中国产地是黑龙江和吉林。资料记载，早在唐代，海冬青就是满族先民向中原王朝进贡的贡品之一。直到清代，海冬青尤其是纯白海冬青，十分珍贵，捕获后仍必须交内务府，由朝廷统一安排使用。

满族人有长期驯鹰的历史和丰富的经验。捕到鹰后，先在鹰脚上拴上脚绊，放在室内驯养，昼夜有人驯化，不让鹰睡眠，使其在熬夜中熬掉野性，这也可能就是满族人对不让其睡觉的人常说的那句俗语"干啥，你熬鹰呢"的来历吧！如果捕获到大鹰，即俗称老雕，还要给它戴上皮革制的僧帽子，蒙上鹰眼睛才能进行驯化，防止鹰驯化过程中抓瞎人的眼睛。经过一个阶段的室内驯化后，再转到室外驯化，大约一个月后，即可"放鹰"准备出猎。

猎鹰的种类很多，猎鹰专门用于狩猎，满族和达斡尔族都对海东青钟情，认为这是一种最好的鹰。猎鹰出猎前，鹰把式要身穿皮衣，臂戴皮套袖，胳膊上架着几只鹰进山，前面专门安排人击响惊猎，一旦猎物出现，鹰把式迅即解开脚踝露祥，让鹰飞出直扑猎物，靠近猎物时，它将用锋利的鹰爪挖猎物眼睛，猎物在失去双眼的同时也失去方向，再凶猛的猎物也没有办法跑掉。每当鹰捕获到猎物时，主人都要当场给一块肉或当场挖出猎物的心赏赐给猎鹰。如果继续出猎，则需少喂，喂得太多，猎鹰就不愿意再去追赶猎物了。

这就是满族人常说的"鹰饱不拿兔"的道理。

据满族老人钱祥录生前介绍说：瑷珲这地界，真正靠鹰打猎的人家几乎没有，只有像卡伦山这样沿江村屯的小年轻们起哄似地玩过鹰，但也不指着鹰猎过日子。

黑龙江鱼中之王

黑龙江干流从呼玛县四克金村流入瑷珲区境内，再从四季屯流进孙吴县江界，距离183公里。这一段黑龙江水道穿行于花岗岩、砂页岩、玄武岩山地之间，因地壳上升与河谷下切的关系，河道多形成峡谷，河床基本呈U字形，有时还出现串珠状盆地。精奇里江（现俄境结雅河）流入黑龙江后，面积和水量增加一倍，出现广阔的流水区和沿江沿泽地，生长大量水生植物，水质清澈、无毒、无污染。被称为黑龙江鱼中之王的鳇鱼就生长在这样良好的水下环境中。距精奇里江江口处下游不远的爱辉区四家子乡小乌斯力与卡伦山两村之间江里就曾经多次捕获过大鳇鱼，所以临近的岛屿很早就被称为鳇鱼通岛。

鳇鱼，是黑龙江特产，满语称其"艾之不阵"，达斡尔语称其"敖如格"，赫哲语称其"阿静"。在黑龙江淡水鱼类中，鳇鱼是最大型者，与黑龙江鲟鱼统称鲟鳇鱼。

鳇鱼起源于白垩纪。据水产专家介绍，鲟鳇鱼与恐龙属同时代，享有"水中大熊猫"的美誉。鲟鳇鱼分"鲟属"和"鳇属"两种，学名"达氏鳇"，是鲟与鳇杂交的品种，其母本为鳇，父本为鲟，所以又有"水中活化石"之称谓。1998年联合国华盛顿公约将全世界野生鲟鱼认定为濒危动物，列入《濒危野生动植物种国际贸易公约》。

史料记载鳇鱼"骨肉白多脂，骨柔而脆，为饮食上品。鳇鱼长者达两三丈，重千数百斤，渔人叉其背，以绳系之，棹船急行待其惫乃出之"。鲟鳇鱼居于黑龙江，为了产卵繁殖仅作短距离溯上到产卵场。它鱼体延长，呈圆锥形，吻突呈三角状，口下位。裂口大，似半月形为鳇鱼，裂口中莲花瓣形为鲟鱼，俗称七里浮子。它们均上唇发达，口前方有触须两对。左右腮膜相连，通体裸无鳞。身上有五列菱形骨板，有背鳍和属鳍。背部灰绿色或灰褐色，体侧淡黄色，腹部灰白色。以鱼为食。最有趣的是，鳇鱼游动时，一旦遇见奇形怪状的东西就暴露出其会用尾巴抽打的特有习性。

鲟鳇鱼肉质丰厚，味鲜美、营养佳、蛋白质含量为8%，鱼卵蛋白质含量可达26%。骨质软脆，鱼筋肥硕，素有"鲨鱼翅、鳇鱼骨"美食之说。烹饪的"蒜烧鲟鳇鱼筋""飘香鲟鳇鱼"和"酒香鲟鳇鱼鼻"素有鱼宴"美食三宝"之赞誉。鲟鳇鱼肉在国际市场价格最高可达每公斤70美元左右。鲟鳇鱼子呈黑色，盐渍加工成鲟鳇鱼子酱，身价倍增，价格昂贵，被称为"黑色黄金""绿色珍珠"。鲟鳇鱼具有滋补保健和药用价值。据黑龙江省水产研究所专家介绍，"鳇鱼脂肪和鲟鱼油的DHA亚麻酸、EPA的含量可高达12%，具有促进大脑发育，提高智力、软化心脑血管、预防老年痴呆的功效。其肋骨具有清热解毒功效，其鱼油可医治烫伤，其鱼鳔可入药治疗白带、恶性肿瘤和肾虚遗精等症状"。民间更有老者刮下鱼鳔液医治挫伤的传说。《黑龙江外纪》载："黑龙江人以鲟鳇鱼骨造骱鳔，粘纸补字，刀剁用于骑臀无肤者，摊布贴之，胜膏药。"最新研究表明，鲟鳇鱼软膏含有抗癌因子，正待研制开发中。鲟鳇鱼皮柔软、耐磨、抗撕裂性强，可与鳄鱼皮相媲美，是制作高级皮革制品难得的原料。从前，瑷珲境内黑龙江沿岸满族、达斡尔族村民中，也有使用鲟鳇鱼皮制作鱼皮裤等生活用品的遗存和民间传说。

鲟鳇鱼早就是进贡的地产珍品。鳇鱼名称就有源于进贡鳇鱼、皇帝亲自赏赐鱼名的说法。传说，那时黑龙江边有个渔民带领伙计们捕到一条特大的鳇鱼，被地方官发现并强行夺走，向朝廷进贡了。皇上从来没见过这么大的鱼，就问文武百官这鱼叫什么名字，文武百官都答不上来。皇上正在兴头上，也没有责备他们，只是令太监拿出笔墨纸砚伺候。眨眼间他在宣纸上写下两个字，一个是"鱼"；另一个是"皇"。皇上写完字就对文武百官说："朕见此大鱼，非同一般，称得上是鱼中之皇，往后就叫它'鳇鱼'吧，它可是鱼中之王啊！"鳇鱼的名称和鳇鱼是鱼中之王的传说，就是这样一代一代传到今天。

如今，鳇鱼已被列为濒危野生动植物物种。渔民们在禁捕的同时，不断加大向黑龙江投放鱼苗的数量，促进人工养殖业的快速发展。

黑龙江的名鱼"三花五罗"

黑龙江是世界上罕见的无污染的大河之一。瑷珲地处黑龙江上中游交汇处，由于河水具有无污染、饵料充足和富氧的自然环境，为黑龙江鱼类生存繁殖提供了极为适宜的先天条件。

黑龙江鱼类共 18 科 58 属 75 种。除鳇鱼被冠以"鱼中之王"的美誉之外，鳌花、鳊花、鲫花、哲罗、法罗、雅罗、铜罗、胡罗这八种鱼也被普遍称为黑龙江名鱼，并以"三花五罗"统称而享誉国内市场。

尽管我们一提起"三花五罗"就能如数家珍一样叫出它们的名字，但细细品味一下，有些鱼类的常识，我们真的是只知其一，不知其二。比方说鳌花鱼，真正的学名不是鳌，其实那是传说中海里的大龟。鳌花和鳊花同属细鳞鱼，喜欢在水深流急富氧的水域活动。鳌花鱼平均身长 60 余厘米，重量可达 6 公斤左右，它有尖锐的牙齿，喜欢吃鱼和虾，有时甚至能够吃掉超过自己体长一倍多的鱼。鳌花鱼肉质鲜嫩、味美可口。在烹饪时，可煎、可炸、可红烧，如果能稍微浇上点白糖汁，就会使鱼肉更加鲜美。难怪自古就有"西塞山前白鹭飞，桃花流水鳜鱼肥"的佳句。

鳊花又叫鳊鱼，以食草为主，当冬季无水草可食时，则以吃小杂鱼为生。鳊花鱼长 30 厘米左右，重 3—4 斤，除可以煎、焖、红烧之外，人们还喜欢将其用火烤食，更是喷香可口。

鲫花，其实就是我们常见常说的鲫鱼，俗称"鲫瓜子"，一年四季都可以捕捞到。史书上说的"脊""鲋"就是现在所说的鲫鱼。当地农民充分利用冬闲时间和湖泊多的优势，凿冰眼下串网，进行冬季捕鱼活动，有时一小网就能捕捞几十斤至上百斤。鲫花鱼产量高，肉厚，味道鲜，蛋白质含量高，还有一定的医疗价值。妇女产后奶水不足，用这种鱼烧汤或清蒸食用，催乳效果明显。民间亦有用火慢慢烤酥，不加任何佐料食用，治疗因缺钙而引起的手足抽筋等病症。

哲罗鱼属冷水性鲑鳟鱼中的大型肉食鱼，也是人们特别喜食的冷水鱼之一。从20世纪80年代改革开放开始，新生鄂伦春族乡政府陆续接待外国游客时，发现他们特别喜欢吃冷水鱼，有时直接点名要哲罗鱼。

法罗比哲罗小，习性相似，做汤味道尤为鲜美。雅罗、铜罗、胡罗均属小型鱼类，喜欢以水生昆虫为主要食料，产量较大，宜于在河汊口捕捞。

黑龙江水弯又长，每处浅水滩都是黑龙江名鱼"三花五罗"的繁殖场。

搬木罾捕鱼

据清代文史资料记载，用木罾捕鱼，是满族传统捕鱼方法之一。

过去，瑷珲境内沿江白石碴子、上马厂等满族村屯，一些中、老年人都喜欢用这种方法捕鱼。在他们的影响下，一些汉族老年人也纷纷请木匠制作木罾，下到江里捕鱼。

木罾由两部分组成，第一部分做一个长8米左右、入水前端高4米左右、宽1米左右，前高后低的楔形木骨架，骨架前端两根柱脚入水深度在1.5米至2米之间，骨架前端至后尾铺一块长条板，或单独做一条长板凳，不与木骨架有任何连接，这样人走在长板凳上不会触动骨架，避免惊走在罾网里吃食的鱼群。罾的第二部分是罾网及其支架，罾网直径一般在2.5米至3米、中间带饵料兜下面的网眼大小由手指多寡为单位，一根手指粗细为插一，一根半手指粗细为插一五，以此类推。用一组狭长五边形或六边形支架组成，支架前端联结着，中间有轴杠与骨架联结，后端拴块石头，实际上就是重力压杠。

下罾时，捕鱼人走在长木板或长条板凳上，将装有豆饼块或炒熟香苏面团的饵料，用木钩将饵料送进罾网中间的饵料兜里，然后摘掉支架后端的固定钩子，轻轻搬动支架，把网下到江底即可。过段时间，看到水中罾网中有鱼或吃食，或聚集游动，就可以拉下后端支架迅速下压，让前端支架下的网迅速露出水面，无论小鱼大鱼，全部留在凹形罾网中，这时打鱼者用后端支架上的钩子勾住骨架上的铁环，罾网停在空中，捕鱼者可任意用大、小抄罗子取出罾网中的鱼倒入鱼囤里。

用搬罾网捕鱼时需要注意的要领有四：一是落网要慢，起网要快，不然已经上网的鱼也会跑掉。二是饵料要香，又不易被水冲走。三是起网前在长板上走时，要轻手轻脚，不要发出响声，免得惊走鱼群。四是要准备大、小两种规格的抄罗子，因为搬罾有时也会捕到两三斤的鱼。

搬罾捕鱼最佳时间，同其他方法捕鱼时间基本相同，日出日落前后是鱼找食吃的时间，也是能多捕到鱼的最佳时间。

"罗夏·阿拉格"是什么渔具

大拉网，达斡尔语称"西格·阿拉格"。由于20世纪初，黑龙江沿岸尚未有中国人使用这种大拉网，只见过俄国人在江上使用这种网，所以达斡尔人直接称这种大拉网为"罗夏·阿拉格"，意为俄国网。对于大拉网的称谓，不同地区称谓也不同，除上述两种之外，有的地方直接用达斡尔语称其为"阿拉哈"。

瑷珲境内捕鱼要分季节，春季最好，秋季次之，伏天天热水也热，容易烂缰烂网，所以这段时间要歇网，并利用这段时间，进行血网[①]、补网、调整网缰等活计。

---

① 血网：伏天用动物血洗网，网不易腐烂，渔民称为"血网"。

春季拉大网主要选洄水汊子的稳定陡坎滩撒网，在这样的网滩捕鱼叫"打涡子"。为了使网有兜，有存鱼，每片网底缰短于漂缰3寸。捕明水鱼时，多拉底缰，使网出些兜，把鱼兜在网内。如果多拉漂缰，鱼必然会从网底脱逃。出网时，一人踩底缰，不使网悬空，鱼无空隙可乘，以免鱼从网纲底下逃跑。撒网时，由网达①在船上指挥。如果木球网漂子在水面积累成堆，便让划桨人快划船，拉开距离。实际上，撒网的时间越短越好，避免圈在网里的鱼听到动静而乱窜逃走。网下到江中后，将网绳从船头前拉下，由拉套子的人背在肩上拉网前进。拉套子的人数，要根据网的长度由网达决定，网最短的也就120多米，可安排三四个人拉套子。1000多米的长网，需要10多人拉套子，由五六人在后边把"叼橛"②，使网渐渐由宽变窄，慢慢靠到江边，形成长条。出网时，人们把"叼橛"拔下，将后网缰拉出来网滩，鱼群便集中到一起，形成一条狭长的兜，取出的鱼装大囤拉走。秋季，大拉网适宜在漫滩或稳水涡子里捕鱼，捕鱼方法和春季相同。

大拉网作为传统的捕鱼工具，曾起到过重要作用，随着省时省力的趟网问世，大拉网渐渐消失了，它的使用技艺和工序只能留在人们的记忆中。

没有麻绳用什么材料织挂网

挂网，是古代传下来的一种捕鱼生产工具，在瑷珲聚居的各族人民都曾经有使用挂网捕鱼的历史。

据传说，最初的挂网从清初算起距今至少有360余年的历史。那时织网的原料是将野生植物"黄芩""蟄麻子"等扒皮，梳成麻状纤维，泡在水中数日，取出加工成绳，再织成网。据说这种由黄芩或蟄麻子皮搓绳织出的网比线麻绳织出的网还结实，只是扒皮较难。清代后期，有了线

---

① 网达：打鱼队伍的指挥者。
② 叼橛（JUE）：在拉网后端，用于拉住或固定拉网的木桩，防止拉网顺流下漂。

麻，扒皮加工成绳并用这种麻绳织网省时又省力，"黄芩"和"螫麻子"皮搓绳织网的历史才被人们淡忘了。

挂网民间直接统称"挂子"，丝线绳成为织网原料后，织出的网又称"丝挂子"。这种丝挂子具有加工容易、下网入水快、网眼均匀、捕鱼多的优势。鄂伦春族囿于地处偏僻、经济实力较弱和视野局限等原因，他们织挂网的原材料最初还局限于马鬃、马尾，织一张网虽说是很不容易，但很精细。

挂网的高低和长短，没有严格的规定，只从需要出发，一般上下网高1—2米，长一二十米不等。网两端分别拴在树枝上，网上面拴有浮漂，网下拴有网坠，所以挂网下水后一直是立在水中，宛如一堵网墙，将过往的大鱼挡住，小鱼穿网眼逃窜，唯有同网眼大小一致的鱼穿过鱼头却卡在鱼鳃上而被"俘"。最初的网坠是从江边捡来小细条石或细长片石，用石锥在中间两侧打个缺口，以使用线拴在挂网的最底部，使网既沉入水中，网坠又不容易脱落。由于石网坠规格、重量很难一致，与瑷珲地区邻近的坤河村、富拉尔基村一带的达斡尔人，上马厂、白石砬子等地打鱼的满族人，都曾经在砖上刻成模子，然后用黄胶泥掺白浆土按在模子里成型，晾干后，用火烧，制出规格统一的火烧泥陶网坠。随着社会的发展，陶网坠后来又相继被铁丝网坠和铅网坠所替代。

挂网一般都下在江河湖泊稳水中。想捕大一点的鱼，网眼可控制在4—5指大小，最小的一般都在插一指以上，插半网眼很少有人使用，这样的网几乎把小鱼苗都漏不掉，人们称这样的网是"绝户网"。有时条件允许，人们还把几片挂子连在一起当拉网使，效果也不错。

挂网投入少，使用方便。住在黑龙江沿岸的许多村民家中都有几片挂网，晚间下、早晨起，捕的鱼虽不多，但也够一家人吃上几天了。

套哲罗鱼

哲罗鱼是典型的冷水鱼，喜欢在水清、流急、高氧、低温环境下生存。达斡尔族称大哲罗鱼为"阔勒布热",小哲罗鱼则叫"阔勒查恩"。

冷水鱼类是鱼类的一大家族。这些鱼有别于其他鱼类,除富含蛋白质、脂肪、维生素和矿物质外,还含有丰富的高度不饱和脂肪酸,如脑黄金 OHN、脑白金 EPA。

哲罗鱼最适宜春季捕获。瑷珲地区民间素有"春天的哲罗,秋天的雅巴萨"之赞誉。据说春天的哲罗鱼肉味鲜美,营养丰富,为鱼之上品。《黑龙江外纪》早有记载:"岁贡惟鳝鳇、哲罗、纽摩顺(细鳞)三种,而哲罗、纽摩顺则浇水使冻,如在玉壶,此京师所谓冰鱼也。"

黑龙江哲罗,生长快、个体大、凶猛贪食,水中鱼、陆地鼠,乃至野鸭,都是其猎食对象,因此流传着很多关于哲罗鱼的神奇故事。沿江的俄罗斯人就有这样的民间传说:从前有一位牧主放养的马群到江边饮水,结果马群没有回圈,牧主赶到江边寻找,仅在江边看到留下的马蹄印,马群被哲罗鱼群吃掉了。

达斡尔族的渔业生产历史悠久,他们对各种鱼的习性十分熟悉,于是就根据哲罗鱼喜欢睡觉的传说,观察到哲罗鱼睡在河边就像死鱼一样,于是渔民就悄悄靠近,用绳套捕捉。有时,鱼都快拉上岸了,好像还没睡醒,等过了一会儿,可能觉醒了,就一个劲儿地扑腾起来,可说啥都晚了。

捕大马哈鱼专用渔具滚钩

大马哈鱼,达斡尔语称"达尔博衣·勾格",属溯河洄游性冷水鲑鱼类。肥育生长在海区,繁殖在江河,一生仅繁殖一次就死亡。所以民间常有人笑其一生是"海中生,河里死"。这种鱼 4 年成熟,体重一般都在 40—50 斤之间,然后由海溯河而上,停止栖食,一心一意游往自己的出生地,日行达 35—50 公里,一般产卵场距河口仅数百公里,最远的可达千余公里,但黑龙江有一个大马哈鱼群体出生于呼玛河,距河口 3000 余公里,这个大马哈鱼群体,历尽艰险,游到呼玛河产卵场,挖坑产卵受精,然后掩埋受精卵、守护、待体力耗尽而死亡,完成繁衍子孙的使命,堪称鱼类之壮举。

瑷珲境内沿江的达斡尔人、满族人对捕获大马哈鱼都有丰富的经验,只要提前把滚钩做好,等江边飞白色黏涎子(一种极细的白色丝状物),就赶快下滚钩,准没问题。按节气算,应该是秋分前后3—4天内。

制作大马哈鱼滚钩并不难,选5寸长的8号线铁丝,一头用锉锉出长约5厘米的锋利细尖,蘸水淬火,增加硬度;另一头捶扁,然后弯成钩形,用琵琶扣拴住扁头就可以了。然后,准备一根250—350米长的8号铁丝盘成一大盘,同用铁丝做成的若干个"杩"支架和一块大沉江石一起装在小船上。将200—300米长的8号铁丝作鱼线,横向沉入江底,江岸一端,可绑在树根或岸面大石头上固定,江中用大石头或铁锚将这一端固定。然后将用铁丝做成"木马"或支架,支在铁丝下面,使铁丝悬在距江底六七寸的位置上。最后每隔10厘米左右拴上1个大鱼钩。一盘钩的数量少则150个,多则达300余个。

滚钩能够捕获大马哈鱼的原理在于,渔民熟知大马哈鱼属深水鱼,喜欢在江底由下往上逆水而行的习性。

当地渔民介绍,立秋大马哈鱼就游到坤河了,也有人说下大马哈鱼滚钩从秋分前三四天开始,到霜降为止。下钩需三个人密切合作。一人在岸上拿着没绑鱼钩的铁丝放线,另外两人坐在装着能稳住铁丝线的沉江石或铁锚的小船上,坐在船中间的人不断扳桨顶水上行,坐在船尾的人则把着沉江石避免小船两边摇晃。当铁线顺江快要拉直时,扳桨人快速将船驶向江心,铁线拉要直时,坐在船尾的人迅速将沉江石头或铁锚推入江中沉底。绑鱼钩没有固定数,每隔0.1米左右绑一把(大马哈鱼钩的计量单位为把),一盘铁线绑200—300把钩就可以了,水缓多放几把,水急少放几把。三个人一天能放七八盘线。大多数捕鱼人家放线是分两次进行,第一次不绑钩,只在江里放铁线。第二次仅绑鱼钩,这样做比较安全。鱼钩上不放任何饵食。两个人一组,一天遛一次钩,一人划船,一人拉住铁线,把沉在江底的铁线提拉出水面搭在船头上察看,如有鱼上钩,用手钩把鱼钩住扔进小船里。用滚钩捕获大马哈鱼的道理是,大马哈鱼是腹部贴着江底摆着尾巴向上游,所以很容易被锋利的大马哈鱼钩钩住肚子和尾巴。当然钩上的也不一定全是大马哈鱼,有时也会钩住哲罗、草根或七里浮子等个头较大又喜欢在江底游水的鱼。

黑龙江水流很急，铁线又比较重，所以遛大马哈鱼钩的活很危险。

用滚钩捕获大马哈鱼，是瑷珲人在沿江捕鱼的传统方法之一。由于大马哈鱼产量逐年减少和人工养殖产量增加，用传统滚钩捕获大马哈鱼的生产在20世纪70年代初就消失了。不过，这种传统的生产技艺还是深深留在人们的记忆中。

鱼叉叉鱼

鱼叉叉鱼，在瑷珲境内很少有人用这种方法捕鱼，人们捕鱼多采用网捕、钩钓、簗子档等，认为这些捕鱼方法来得快，捕的鱼多。但是，叉鱼的人虽然少，也不是没有。秋末冬初刚封江时，有人就在江边明冰上用鱼叉叉鱼，叉到的鱼一般都在一斤以上。什么鲇鱼、狗鱼、鲤拐子等都曾叉到过。此外，明水期在小河边，也有利用树荫挡住身影叉鱼。

鱼叉一般都是铁匠炉打制的。有两齿和三齿之分，均呈扁平状，两齿的里边各有一个倒须钩，三齿的则有四个倒须钩，除两边齿向里各有一个倒须钩外，中间齿两侧各有一个倒须钩。鱼叉杆长一般都在4米左右。

鱼叉分有绳脱柄叉和无绳连柄叉两种。有绳脱柄叉，捕鱼者瞄准鱼甩出鱼叉后，如叉到大鱼，鱼叉从柄杆脱落，鱼叉带着鱼绳随着被叉的鱼游动，待鱼精疲力竭时，收绳将鱼拉到岸边浅水滩，或收入大鱼囤里，或提上岸宰杀处理。连柄鱼叉基本上是在浅水区捕鱼，叉到的鱼一般都是两三斤的小鱼，鱼肉也被叉烂了，所以直接退钩收起来就可以了。

20世纪七八十年代，上马厂乡政府供养的孤身汉族老人张庆棠，曾长期在额泥河河口打鱼。他是一位捕鱼高手，网、钩、箔、叉，样样精通。他充分利用熟悉鱼性、水情的优势，根据不同季节、不同水情，使用不同的捕鱼方法，年年季季打鱼不空手。

张庆棠老人当年讲述自己年轻时用叉叉鱼过程时说："鲤鱼专吃水底

下的烂木头、虫子、草籽、苔藓等东西，经常游动在水底下。水浅时，吃草根，吃草棵、草叶子。""打鱼前，发现鱼没食吃，就用喂'窝子'的方法，诱骗鱼来吃草，以便用叉捕到它。办法是割一捆洋草，把洋草绑在江沿的木棍上，草尖微微地贴近水面，捕鱼者划着插绑着树叶密密的矮墩树的小威乎，一动不动守在'窝子'旁，单等鱼来吃草时，用鱼叉叉住鱼。"

"在1.5米到2.5米深的水泡子里叉鲤鱼，你坐在船上一动不动地察看，就会看见鲤鱼在水底下，头朝下尾朝上，一边摇着尾巴，一边啃草根吃，把水摇出一个个小白泡，到水面上就是两个小白泡，这种情况下肯定是鲤鱼又在吃草根，这时候你就拿出连柄鱼叉，将叉杆紧紧靠在大腿上，慢慢地把叉伸向水底，逼近鲤鱼身旁，瞅准目标，侧面叉去，就一定会叉在鱼身中间，倒须钩会把鲤鱼脊背和肚子刺中卡住，到手的鱼就跑不掉了。如果正面叉，鱼身子立面窄，不容易叉着。"

"用叉叉鱼不容易，既要有耐性，还要眼尖，出手麻利，没有这两下子，别想叉到鱼。"

木榔头震鱼

黑龙江上捕鱼的方法很多。其中用木榔头震鱼也是具有特色的捕鱼方法。

木榔头震鱼工具简单，真正做起来却不是那么容易，也需要掌握好多方面的知识和技术。

用木榔头震鱼多在初冬时节进行。捕鱼者要熟悉冰层的厚度，冰层太薄，榔头砸下去冰层碎了，根本震不昏鱼，冰层太厚，砸不碎冰层，即使鱼被震昏了也取不出来。木榔头震鱼需要在明冰条件下进行，以便捕鱼者能看清冰面下有什么鱼、多大的鱼、鱼头朝哪个方向、水深度大约是多少。震鱼的时间一般都是在清晨太阳刚出来的时候，捕鱼者下江来到江面或江汊子有明冰的冰层上，背着一个抄罗子，拎着一个长木把、槌头直径约20厘米的木榔头，不停地向冰下面寻觅，发现冰下有鱼，需迅速判断冰层厚度、鱼的大小，然后举槌平砸下去，冰面霎时震出四射的花纹，鱼被震昏一动不动，再用力连击，这时不用槌的平面而是用斜面下砸，在最短时间内破冰，用抄罗子将震昏的鱼捞起。如果鱼未被震昏，向四处逃窜，可快速跟踪，用平面槌头连续照着鱼头前方猛击，直至震昏捞出。只要冰层厚度合适，冰面透明度好，一般二三斤的鲇鱼、狗鱼、虫虫等近岸鱼都可以捕获。

用木榔头在江面上震鱼，需要手疾眼快、腿脚麻利的人，所以这种捕鱼作业一般都是十七八岁的小伙子居多。

拉毛钩钓大鱼

拉毛钩是一种特别有趣味的传统捕鱼方法，鄂伦春人非常喜欢用拉毛钩钓鱼。

拉毛钩需要使用长钓竿，钓线长度可与钓竿等同，但要稍粗些更结实点，鱼钩也要比甩竿鱼钩大一些。毛钩鱼饵不是蚯蚓、蚂蚱之类的昆虫食物，而是用一块带毛狍子皮包着的鱼钩。

入夜，捕鱼者在河岸上向水中甩出绑有毛钩的渔线，慢慢地或一点一点地把渔线往回拉，或往上水拉或往下水拉，或上下水来回拉，利用鱼视力差的特点，使其误认为水中有一只老鼠在游动，进而冲上去吞食，却被包在狍皮毛里的鱼钩钩住。拉毛钩往往能钓到几斤重或十几斤重的细鳞或哲罗等大鱼，对捕鱼者来说很有吸引力。每年一到7月、8月天热的夜晚，就有拉毛钩爱好者约几个朋友来到河边，一边乘凉，一边拉毛钩捕鱼。伏天河面的水比其他地方都要凉一些，哲罗等冷水鱼都喜欢到这里乘凉，所以河口是拉毛钩最好的地方。那里也能钓到较大的鲫鱼或鲇鱼。

鱼罩罩鱼

鱼罩，达斡尔语称"达如勒"，也是一种传统的捕鱼方法。用鱼罩捕鱼，确切地说，是先用罩将鱼罩住，然后捕鱼人把手伸进鱼罩里，抓住鱼取出来扔进鱼篓里。

过去瑷珲人特别是像张地营子这样水泡子比较多的村屯，人们经常采用这种捕鱼方法。

用鱼罩捕鱼主要是在水深50—80厘米的泡子里罩小鱼。罩鱼前先编好鱼罩，要选择手指粗，长约80厘米、顺溜的柳条，编成一个下口直径60厘米、上口直径20厘米之内的鱼罩，一般是在鱼罩柳条干透再使用，否则湿柳条鱼罩分量重，使用不方便。

罩鱼时，要先探好水泡里有没有鱼，有什么鱼，有多大的鱼，以便做到心中有数。再拎着鱼罩进入水中，先光脚踩泥把水搅混，让鱼不知往哪儿逃、到哪儿藏身。然后主要靠脚的触觉，体会脚是踩或碰到鱼了、鱼往哪个方向去了，然后迅速跟进，感到鱼可能就在附近，提起鱼罩迅速下按，感觉到鱼在罩里乱撞，就意味着捕到鱼了，然后慢慢将鱼罩移到鱼篓旁，手伸进罩里把鱼取出装进鱼篓里。

一般用鱼罩捕鱼，捕到的都是些小鱼，但这也不是绝对的。运气好时，也能捕到一二斤重的鱼。

蓄笼网鱼

据说，过去用蓄笼网鱼的人很多，下蓄笼网的地点基本是在湖与沟的接合处。笔者曾见过一处蓄笼网就是在泡子村沿东南方向，去往张地营子村的路边,是泡子沿村中大泡子外延一条小水沟出口处。

那是1982年,下蓄笼网的是当地两个十五六岁的半大小子,其中个头高一点的留着盖耳长发,活泼健康;个头矮一点的脸白却有点羞涩腼腆。他们的蓄笼网长有4—5米,两头尖、中间圆,最粗处的直径50厘米左右,进口处直径小,也就是20厘米以内。由于网太长,中间还有几道铁丝圈从外面绑上,使网像缸一样鼓起拉长,入口处用木棍撑起呈壶口形,网口对着沟口,网口连着沟口两侧都是柳条插成的障子隔起来,沟帮两侧塌陷地,都就地取土覆盖堵严。

1982年5月末6月初,我们路经此处,见到用蓄笼网捕鱼的场景。只见路边的一个柳条筐里已经装满了鱼,还有不少小鱼一蹦一蹦地掉在地上。两个下蓄笼捕鱼的小伙从蓄笼网后往外掏鱼。网里的鱼很多也很杂,多半是一拃长的柳根,还有鲫鱼、鲇鱼、泥鳅等。只听留长头发的半大小子说:"网是昨晚上下的,没想到一夜之间进来这么多的鱼,装两筐没问题。"

甩线也能钓大鱼

在黑龙江边打鱼的人很多,有网达带领的专业打鱼队,更多的则是男女老少都参加的业余捕鱼活动。捕鱼的工具和方法多种多样。先说渔网,有被称为"罗刹·阿拉格"的俄国大拉网,还有小拉网、旋网、挂网、袖网、蓄笼网,等等。再说鱼钩,有鳇鱼钩、大马哈鱼钩、专钓鲤鱼的钝钩、钓杂鱼的快钩、钩,等等。还有挡簖子、插箔、鱼囤等工具和方法。但是要说最普及的工具和方法是下甩线。虽然说捕鱼量远不如大、小拉网、挡簖子插箔,但工具简单、操作容易,有时也能钓到大鱼。特别是在沿江的乡下,无论是早晨或晚上,下甩线的人都特别多。

下甩线钓鱼的人有青少年,也有老人。下甩线的工具特别简单,准备一根渔线,早先年间,都是用线麻搓成的纳鞋底麻绳十几根或二十来根连接起来,后来市场上出现棉线绳,就用棉线绳取代了线麻纳鞋底绳。

甩线的计量单位是"盘",一盘甩线一般都在30—50米,前面拴个铅坠或铁坠,甩线上绑上快钩,两把快钩之间的距离以相互不搭界为准,拴上十个八个钩就可以,这是第一道钩。为了多捕鱼,有些下甩线的人在距离第一道钩最后那把钩约5—8米处再拴绑第二道钩,方法和要求同前。不过下二道钩甩线时,由于鱼钩密度大,危险也就增加许多,需要特别注意安全。线的末端拴在一块长方形两端都带"V"字缺口的木板上,用较大的石头压住,或直接绑在小树根下。将全部鱼钩纫上蚯蚓甩入江中即可。有时钓鱼者不用手竿钓,而是全部下甩线,一个人下5—8盘甩线,遛一遍后再反复接着遛,特别有意思。

不要小看下甩线,照样能钓到大鱼。上马厂村就有用纳鞋底绳甩线钓到8斤8两"七里浮子"的事例,霍尔沁村也有用棉线绳甩线钓到44斤2两鳇鱼的历史纪录。为什么小小的甩线也能钓到大鱼呢?道理很简单,小鱼吃蚯蚓而被钩住,大鱼贪食被钩住的小鱼,结果把鱼钩吞进胃里,自己也被钩住,被钩住的鳇鱼浑身不自在,有时就在水中打滚,结果是鱼线卡在鱼鳍上,一道又一道把自己捆得结结实实,只能成为下甩线人的俘虏。据说上马厂村和霍尔沁村下甩线能够钓到大鱼都属于这种情况。而这种情况多半是在用甩线下夜钩时发生的,谁说甩线只能钓小鱼呢!

挡亮子放鱼兜

挡亮子放鱼兜,是一种比较简单易行的传统捕鱼方法,瑷珲境内的达斡尔族、鄂伦春族、满族和汉族都曾有过这种经历。达斡尔语称挡亮子为"卡迪",鄂伦春语则称"卡迪欤",汉族人直接就称挡亮子。

挡亮子放鱼兜,一般都在春天和秋天进行。在中、小河里,把两扇亮子斜放在河里,中间放鱼兜,河水向下游流时,鱼被挡亮子阻挡后,慢慢向鱼兜开口处游去,并顺水进入鱼兜内。因为鱼兜开口大,所以一般大鱼也能捕到。

挡亮子虽然开始费工费时，但是挡完后却没啥活了，挡亮人就有时间干些维护亮子和鱼兜的活，其他时间就是等着用抄罗子从鱼兜里把大大小小的鱼取出来。

如果用挡亮子捕大马哈鱼时，可将用柳条编成的亮子偏斜一点，放在距离河稍远一点的河床上，两侧木马要用石头压住，大马哈鱼的习性就是逆水游，遇到亮子被挡住，又不往回游，就在亮子底下聚集等待，这时挡亮子者可由两人从下游20多米的河里，横拉小网往上游兜着走，大马哈鱼就被捕获了。

挡亮子小插箔

挡亮子，有的文献资料写作"挡簝子"或"挡子"。据说是一种历史很久、使用范围很普遍，至今仍在沿袭的传统捕鱼方法。

亮子可大可小，主要视水清而定大或小。挡亮子一般选择在小河汊或水泡子的河口上。河口必须朝向大江，由于大江灌进水，鱼游入河内，河里才有可能有较多的鱼可挡可捕。河有大有小，小的河汊长一里多地，宽二三十米不等，最大河也有几十里长、百十余米宽，水深3—6米。

挡亮子用的原材料主要是大木桩和箔条。春天开江前，挡亮子人就把砍好足够用的箔条和大木桩运到要挡亮子的地方。把箔条去掉枝杈，根部削尖，将大木桩也砍出尖，以便竖桩时能把木桩使劲砸插在水中的泥土或砂石里。接着在农历五六月间，把从柳树上剥下的树皮晒干，再用水泡开成纤维，纺成绳子留待编箔用。箔条有两种，一种是交织的；另一种是"过水箔"。交织箔当地人称"狗链档"箔，这种箔是两根条子交错织在一起，适合水流小的河汊或水泡子用。过水箔是一根条子编一扣，每隔1尺多一点编一道绳，这种箔缝大，适合挡有水流的河口，每块箔的长短不等，视水量和水流而定。20世纪80年代，卧牛湖河口就有人下这种箔，而且规模很大，捕到的鱼数量也很可观。

渔场禁忌

瑷珲境内从事渔业生产的民族成分比较复杂，满族是由长期从事渔猎生产而直接进入农耕生产的民族；达斡尔族是最早由渔猎生产转入半农半牧并将渔猎生产一直沿袭到现在的民族；鄂伦春族则是由渔猎生产转入游猎生产的民族。这三个民族都是原住民，都是早期就从事渔猎的民族，又同时都信仰萨满教，是"万物有灵"观念很深的民族。

在渔场讲究多、禁忌多，有相同或基本相同的禁忌民俗事象，也有某个民族独特的民俗习惯。为方便阅读，本书将鄂伦春族渔猎禁忌纳入《鄂伦春族禁忌民俗事象五十九例》篇目中，将达斡尔族渔猎禁忌民俗纳入《达斡尔族禁忌民俗》篇目中，本篇不再赘述。本篇目"渔场禁忌"集中简述上两个民族之外的各族人民关于渔场的习惯和禁忌。

（1）传统捕鱼生产时，必须在捕鱼之前，就把生产工具、股份额度比例、产品分配方法等具体问题说清楚，并严格执行。

（2）有多个捕鱼户同时挤用一个网滩时，一定要遵守轮流作业的制度，不得随意抢占别人的作业班次和时间，否则将包赔对方的损失。

（3）孕妇和月经期妇女，不得进入渔场，更不准上船，怕败兴，捕不到鱼。

（4）参加捕鱼的人员中，某个人家中死了人时，到渔场后，在滩上拢起一堆篝火，让这个人跨过火堆才准许重新加入捕鱼组织中，认为跨过火可以驱除这个人的晦气，使渔场不受牵连，打鱼不受影响。

（5）寡妇不许到渔场，更不准上渔船，否则就会倒霉晦气，捕不到鱼。

（6）捕鱼的所有成员，都不准说大话和怪话，怕得罪河神，捕不到鱼。

（7）撒网中如捕鱼多时，不许说："这一网怎么打着这么多的鱼呢？"

（8）吃鱼籽时，不许说："这一下得吃掉多少鱼啊！"

（9）捕不到鱼时，不许说脏话或"怎么打不上来鱼呢？"等怪话。

（10）用鱼叉叉到的鱼，不许用刀子割开鱼泡，否则下次就捕不到鱼，或者鱼容易脱钩、脱叉跑掉。

江边一景——长鱼凳

早些年，无论是城镇和乡村的江边上，都有一条条长长的渔凳伸向江中。清晨，太阳刚冒红的时候，一个个渔民站在渔凳前端，用手掂掂旋网，然后一转身，双手轻扬，一张弧形渔网在空中稍作停顿便"刷"的一声进入水中。瞬间，江面上泛起一片涟漪，一圈比一圈大，迅速向外扩散着。

这一条条渔凳，宽约 40 厘米，长短不一，长的约有 8 米，用厚约 5 厘米的整块木板做铺板，用两条各长约 1.5 米的板方为两条腿，伸向水中，两条腿之间有两道板方连接固定，铺板腰部两侧各有一条长板方同两条腿中间连接固定。好的渔凳讲究"人踩不颤，人转身不晃"。

渔凳伸向水中，可深可浅，可远可近，完全根据需要进行调解。虽然渔凳有些笨重，但仍然可以向有鱼群的地方移动。如果鱼不旺盛，可以找块豆饼，中间打眼穿上绳，向网落水中的位置抛去，落在水底任由鱼觅食，老百姓称这种方法为"喂窝子"。当觅食的鱼多而稳定时，渔民便可轻轻走上长条渔凳，静下心向水底鱼窝子察看鱼是否多、值不值得打。一旦确定打时，便将网纲的绳头套在手腕上，然后将网向前方抛撒，在空中散开，形成一个圆形的网罩，罩向水底鱼群，如果网住的鱼多或有较大的鱼，东撞西闯的鱼便会通过网纲将信息传递到打鱼人手中，打鱼人在内紧外松的心理作用下，紧张而缓慢地把渔网收拢，提起出水。

长条渔凳向水中伸出较远，加上网纲的距离，落在水底渔网的水深都在 1.5 米左右。在这样的水位上打出来的不都是小鱼，有时一网也能打到几条 2 斤左右的鲤鱼拐子。

长条鱼凳曾经是黑龙江边上的一景，过去在明水期长期存在。在那些年月里，县城黑河一到夏天，特别是夏日的清晨或黄昏时分，曾经吸引过无数摄影爱好者抓拍创作，也是外地游人在黑龙江畔可观赏到的边境景观之一。

鄂伦春人三件宝

众所周知，鄂伦春人经历了人类社会最为漫长的原始游猎生产生活。传说是鄂伦春人信仰天神——恩都力，用"老桦树皮扎成了鄂伦春人"。他们的先民相继经历过烧荒引兽、用木棍和石头打野兽的朦胧记忆，也经历过用弓箭射猎野兽飞禽的历史阶段。

在火枪替代弓箭成为主要狩猎工具后，他们使用猎马、猎犬、猎刀及猎枪等简陋的生产工具，穿山越岭过河，猎获赖以生存的衣食资源。所以在鄂伦春人中广泛流传着这样一句谚语："鄂伦春人三件宝，猎马、猎犬和猎刀。"

猎马，是鄂伦春猎民主要的交通和运载工具。鄂伦春人在长期的狩猎生产中，培育出的这种猎马至少有五个特点：一是体形虽然矮小，但行动敏捷、速度快。二是蹄腕大，善于穿林越岗，特别是能够在有"塔头"的沼泽地里行走奔跑，而不会陷入泥塘里。三是适应能力强，不论春夏秋冬，不用人工喂草料，放到野外，自己就能找到吃的喝的，主人只需适时喂点盐就可以了。冬天，这种马会用蹄子扒雪吃草、刨冰喝水。实在没有草料时，它可以吃六七成熟的兽肉，喝肉汤或动物腹腔里的血，甚至还可以啃冻肉吃。这些特点都是其他种群马匹所不具备的。四是不怕枪响，即便是连开数枪，猎马也不会惊吓离开。五是能自动跟踪，枪响后，只要猎手一跨上马鞍，两腿一夹或两脚一磕马肚，猎马就会主动四蹄蹬开，飞快地载着猎手自动寻觅踪迹，追逐受伤的野兽。猎手常说的一句话就是："马就是我的双腿。"

猎犬，对于猎人来说极为重要，用猎人的话来说，如果有一条好猎狗，通常用一匹好猎马都不换。可见猎狗在猎人心目中的位置是多么重要。猎犬的嗅觉十分灵敏，据说能嗅到百米之外野兽的气味，不仅能帮助主人围住鹿、犴、野猪等较大的动物，还能同熊、虎、猞猁、狼等凶猛野兽搏斗。猎手出猎时如果能带上四五只好猎犬，通过群围群咬，就会围猎撕咬而捕获住小野猪或犴等野生动物，猎人的作用只是掏出猎刀，上前对准猎物的要害部位捅下去，一刀毙命即可。当被打伤的野兽逃窜时，猎犬便主动跟踪追击，直到捕获为止。当猎人遇到猛兽袭击时，猎犬便会扑上去与野兽拼命搏斗，救出主人。狩猎时，一旦猎犬被野兽用嘴咬伤或用獠牙刺伤，猎人都会用马驮或人背把它运回家，想办法养好伤。即使因伤而废再不能随主人出猎，仍不嫌弃它。倘若一旦猎犬受伤死在猎场，主人都会伤心地挖个土坑把它埋葬，有的主人还把自己随身携带的食物摆放在猎犬坟前。由此可见，猎犬与猎人之间的感情有多么深厚。

猎刀，是猎人出猎时的必备工具。一般都佩挂在猎人腰间，也有的猎人在两条小腿的绑腿里面各插一把应急的猎刀。夏季剥桦树皮搭建斜仁柱、渴时喝桦树汁、冬季刨冰喝水做饭等都需要使用猎刀。猎获野兽时，剥皮、开膛、切割和吃肉也都需用猎刀；特别是遇到猛兽扑身，来不及或不能用枪射击而需要自卫时，猎人可拔刀自救。

如今，尽管在鄂族聚居的山乡已经实现农业机械化，内蒙古自治区已经实行严格的禁猎政策，黑龙江省境内却允许猎民有限度地从事狩猎生产。而且目前的狩猎活动仍然是沿袭传统的生产方式，猎马、猎犬和猎刀仍被视为猎民狩猎生产中的三件重要工具。

鄂伦春族最初使用火枪的分歧

在鄂伦春族近代史中，引起生产上以至整个社会生活发生重大变化的是火枪的传入。依据鄂伦春族老人的记忆和说法，火枪是在清初，即17世纪中叶由俄国传入。那时，正是因俄罗斯人携带火枪侵扰黑龙江而激起当地民众强烈反抗的时期。文献记载：1683年11月，鄂伦春人朱尔铿格等，于精奇里江杀五个俄罗斯人，并缴其鸟枪投清。

最早使用的是奥鲁坤枪，即火绳枪。后来传入加冒枪，即火镰枪和"洋炮"。大约是在1900年的前几年，才由鄂伦春族猎民与俄国人以物易物获得比较新式的火枪——别拉弹克枪，以及少量的"套筒"枪、"连珠"枪。据1918年11月17日库玛尔路协领公署呈黑河道尹公署文称："窃照库路所属鄂伦春人丁，自漠河迤下至瑷珲一带，千数百里之遥，沿江联于山谷之中，漫荒野居，处处与俄为邻，所以无论男妇大小，惯熟俄语，应用子弹等项，皆以牲肉皮张，不时过江交易。"直到1930年前后，鄂伦春人才逐步换用"七九""九九"等快枪。从上述文献记载和鄂伦春老人记述中可以看出，那一段时间鄂伦春人所使用的枪支弹药，主要是俄国制造的。

对于长期从事狩猎生产的鄂伦春人来说，火枪不仅是武器，更是最好的生产工具，所以才有了不断更新工具的需求。

但是，鄂伦春人开始使用火枪的过程并不是一帆风顺的。原始社会人们思维的局限性、保守性，在"万物有灵"观念的作用下，时时都在阻碍这一狩猎工具的突然传入。传说，火枪刚刚传入时，一个年轻人和一个老年人同时去打猎，看见一只树鸡，年轻人想用火枪打，老年人想用弓箭射，两个人争论不休。老年人认为用枪打不可靠，一枪打不着，树鸡听见枪声就吓飞了，而用弓箭射，一箭射不中，树鸡也吓不飞，还可以再射。结果两人要打赌，年轻人觉得没把握，怕一枪打不中，树鸡会飞走，就让老年人先射，老年人最终射下树鸡。

另一个传说是人们最初不敢使用火枪，因为枪声太大，怕崩（震）坏脑袋，竟怀疑又是一位厉害的神灵所为。还有一个传说，说的是鹿本来长着漂亮的四只眼睛。自从猎人使用火枪后，鹿的同伴便死得多了，结果哭瞎了两只眼睛，只剩下两只了。这个传说证明，火枪的使用推动了狩猎生产。

鄂伦春族狍哨和鹿哨

狍哨和鹿哨，都是鄂伦春族传统的狩猎工具，用狍哨和鹿哨引诱狍子和鹿来到猎场进而将其捕获的方法叫"引诱法"。这也是鄂伦春族猎人经常采用的传统狩猎方法之一。

狍哨，俗称桦皮哨，是汉语称谓，鄂伦春语则称"皮卡兰"。中国古代文献称"女真桦角"，出自南宋《三朝北盟会编》中"每见巧兽之踪，能蹑摧之，得其潜伏之所，以桦皮为角，吹作呦呦之声，呼麋鹿，射而啖之"。文献证明，最早制造使用狍哨的是女真人，在女真时期狍哨就已经成为狩猎生产的工具。

制作狍哨的材料很容易获取，工艺也很简单。选中等厚度的白桦树皮，搓掉白色浮皮，对折后用剪刀将白桦树皮剪成长约 2 厘米、宽度 1.2 厘米、两头齐平的长方形，然再用剪刀将一端剪成半圆形，打开对折，用剪刀对准每面中间部位按直线按出一道较深的印，作为气道，然后再对折，用大拇指和食指捏住两侧，使中间鼓开一条缝，狍哨基本就做好了。吹时，用大拇指和中指捏住狍哨两侧，半圆形状的舌簧向里，送入口唇中，轻轻一吹，便可发出狍崽的呼叫声。熟练的猎手，将狍哨置于口腔前的位置，用舌尖抵住。不用两个手指捏着就可以吹响，发出"呦呦、呦呦"的狍子崽或小鹿求援声。附近如有狍崽的父母就会受骗跑来寻找孩子。有时，也有狼、熊等大型野生动物误认为是真狍子发出的声音，也会赶来寻觅狍子，这为猎人捕获多种野生动物创造了机会。

鹿哨，有人称其为"鹿犴两用笛"，而鄂伦春语则称其为"乌力安"，是远古时代人们创造的一种诱鹿射猎工具。北欧斯堪的那维亚半岛、俄罗斯西伯利亚远东地区和我国东北地区的一些少数民族都曾经普遍使用过这种诱鹿射猎工具。

与狍哨的材质不同，鹿哨的材质不单是白桦树皮，而是用白桦木或松木制作的。从造型上看，有卷筒、平直、弯角、藕节、扁平直线、喇叭六种造型。均为中空，靠气道发声，但区别不大。长度均在40—50厘米之间。鹿哨细端有一个带气孔的木嘴，有吸气的，也有吹气的。吸气的鹿哨发出的是"啾啾"的声音，吹气的鹿哨发出的声音亮一些、厚一些。其功能和效果与狍哨相同。

同其他各流域鄂伦春人相比较，刺尔滨河流域的鄂伦春人更偏爱狍哨，使用鹿哨的概率比其他流域鄂伦春人少一些。

如今，狍哨和鹿哨基本上都进入了博物馆，或成为大型文艺演出中的道具而重新进入人们的视野。

打红围

打红围是汉语称谓，鄂伦春语称"喷吐麻勒恩"，含有吉祥富庶之意。鄂伦春人一年四季都从事狩猎生产，而且以收入高低来判断是否进入红围期。一般来说，农历二三月份打鹿胎，五六月份打鹿茸，九月到下雪前打鹿鞭，落雪后以打皮子和野生动物肉为主。因鹿茸是贵重药材，打鹿茸是猎人收入最多的季节，所以从前打红围的概念只限于打鹿茸，这个季节也被称为红围期。

每年五六月间，是鹿茸成熟期。猎人根据鹿喜食盐碱的特性和经常到靠近河边、树少草密的向阳山坡觅食饮水的规律，事先选择好地形，将河边的草拔掉，用木棍钻些小坑，放上盐，盖上一层薄土，浇上点水，使其土泛白，形成一个特殊地专门用于猎鹿的人工盐碱土场。碱场设置完毕，打红围的猎人便逆风隐蔽在草丛里，或者在碱场附近挖个坑，蹲在里面，支起枪架，等待鹿的到来。这种狩猎方法通常也叫"蹲碱场"。

由于鹿的耳、眼、鼻等感觉器官极为敏锐，且生性多疑，奔跑速度又特别快，加上此时正值春夏交替之际，昼夜温差较大，蚊蠓又特别多，猎人往往一蹲就得好几天。为了不惊动带茸的鹿，有时即使是来了不带茸的鹿或其他野兽，猎人也不开枪射猎，唯恐失去猎获鹿茸的机会。当带茸的鹿一旦出现，猎人便以极为准确的枪法命中其要害，不待鹿在地上翻滚挣扎或逃跑，便以最快的速度奔跑过去，用刀刺进鹿的心脏，摁住鹿头，先将鹿茸锯掉。否则，鹿没有被打中要害，会拼命挣扎站立起来，或是将茸触地损坏，或是在林中奔跑而将茸刮坏，造成无法挽回的经济损失。所以打鹿茸对于猎人来说，既是一次意志的磨炼，也是对其射猎技术水平的一次实际检验。因为能否猎获鹿茸，将直接关系到全年的收入如何。

"山头披红云，碱场来鹿群"这条广泛流传于鄂伦春族猎民中的谚语，形象地总结和描绘出鹿群是在日出之前和日落之后到河边吃草、饮水和食碱的生活规律。如果没有设置碱场，猎人也同样是在这段时间内，背着枪沿河边或湖边搜寻，以便发现并及时地将到河边饮水食碱或到湖水中洗澡、觅食营养丰富水藻的鹿猎获。

随着社会的变革，野生鹿已被列为禁止射猎的野生动物，打鹿茸的生产方法也不复存在。目前，个别地区已将打红围的概念转变到秋末冬初，猎人利用第一场雪后，野兽留在地上的踪迹，出围猎获较多的野生动物上了。现在各地响应国家号召，大力发展人工养鹿生产，作为鹿茸的来源。

撵　鹿

鹿科动物主要是有驯鹿、麋鹿、驼鹿、马鹿和梅花鹿之分。

本文所说的撵鹿特指马鹿，是鄂伦春族传统的狩猎方法之一，马鹿，鄂伦春语是"库木哈"，个高体大，颈长尾短，四肢细长，毛呈棕色，臀部白色。公鹿长角，粗大有分叉。马鹿嗅觉、听觉、视觉灵敏，性情机警多疑。其肉可食，其皮可制革。茸、角、胎、鞭、尾、筋、心血等都是贵重药材。撵鹿的目的就是想尽办法捉活鹿，捕获后再把它们用人工养起来。公鹿每年4月末至6月初都能割一次鹿茸，再经过水扎晾晒切片处理就制成成品中药鹿茸。能够取得可观的经济效益。如果撵下的是母鹿，也同样装入笼中拉回驻地，将母鹿圈养起来，继续下崽繁殖。

　　撵鹿，主要是撵马鹿中的公鹿。因为公鹿头顶上长着角，怕刮碰，不敢钻入密林。公鹿一旦钻入密林便只能找树空跑，这样躲来避去，就发挥不出自己敏捷、跑得快的优势，既疲劳又跑不快。猎人趁其在林子里躲来躲去的机会，想办法趁机活捉。母鹿此时因怀胎，身体笨重，跑不多远，也容易捕捉。可公马鹿一旦钻出树林便发疯似的拼命逃跑，猎民只好将参加捕捉马鹿的人分成若干组，换班轮番骑马持续追撵。有时几个小时，有时需要一两天。直到追得马鹿没力气再跑时，迅速用绳子套住马鹿脖子或是角，捆绑后装入木笼，用爬犁运回村。按照鄂伦春族猎民的说法，马鹿性情十分刚烈，一旦感觉自己逃不脱时，就有可能跑向石砬子顶上，宁可粉身碎骨也要顽强自卫，或者跳崖。有经验的鄂伦春族猎民会在石砬子顶上千方百计地将马鹿活捉，防止马鹿跳崖殉死。拉活鹿回村后放进圈里养起来，以便取得较长期的经济效益。

抽 鹿 筋

　　抽鹿筋，鄂伦春语称"粘尼万阿塔煌"。鹿筋主要分布在其四肢，分大筋和小筋。大筋指鹿肢的韧带，小筋指鹿肢的静脉。

　　抽大筋和小筋的方法虽然基本相同，但也有区别。抽筋前，用猎刀从鹿蹄踝部把皮切开，将大、小筋全部暴露。先把大筋暴露出来的一端用细犴筋扎在斧把上，由一个人用力拽着，另一个人用力破皮，边拽边用刀将大筋与皮肉分离，直到整个大筋全部抽出。抽小筋则不必用刀分离，只需一个人按上述方法把小筋一端固定在斧把上，用力向外抽，抽出一段缠卷在斧把上，边抽边卷，直到抽完。抽出的鹿筋要放在背阴通风处晾干。

　　鹿筋的用处有三个，一是作为商品，晾干后卖给汉族或达斡尔族商人，通过以物易物的方式，换回生活用品。二是利用木槌将其槌烂，将抽捡出的纤维搓成细线，积攒起来，用这种特别结实的鹿筋线缝制各种皮革制品。三是作为食物，晾干后储藏起来，什么时候吃，什么时候用水泡开，放在吊锅子里煮熟即可。鄂伦春人认为，鹿筋不但好吃，还可以起到强壮筋骨的作用，所以小孩患有软骨病时，通常都采用吃鹿筋的方法进行治疗，有时猎人还将鹿筋熬成胶，用于粘补少量桦皮制品。

槌皮子

槌皮子，鄂伦春语称"空库勒屋恩"，是鄂伦春人加工皮张的一种方法。槌皮子的工艺适用于皮厚质硬的鹿、犴、熊和野猪等兽皮，以及狍脖子皮。槌皮子的目的在于将较坚硬的兽皮加工成柔软的皮料。

槌皮子的主要工具是一件被称为"猛欠"的木槌子。制作木槌子要选一段长30—40厘米、直径15厘米，材质坚硬、不易裂碎的柞木为原料，将其细端砍、削成可握的手柄，槌头部分要光滑，削去棱角，以免在加工时将兽皮损坏。槌皮子前，先设法使兽皮变软。冬春期间，将抻开的兽皮撒上一定数量的朽木末，喷上热水，卷起闷上两天，使其逐渐变湿变软。夏秋之际，可选择较湿的土地，挖个与兽皮面积相等的坑，将兽皮平整地埋在湿土里，闷上一天一夜，待其变软时取出，趁湿平放在一个平整光滑的木墩上，用木槌子逐段地反复槌打，直到兽皮渐干，当皮质已变得十分柔软时，再点燃朽木末，用浓烟均匀地熏一遍，使其灭菌，以后不生和不招虫子。经过槌打加工后的皮料，可以根据需要加工成各种服饰。如果选做靴底，还需要用水浸泡一会儿，趁湿用犴筋线缝在靴帮上，干燥后，揉搓几遍即可。用经过槌打加工出来的兽皮做靴底，具有轻便耐磨、透气不捂脚的特点，十分适合猎人在狩猎生产时穿用。

水轧鹿茸

鹿茸是鹿全身最值钱的部位,也是珍贵的中药材之一。水轧鹿茸的目的,就是通过多次水轧使原来汁液状态的鹿茸血,与鹿茸固化成一体。所以在水轧鹿茸时一定要认认真真地进行加工,免得降低质量、降低疗效、降低经济价值,造成不必要的经济损失。

猎鹿时能活捉最好,不能活捉时也要选择鹿致命的部位射击,一枪毙命。否则鹿受伤后情绪激动,或将头部触地,或头部乱撞地面,使鹿茸受损。猎人射死鹿后,要快速地将鹿头皮沿脖子周围切开,将皮剥至鹿茸根部,将头盖骨从接缝处砍下来。砍时也要做到快速准确、切口整齐,把头皮和头盖骨上的残肉完全清除干净,再用清理干净的头皮把头盖骨包好。头盖骨下面用麻绳缝起来,这样鹿茸就可以立起来放着,避免最为珍贵的鹿茸血流失。

新砍或锯下来的鹿茸需要用肥皂水把鹿茸表面的油洗净,这叫去油。然后必须用80℃的热水烫45秒左右,取出放凉,这种做法需要反复四五次,否则鹿茸就会很快腐烂,这叫水轧茸。轧鹿茸必须十分小心,轧崩了就不值钱。轧茸角时,将锅沿用泥抹好,操作者的手指甲也要剪短磨平,不准带刺儿,以免不小心扎破鹿茸。要根据鹿被打死时,身子是向哪一边倒的,就先扎这一边的鹿茸。因为鹿向哪边倒,哪边茸角的血就多,就要先用水轧。如果后用水轧茸角血多的一面,就会崩裂。水轧茸角不同轧菜可一次轧成,而是要将茸角放在热水中,马上拿出放凉,这样多次地放入热水中又拿出放凉,反复多次才能成为优质鹿茸。用针扎茸角,直至不出血才算轧好。轧好的鹿茸还需要放进烤炉中用微火烤四个小时,这叫干茸。最后把干茸放进高耸四面通风的晾晒亭中晾干。这是头三天也是第一期每天都要重复的操作规程。第二期从第四天开始,每隔两三天重复一次。第四期从第十天计算,视情况决定是否重复。总之轧鹿茸的整个过程大概需要15天的时间,重复操作六七次,直到鹿茸重量、声音、硬度都达到标准，才算完成。而达到质量标准的鹿茸保存多长时间都不会有问题。

鹿茸是雄性鹿头顶初生之角，在尚未骨化前锯或砍下来，经过水轧、晾晒，成为珍贵的补药。鹿茸含有硫酸钙、碳酸钙和胶软骨，按《本草纲目》记载可生精补髓、养血益阳、强筋健骨。在医药上可作兴奋剂、镇静剂和促进血液循环的药材，可治疗心脏病、神经衰弱、精液遗漏、阳痿等病症。还可以用它制成注射剂，可用于治疗精神紊乱、心脏疲乏、脓毒疮等疾患。鹿茸素有治疗"百病"之美誉，平常用法是泡酒喝或研成粉面用水冲服。

关于犴的常识

犴是世界上鹿科哺乳动物中最大的一种，学名驼鹿。据说其名称取义其肩高于臀，与骆驼相似。满语称为"堪达罕"，俗称"犴达罕"，简称为犴。不同区域的鄂伦春人对其称谓也不同，库玛尔路鄂伦春语称"勃云"，阿里河鄂伦春语则称"套欧开衣"。

犴毛呈棕黑色，头大而长，颈短，尾短，四肢粗长；上嘴唇特别大，耷拉在口的前方；鼻孔之间有一块三角形的裸区；耳朵有一尺长，脖子很短，上边有髭毛，喉部的皮肤下坠成扩大的肉垂，附遂毛；犴蹄大如碗，前后有四个蹄瓣，但只有中间的主蹄瓣着地。雄犴有一对角，掌状横生呈"铲形"，老百姓俗称"巴掌角"，外侧因年龄不同而数目不等，一般是3—6个分叉，每年2—3月枯角脱落，再逐渐长出新角。雄犴角不仅是其成熟的标志，也是吸引雌性的装饰品和同性之间格斗的进攻武器。除上述功能之外，科学家还测定出雄犴的角还有助听功能，可以把声音提高19%，能听到3200米之内的声音。如今，犴角特别是连头的犴角是时髦的装饰品和收藏品。

与喜欢群居又温顺的驯鹿和麋鹿不同，犴的性格十分孤僻，不喜欢群居。以吃嫩桦树枝为生。而桦林正是鄂伦春人游猎栖息之地，所以说，犴与鄂伦春人的生产生活关系十分密切。

犴的用途很多，皮可制革缝衣，犴鞭、犴胎是名贵的中药，肉又是鄂伦春人主要食物来源之一，特别是经过加工的肉干肉条，储存起来，留待冬天或游猎途中食用，方便又实用。犴鼻可与熊掌齐名，是东北地区特有的"八珍"美食佳肴之一。鄂伦春人传统的加工方法是，将犴鼻子上的毛用火烧烤掉后用刀刮净，泡在水里，洗净再用清水炖上，炖至用筷子一捅一个窟窿为止，然后把野葱花、盐放入肉汤，把鼻肉切片蘸盐水汤吃，原汁原味，特别鲜美。

犴的听觉特别灵敏，嗅觉也可以，视觉稍差些。它平时喜食柳树枝、小白桦嫩枝，也喜食杨树枝以及沟塘两侧的小树嫩枝。猎人根据犴的习性，骑着马，带上猎犬，按季节到犴常常光顾的山林河谷中狩猎。春天，猎人常常会登上高山瞭望，观察有无犴的身影。夏天则到沟塘两侧、河边寻觅，特别是要充分发挥猎犬嗅觉灵敏的长处，让它闻闻柳树林里有无犴的气味，一旦嗅出犴的气味，猎犬就会把犴团团围住撕咬，直到犴精疲力竭倒地，猎人上前补上一刀，就可将上百公斤重的犴猎获。

犴被开膛后，猎人当场就把可食的内脏器官割下来作为奖赏扔给猎犬。此时的猎犬会使劲地撒欢，尽情品尝主人奖赏的食物，同主人一起共同感受狩猎果实带来的愉悦。

秋冬两季打野猪

野猪，鄂伦春语叫"淘劳嘿"，是小兴安岭上繁殖率很高的野生动物，也是除狍子之外，鄂伦春人最主要的传统狩猎对象和食物来源。

野猪的生活习性特别好掌握，群猪恋帮，往往发现野猪就是一群，目标十分明显。春天，它们总喜欢在朝阳坡上拱吃草根和秋天落地的橡子。秋天山脚的榛子、山腰的橡子成熟后纷纷落地，附近的黄豆地、苞米地也是金灿灿的一片，这都是野猪的活动范围。秋季正是野猪贪食增膘的季节，野猪膘肥体壮肉香，是鄂伦春人猎获野猪的最好时节。此时，猎人可根据野猪的活动规律，白天到山边寻猎吃榛子、橡子等野生坚果的野猪群，傍晚和夜间可隐蔽在山根的地边上，专打祸害庄稼的野猪群。

初冬，特别下第一场雪后，猎人骑着马带上几条猎狗，瞄着雪地上的野猪足迹，跟踪追击。对于猎人来说，好的猎马，训练有素的猎狗，都有识别野兽踪迹的本领。有时，几条好猎狗就可以围捕一只野猪。

需要注意的是，对于离群的公猪，特别是离群时间越长、性情越孤僻、脾气越暴躁、行为越凶猛的公猪，就是民间俗称的孤猪，对猎马、猎狗乃至猎人来说危险性极大，所以很多猎人都会放弃捕猎孤猪的机会。还有一点需要注意的是，秋季野猪爱在靠近山脚的地里觅食庄稼，这期间在地边上狩猎野猪时，狩猎者一定要仔细观察目标，看清楚是在觅食的野猪还是其他寻觅野猪的狩猎人员，防止误判误伤。因为这也是经常容易发生的悲剧。

狍子不傻

狍子，鄂伦春语称"贵欠"，是鄂伦春人传统狩猎生产中最主要的猎取对象，也是生活中衣、食的主要来源。

狍子属鹿科动物中最小的一种，一般的狍子重约 30 斤，最大的也超不过 50—60 斤。跑得快、耐力差，听觉和嗅觉敏感，而视觉较差。其性情胆小，风吹草响都害怕，喜群居。春天喜吃青草，一般活动在草甸子上；冬季多在向阳的山坡上觅食或睡眠。行动时多是三五只结伴、一二十只成群。瑷珲境内属小兴安岭东麓，草甸子、沟塘均多，是狍子游荡栖息的理想场所。

猎取狍子的主要目的，一是穿其皮，用其头部毛皮制作灭塔哈——狍头帽和阿文——妇女戴的狍皮四耳帽。用其皮制作各种毛皮衣服，如长皮袍、短坎肩、狍皮裤，狍皮手闷子、手套以及缝制皮被、皮褥子乃至缝制狍皮围子覆盖在斜仁柱的外围，以便于猎人过冬。二是食其肉。狍肉作为主要食物，除平日烧肉、烤肉、炖肉、手把肉、包饺子外，余下的可晒成肉干、肉条储存起来，留待冬天或没有食物时吃。

猎取狍子主要有下细铁丝套子套狍子、挖陷阱窖狍子、猎狗围咬猎获狍子、狍哨诱打和直接用枪射猎狍子五种方法。当然主要的方法还是用枪射猎。春天雪开始融化，而气温还较为寒冷，白天融化的雪，在夜间结成一层薄冰，这时最适宜清晨撵狍子。猎人穿着踏板也就是滑雪板，带着猎犬在薄冰上迅速滑行，猎犬跑起来也很轻快，但狍子身体较重，蹄子较小，接触地面面积小，很容易掉进薄冰里或在薄冰上面滑倒摔伤。猎犬追上后就开始围咬，猎人图省事，近距离开枪猎获。秋季，猎人趁狍子吃草，顶风快速贴近狍子，越近越好打。

很多人都说狍子傻，甚至有人把反应慢点的人称为"傻狍子"。实际上，狍子一点也不傻，只是视力较差，又有望远不看近的习性，往往是抬起头时，永远向远方眺望，猎人只要原地站住不动，它便分不清楚哪是人哪是树，离它越近它越看不见，反而傻傻地站在那里，所以人们才常常说它是"傻狍子"。其实，狍子只是近视眼而已。

捕猎"蹲仓"的熊

熊是北方各个民族都为之敬畏的大型凶猛野生动物之一，各个民族几乎都不直呼其名。达斡尔族称"额特而肯"，意为老头。鄂伦春族称公熊为"阿玛哈"，意为伯父；称母熊为"恩泯河"，意为伯母，视其为全民族的图腾。

小兴安岭的熊分黑熊和棕熊两种：黑熊个体稍小，胸前有一条白毛，会爬树；棕熊，亦称狗熊，毛呈棕褐色，个体较大较重，有的能达到300多公斤，不会爬树。

传统的狩猎方法，有陷阱法、套子法、地弩或弓箭射猎法，等等。比较惊险、刺激性的方法是达斡尔族的"玛热莫"直刺法，这也是传统的狩猎方法。猎取黑熊的工具是安装有木柄的双刃扎枪，枪头与枪木柄之间有铁箍固定。《达斡尔族社会历史调查》文献资料记载：这种工具达斡尔语叫"玛热莫"，刺杀的方法是，见熊追来，猎人赶紧在地上埋两根木棍，间距比熊身稍宽，然后从木棍中间走过去，将"玛热莫"迎着黑熊支上，用双手把住，黑熊追人时，踩着人的脚印走。等黑熊从两根木棍中间穿过时，就被"玛热莫"刺中了。

熊在冬季多数藏在树洞里，谓之"蹲仓"。黑熊能爬树，一般都是爬到粗杨树或柞树上，有现成的洞就掏一掏蹲在里面，狩猎人称为蹲"天仓"。棕熊不会爬树，只好在地里掏洞或蹲在树根部天然洞穴里，鄂伦春人称为蹲"地仓"。蹲仓期间，熊不吃不喝，完全靠消耗自身的营养，据说熊实在饿急时，就舔自己的脚掌充饥，但是，这事是真是假，谁也没有考证过。

猎打蹲仓的熊非常有趣。有的熊一听到动静就从洞内跑出来，有的熊不论你怎么喊怎么拍打树，它就是不出来。没办法，打猎小组的人只好在离洞口不远的地方架好枪，其他人就往洞穴扔石头、扔木棍，或者是把出汗较多的衣服、帽子塞进洞里，熊闻到汗味会以为是人便会扑出来，如果还不出来，就直接用长木杆往里捅，熊架不住捅就会大吼一声，从洞里蹿出来，当熊从洞里探出半身时，架枪等候的猎人就瞄准其要害部位开枪射击，如一枪打不死，其他人补枪，直到把棕熊打死。相比之下，打天仓的黑熊要比打地仓的棕熊难一些。一般架枪的位置比较远。为了能把熊轰出洞，就得先在树根下敲击树干，或者爬上与天仓树相邻的树上，往天仓里扔石头、木棍，或者燃放鞭炮，或者把点燃的草把扔进去，黑熊实在受不住，只好爬出洞外，猎人便抓住时机，开枪射击，即使没打中要害，黑熊从树上掉下来也得摔个半死，再补几枪也就大功告成了。

从仓里出逃的熊，最怕冻脚掌，在雪地上跑不多远，就会停下来暖脚掌，这也为猎人捕获熊创造了方便条件。

打"元皮"

从前一入冬，农村便有一项来钱的道儿，叫"打皮子"。其实打皮子的范围或对象很广，诸如打貉子、打狐狸、打兔子、打水獭，等等。从经济效益上讲，上述的皮张都不如元皮值钱，所以从狭义上讲，人们常说的打皮子，其实专指打"元皮"。

"元皮"，特指鼬鼠皮，也就是民间俗称的黄鼠狼皮，因为民间对黄鼠狼总有一种神秘感，说它会迷人，能附人体让人作祟，所以对其还有一种畏惧感。为了避开这些对人体或精神受到伤害的事，所以民间一般不直接叫黄鼠狼皮，而称其为"元皮"或"黄皮子"。

黄皮子跑得速度快，又很机敏，能迅速拐弯和钻洞，这给捕猎带来一定的难度。黄皮子跑起来两只前脚同时着地，跟着是两只后脚也同时着地，一蹿一蹿地跑，踪迹也是一对一对的，前后之间距离很大。公黄皮子足迹很大，母黄皮子足迹较小。初冬刚下几场雪时，雪是松的，判断踪迹新旧还比较好辨别。到了三九天，雪一发硬，就不好辨别了，猎人只能用手伸到黄皮子脚踪下面去摸，雪硬是旧踪，雪松软就是新踪，然后继续跟踪寻找猎物。

当追至黄皮子洞口时，要选择光滑的洞门，证明洞内确有黄皮子住，便可以挖洞了。挖洞时，要把帽子、手套等随身物品塞进洞中，然后开挖。挖到堵塞物时，使劲把堵塞物往里边塞，直到塞不动为止。洞道一定要堵严，不能有缝隙；因为黄皮子灵巧，据说会缩身，而且缩得极细，一旦它看到缝隙便会蹿出来逃掉。

黄皮子在洞中时，一般都是头朝里尾巴朝外。从洞中取黄皮子时，戴手套的一只手要扣住洞门上部，另一只手抓住其尾巴使劲往外拉，拉到黄皮子头露出来时，立即抓住它的头将其提起，再用另一只手狠狠地搓它心脏部位，使其很快死去。另外挖到洞尽头时，也可以用斧子把洞砸塌，把黄皮子压死。如果洞道实在太长，可在洞口设袖子网将其活捉。

黄皮子逃到林中一定会爬上树，可用猎犬吓唬它逃下树时再进行捕捉。如果是三九天，黄皮子特别怕冻，猎人可在树下守候，等到它冻得从树上掉下来时，便可轻易捕获。

如果跟踪到树根下，看不见黄皮子踪影，其去向有两种可能：一种是爬上了树，另一种是爬进树身洞，或树根洞。这时可用木棍猛地敲击树干，或让猎犬狂叫吓唬黄皮子。它如果爬在树身上部，又是小树，可把树锯断。如果钻进树身洞或树根洞，都可以采取类似挖洞的方法猎取。如果它还不出洞，可将少量干草塞进洞中并点燃，用烟熏的办法，迫使其出洞，但点燃干草的时间不宜过长，干草烧一会儿就赶快撤下来，否则会伤及毛皮质量，造成经济损失。不是万不得已，猎人是不会采取这种方法的。

貂消失的传说

貂，俗称"松狗"，有黄、黑、紫毛色三种，紫黑色是珍稀品种，特别难得。

貂皮在所有毛皮中最为珍贵，所以猎貂生产曾经是东北人民重要的经济来源之一。据文献记载，东北各族猎貂的历史很久远，东北貂皮输入中原的历史也很久远，据说从乌桓、鲜卑、契丹、女真，一直到清朝，贡貂从未间断。《龙城旧闻》载："每岁五月，布特哈官兵（指布特哈鄂伦春族官兵），悉来齐齐哈尔纳贡互市，瑷珲、墨尔根、呼伦贝尔等亦俱赴会。"这是因为貂皮在很久以前的中国历史上，是统治阶级、上层人士享有的制作珍稀轻裘和装饰品的原材料，也是他们垄断的交换品，直到清初仍有严格的貂禁令。

东北产貂地区非常广阔，貂皮与人参、鹿茸齐名，素有"关东三宝"之美誉。

传说东北各族人都有从事猎貂的生产经济。《扈从东巡目录（下）》中相关文献记载："貂鼠喜食松子，在深山松林中。""其窟或土穴或树孔，捕者先设网于穴口，后以烟熏，貂畏烟出奔，即入网中。又有捕貂之犬，嗅其踪迹所在，守而不去，何其出喆喆之。"① 据说，鄂伦春人捕貂主要采取后一种方法，尽可能不用枪弩，求得生捕，以免伤及其皮毛。

瑷珲境内江河纵横，湖泊星罗棋布，水草丰美，松林颇多，食物来源充足，十分适宜貂的生存，曾是产貂盛地。

据各方专家长期研究考证，"瑷珲"古城名称的几种解释中就有源于满语"阿依浑"多次音转，含义"母貂"这一珍稀动物称谓一说。据鄂伦春族老人回忆说："听老辈人讲，瑷珲至少有百十来年没见到有人捕貂了，因为貂突然绝迹了。"绝迹的原因有三种说法，一说是因为患传染病而死绝了。二说是因为光知道打，不懂得保护，不管是母貂还是貂崽一起打，打绝了没后代。三说是貂最怕烟，兴安岭这一带人越来越多，烟火也越来越旺，貂就向没人或人少的北方迁徙了。

掏貉子洞

从前，瑷珲境内打貉子的人特别多，民间又称为撵貉子。因为那时时兴戴貉壳或貉绒帽子，貉壳帽子毛长绒厚，戴着非常暖和，针毛虽说有点扎脸却不易折断，所以那时农村打冻场或上山打木桩的人都愿意戴貉壳帽子，特别是那些冬天在江上赶爬犁搞长途运输的人几乎都是清一色头戴貉壳帽，身穿翻毛羊皮大衣，脚蹬高腰犴皮温得（皮靴）。这一身打扮，是十足的东北汉子装束。他们手挥红缨长鞭，任凭狂风吹得雪花如沙打脸，依然像没事似的赶着马爬犁跑在江面上。戴貉壳帽子的人多了，貉皮需求量就大，貉皮价格自然就涨上去了，打貉子的人也就多了。

貉子生性胆小，见到人只会龇牙咧嘴吓唬人，但它不咬人，所以只要能掌握它的习性，捕获还是比较容易的。

貉子一般都是成双成对儿在一起的，因为自己不会掏洞，有时常同

---

① （清）高士奇撰：《扈从东巡日录（下）》，本节相关内容描写，皆出自该书。

獾子住在同一个洞内，据说"一丘之貉"的成语即来源于此。貉子是杂食动物，蛤蟆、泥鳅、小鱼、老鼠、蚂蚁、草根、苞米、黄豆等什么都吃。春、夏、秋三个季节是貉子换毛时期，此时的毛皮质量不好，不宜捕猎。一进初冬，第一场雪前，皮毛和毛绒是最结实的时期，猎人白天可到草地寻觅吃草的貉子，夜间可到江边寻觅找小鱼吃的貉子。第二场雪过后，要到草塘沟寻觅来这些地方找蛤蟆、泥鳅吃的貉子。这一时期的貉子是拼命觅食增膘，为度过冬眠期储存热量。当大雪覆盖地面至第二年3月初，貉子进入冬眠期，猎人主要采取让猎狗闻味瞄踪和猎人瞄踪寻找貉子冬眠洞口的办法抓捕貉子。貉子一般都成对儿在一起，雪地上的踪迹也是对坑。冬眠洞中的公貉与母貉是头对头、尾对尾抱在一起，呈圆形团状。冬眠中的貉子非常老实，抓住它也不动，也不咬人。

如今，社会发展了，貉壳帽已不再是人们越冬的必需品，而且开始大量人工驯养貉子。关于貉子的常识和猎人撵貉子的趣闻也将要从人们的记忆中消失了。

梳皮子

瑷珲境内的满族、达斡尔族、鄂伦春族三个"原住民"族，都曾从事过狩猎生产，也都掌握梳理各种野兽皮张的方法。

梳皮子，也有写成熟皮子。一般兽皮被剥下来后，要先趁湿将兽皮四角，实际上是各个边缘部分全都撑开，经阴干后收藏起来，这样处理过的兽皮即使再放几年也不会腐烂。

熟皮时，先将兽皮放平，用朽木粉拌水，在干兽皮上抹一层，使其潮湿后卷起来闷上。如无朽木粉时，直接喷水也可以，喷得适度即可。关于这道工序，鄂伦春人也有喷白酒的，效果比喷水的好。此外，也有直接往皮子上抹一层狍肝的，也有把兽皮用水喷湿埋在地里的。近代不少人购买皮硝涂在兽皮上，据说脱脂效果特别好。一般闷上半天或一夜就差不多，水便渗进皮子了。把兽皮卷打开，将朽木粉或狍肝渣或硝粉面抖落，用木刮刀把兽皮上的肉脂和结缔组织刮掉，再用木铡刀反复地铡，直到将兽皮铡软。或者用双脚夹住兽皮，双手用刀勒刮。还有一种方法是把兽皮一端吊挂起来，另一端用手拿木刀来回地刮铲，刮到皮子柔软为止，兽皮就算梳好了。为了使皮子更柔软，还可以将发酵过的苞米面抹在兽皮上卷起来闷一夜，第二天把苞米面抖落掉，再用手搓干，然后用木齿梳子梳几遍，效果就会更好。

对于有特殊气味的兽皮，可趁湿用碱水或肥皂水洗过，再用清水冲一下，原来兽皮上的臊味、腥味、臭味就会减少很多，然后按一般梳皮法处理就可以了。

阿 那 格

鄂伦春族和达斡尔族狩猎出围至少在两人以上，多则可达十多个人，并且有一个组织，这个狩猎组织名称叫"阿那格"，领头人叫"塔坦达"，相当于汉语中的"狩猎小组长"，也可以称为"乌力楞"的家族长。这一职务是由乌力楞全体成员选举产生的。塔坦达必须是具有一定领导才能、有丰富的狩猎经验、以身作则、办事公道的人才能胜任。乌力楞生产生活中的大事，如根据季节变换何时出猎、到哪个猎场出猎、猎获品怎样分配等事情，都要经过乌力楞全体成员讨论通过后，由塔坦达执行。只有集体生活充满平等和睦，才能使人们自然形成对集体的依赖和向往。

鄂伦春人是兴安岭森林的主人之一，他们熟悉每一道山川，知道每一种野兽的特性，能够凭借丰富的狩猎经验观测天气、预测野生动物活动位置。比如春天鹿的活动主要在山上阳坡草密的地方，青草一尺高是猎获鹿茸的最好时节，也是鹿茸最值钱时候，错过这个关键时期，鹿茸质量就会下降。

定居前后的出围准备虽然各有不同，但区别并不是很大。主要是定居前出围，要全家迁移，需要带上全部生产工具和生活用品。定居后，能带的物品仅仅是狩猎过程中需要的生产生活用品。

到达目的地，定居前的第一件事是选好地址，先把斜仁柱①搭建起来，安置好生活用品，把马散放到斜仁柱附近。男人们出去狩猎，春、夏、秋季要抓住野生动物早晚到河边喝水的时机，日出前出猎，日落后近围。打到的野物少、小就背回来；打得多，就留给妇女们去猎场用猎马驼回斜仁柱处理。

猎物被处理后，就由塔坦达组织分配。把肉砍成若干块，质量好的与质量差一点的搭配调整好，每个成员一份，孤寡老人和失去生产能力的人都平等参与分配。

达斡尔族狩猎小组与鄂伦春族狩猎小组一样，也叫"阿那格"。狩猎小组的负责人或者叫总指挥的称谓与鄂伦春族狩猎小组负责人称谓相同，也叫"塔坦达"。这两个民族关于狩猎小组及负责人的称谓为什么相同？最早使用这种称谓的是哪个民族，不同地域的猎民是否还有其他不同名称的同类组织等情况，均需要继续考证、研究、探讨。

达斡尔族"阿那格"与鄂伦春族"阿那格"在组织称谓、组织形式、组织功能等方面均相同或基本相同。他们之间主要区别在于：一是在本组织负责人方面，达斡尔族可以有第二个负责人，即由比"塔坦达"可能更有狩猎经验的人担任，有时可能还要确定第三位负责人，叫"玛罗达"。因塔坦达是总指挥，年龄最大、经验丰富，大家都尊重他，吃饭时先给他盛饭，不让他干杂碎零活。二是达斡尔族的阿那格出围前会选择好日子，临行前要杀猪宰羊一起吃一顿，亲友们都会聚集到大门前送行，由年纪大的老人举起大酒碗，说些吉利话，预祝"阿那格"人马平安，满载而归。说完，老人先喝一口，然后递给别人逐一轮着喝，酒喝完了，阿那格就出发了。三是在路上遇见敖包，达斡尔族的阿那格成员要在敖包旁拣选石头，再摆放添加在敖包上，同时在旗树上挂红布条，由塔坦达领头说一声"白那恰"②后再吃饭。

关于猎物分配习惯，两个民族还是基本相近的。

---

① 斜仁柱：参看本书"住行篇"斜仁柱。
② 白那恰：也称白那查，皆指山神。

防狼草圈

从前，山里狼多。瑷珲境内靠近山边的村屯经常遭受狼的侵害，于是防狼草圈就一村传一村、一代一代地传下来了。

山里的人都怕狼，特别是在院子里养家禽的人家，一到天黑就总是听村子里有鸡乱叫，便猜测可能是狼又进村祸害家禽来了。即使有时夜间听不到鸡叫，第二天猪圈里的猪可能照样又少一两口。听老人说狼祸害猪，猪是一声不敢叫。老人还绘声绘色地讲述一个离奇的传说：有一种孤狼，专门捉猪，它跳进猪圈，猪吓得一声不敢吭，任凭孤狼嘴拱头顶地把猪扔到猪圈外，然后它一边用嘴咬着猪耳朵，一边用尾巴抽打猪屁股，轻轻松松地就把猪给"牵"走了。

庄户人家一年四季辛苦地养活一两口猪，还指望着长大卖了赚钱呢，让狼给祸害了，谁不心疼呢？于是村里人就照老规矩吓唬狼，半夜起来敲"邦克"，这是一种俄语叫法的方形薄铁水桶。狼是吓跑了，可是一家敲"邦克"，半村人都睡不好觉。再说，谁能天天半夜三更起来敲呀！于是年轻人张罗下铁丝套子，狼一旦钻进去，就勒死它。可老年人不同意，说："这样做不吉利，农村早就有句老话叫'狼死绝地'，说是狼死的地方三年不长草。准不准不知道，但咱们不能干那些傻事。还是用罗圈做幌子，把狼吓跑就行了，千万别整死它，狼会报复人。你整死它，它早晚会找上门来祸害你，这辈子祸祸不着你，就祸祸你下辈子人。"

就这样，凡是养猪的人家都在猪圈四周或鸡窝旁边挂上柳条圈儿，或竹披子圈儿，当然最醒目的还是用谷草辫扎的圈儿，粗一点，狼在远远的地方就能看见，吓得就不敢来了。

其实，关于东北人防备大型野兽侵袭，历史上早有记载，《黑龙江外纪》卷八就载有："当时满族人居住的东北地区，特别是黑龙江地广人稀，野兽经常在夜间乘人不备伤害幼畜。满族人想出一些巧妙办法恐吓野兽：狼夜入城村，残害牲畜，人家往往缚草为人置墙头，盖以形似者饰之。"① 就是扎草人立于墙头吓狼，而瑷珲扎草圈儿吓狼习俗同扎草人吓狼习俗应该说是同出一辙，只不过更具有地方特色。

草原蛟龙勒勒车队

勒勒车与曲棍球、猎鹰齐名，是达斡尔族三大典型的民族文化符号之一。

勒勒车又有"草上飞""高轮车""大轱辘车""佛爷车"等十几种称谓，也有邻近民族的人直接称呼其为"达斡尔车"。这种车的名称源于达斡尔人在驾车过程中，常常一边扬鞭催促，一边高声发出"勒勒勒"的吆喝声，指挥拉车的役牛役马按指令行进，所以这种"勒勒"的指挥口令就成为这种车的名称了。不过，瑷珲地区有些达斡尔人却称其为"哈尔沁"车，据说是因为瑷珲达斡尔人使用的大车，是由距坤河南二里、靠近江边曾有一个名为"塔哈尔沁"的达斡尔屯工匠制作的，坤河一带的勒勒车基本上都是这里制作的。达斡尔人制作、使用"勒勒车"的年代已很久远，据说从在黑龙江北岸精奇里江流域种地时算起，经过越江南迁至嫩江两岸和黑龙江中上游右岸定居，直到20世纪70年代一直沿袭下来。瑷珲地区达斡尔人使用勒勒车最兴盛的时期是民国年间，那时，凡是赶车人不分老少，都使用这种制作简单、车体轻、使用方便的勒勒车。

勒勒车用料可就地取材，一般普遍使用材质较软的桦木，既容易弯曲，又有一定的弹性。不过，瑷珲地区达斡尔人造车选材时，都选用质地坚硬的黑桦木做车轮，为的是更坚固一些。此外，瑷珲地区的"勒勒车"是用弯曲的黑桦木做车辋，一块辋上嵌着两三根木辐条，每辆

---

① （清）西清撰：《黑龙江外纪》卷八。本文转引自杨锡春《满族风俗考》，黑龙江人民出版社1991年，第200页。

车用五六块车辆，载重量约 1500 斤，比本地最初做的车或其他地区造的勒勒车载重量多出近一倍，这也是瑷珲地区勒勒车最主要的特点。

勒勒车制作工艺比较简单。整个车体由车轮、车辕和车板三部分组成。车轮直径最高达 5 尺，车辕长 12 尺。勒勒车又可根据车板上的附加装置不同而分为三种。一种是光板车，达斡尔语叫"杭盖特日格"；第二种是在车槽左右和后面夹上苇席，叫"卡日木勒特日格"；第三种是在槽车的基础上，在顶部加盖桦皮或苇席的篷，用以遮挡阳光或雨水，这种篷车叫"木拉日特日格"。

勒勒车的优点是轻便，结构简单，易于拆卸、修理、合成。上山或穿越沟塘时，可先将车体拆开、分解，抬过去后再重新组合。据史料记载，最初勒勒车的车轮、车辆无铁瓦，车头无铁钏，车轴无铁键。车毂孔被车轴磨得越来越大，一转动就会发出"轧轧"的响声，离得很远就能听见，赶车的人在冬天随时往车毂孔里塞些湿牛粪，夏天则塞进些青草以便润滑，降低摩擦声。

传说，从前达斡尔族乡村姑娘出嫁时，普遍乘坐这种别致风雅、带有浓郁乡土气息的篷车，而送亲的男女宾客则分别乘坐槽车。他们经常把八九辆勒勒车串联起来，首车牛脖子上和尾车车厢板下（也有的在牛脖子上）各拴一个铜的或铁的铃铛，一个人可赶六七辆勒勒车。当浩浩荡荡的勒勒车队同时前行，车轮与车轴之间发出"吱咯、吱咯"的磨轴声，牛脖子发出"叮叮当当"的铃铛声，活像一条游龙，十分壮观。《龙城旧闻》曾对由瑷珲江北迁徙到嫩江沿岸达斡尔人的勒勒车，做过这样的描述："有族达胡尔，错居嫩江奥。特产轻便车，桦柞为轮毂。轮径四尺余，国近高车俗。"进而赞曰："嗟哉大兴安，虎眼比门钥。轮辙贯欧亚，殊风渐异域。"①

---

① 魏毓兰等编著：《龙城旧闻》，民国八年（1919）。

放 木 排

大约是从清末民初开始，随着黑河与布拉戈维申斯克两岸贸易的迅速开展，两岸城市建设规模迅速扩大，两岸木材需求量也急剧增加，而两岸木材的运输特别是中方木材运输，几乎完全依靠人工从黑龙江上游往下流送，这就形成了一种特殊的职业——放木排，和一个特定的"干六个月，歇半年"的职业人群——放排的人。据满广智写的黑河市文史资料第五期《黑河清真寺》一文记载："黑河清真寺系全国各地信仰伊斯兰教的回族群众募捐集资筹建的。其中有一位放木排的工人主动到寺内把他个人放的一张木排全部捐给清真寺。他为建造12米高的三层塔式遥亭大殿做出了极为重要的贡献。"①

按照行业习俗，每次进山放排前都要选择好日子、吃顿好的，领班人亦称把头，一定要同每个伙计喝一口酒。其实这里的把头同有些行业的把头不是一回事，同样参加劳动，没有特权，就是一个领班的人，主动与伙计们喝酒，为的是增进感情、相互照应、同舟共济，顺顺当当地放好每一张木排。

木排分大排、小排、硬排、软排。不论是哪种排，都是用一棵棵原木串联而成的。大排有四五百棵原木，小排也有百八十棵原木。这些原木都是伐木工人在大、小兴安岭东麓的山林里采伐出来的红松和落叶松，再由"倒套子"的人用四轮车或马爬犁运至黑龙江边的"楞场"堆积存放。木材的买主将购买的原木"过尺"（测量）后，交给放木排的把头。由把头带领伙计们下江串排，先把每棵原木两头锯或凿出孔，用2厘米粗的湿桦树条子穿孔连接十棵八棵原木成一横排为一小节木排，小节木排横向再联结几个小排成为一大节木排，最后把数节木排按照"头尖腰粗尾细长"的规律全部串联起来，就成为一整张柳叶形木排了。最初原

---

① 满广智：《黑河清真寺》，黑河市政协编印，《文史资料》1988年第5期。

木连接用湿桦树条子，后来就用 U 型铁巴锔子替代。每次到上边楞场串排时，放排人都要带上很多很多的铁巴锔子，省时省力又方便安全。硬排是用稍细原木横在每棵原木顶端，用铁巴锔子连接。硬排优点是串联得很结实，人可以踩在原木上行走，原木在水中起伏小，比较安全；缺点是调头不太灵活。

放木排可以说是一个特殊行业，要求每个作业人员都必须头脑机灵、手脚麻利，做到眼疾手快，还特别要具备团队的合作精神。木排领班人必须识水性、熟水道，哪儿有弯道，哪儿流急，或浅滩，或旋涡，或回水；哪儿能停排，哪儿不能停大排等都要做到了如指掌，要做到提前心中有数、不乱章法。一般来说，小张木排需三四个人，大排得七八个人。领班人要对手下人进行严密分工，关键时刻，谁都不准松劲，摇橹的使劲摇，打大棹的要朝准处打。当然放木排除要做到上述要求之外，还要有好水头、好天气，甚至是好运气。

在黑龙江上放大排，距离远的有千八百里，木排上一般都搭一两个窝棚。窝棚有人字形和马蹄形两种，分别用桦树皮或苇席覆盖，也有用草苫的。为防止江水浸湿和防潮气，床铺架位都比较高，有铺草垫子的，也有铺毛毡垫子的。木排上设有锅灶，备有米面蔬菜，当然最少不了的是白酒和辣椒，主要为的是驱除寒气和潮气。

放木排最危险的是停排、开排和大风天漂流，特别是在要停排的时候，江水拥着木排正顺流而下，却突然要在行驶中将顺水而下的排头调转方向逆水靠向岸边，后面整张木排在江水巨大的推动下将顺江的排尾甩成逆水。这时节，放排人会紧张得脑门出汗、头皮发炸，嗓子眼哑得几乎喊不出声。只见排头上领排的人划小船靠近江岸将缆绳拴在江畔大树根时，那拴排的缆绳勒得树干发出"咔咔"的响声，并传得很远。有时缆绳会把树连根拔起或者能把粗大的树身勒出一道深沟，整张木排似乎是在松动筋骨时发出"咔咔咔"的呻吟声中，将排尾甩过去又重新被逆水拉长，木排随时都有被拉断的可能。除此之外，在江中大流上行驶时，木排随时面临着被大风吹到对面俄方江岸搁浅，发生涉外事件的危险，等等。

由于放木排危险性大，所以放排的人都会虔诚地烧香洒酒，祭拜山神、河神和龙王。特别忌讳说"花了""散了""搁了""浅了""搁了"

"翻了"等不吉利的话。据黑河知名的老放排人、绰号"尹大烟袋"的尹登奎说自己："我头一天上排就被排头人一竿子打进水中，因为我说了一句最犯忌讳的话——'拢不住排，要散花了'。"

打 木 桦

过去，瑷珲境内农村副业很少，而沿江一带具有利用黑龙江流送的天然条件，于是一个新兴的副业项目产生了，这就是沿江农村的打木桦和流送木桦。

县城西北部，黑龙江沿岸有十几个村屯，往山里延伸，还有很多居民点。这些居民都处在山区和半山区，林木资源丰富，其中薪炭林的蓄积量占据相当大的比重。当时县城内居民都烧木材，木桦的需求量很大。而当时农村冬季副业少，很多人都在"猫冬"。所以，打木桦成为沿江农民一项副业生产。打木桦分两种情况，一种是先在山里砍树拉回沿江村屯，锯成桦子待出售；另一种是在山里砍树就地锯成桦子，码起来，待收购者上山验货出售。木桦分松、柞、桦和杂木四种，价格也不一样。计量方法基本沿袭俄国计量单位。一是按"沙绳"或"沙申"（俄制，俄语称谓）丈量，每沙绳 2.16 立方米。二是按"曲曲"计算，每个木桦是 3 个大"曲曲"或 4 个小"曲曲"，垛起来长 1 丈 2 尺，高 3 尺。每块木桦长 2 尺 2 寸，或 1 尺 8 寸。

县城下游多数就地销售木桦或用车拉到县城销售，县城上游村屯基本上全在沿江岸锯、劈、码成垛。待收购人验货后，再将木桦用 8 号铁丝捆绑，每个（垛）桦子分成大三捆或小四捆，并将剩余的木桦像加楔子一样，一块一块地打进"曲曲"里。打捆后的木桦很结实，由上下两道铁线捆绑着。待到春天，黑龙江解冻，冰排流净之后，便可以把一个个圆捆木桦推入江中，用绳子连接漂浮在水面上，在小船的牵引下，顺水驶向下游县城出手卖掉。

打桦子和流送木桦都是从清末民初开始的，因为那时不仅县城居民需要木杆做饭取暖，还要供给轮船、汽车做动力燃料。

金沟与采金

瑷珲境内采金业已经有百余年历史，大大小小的金矿或采金点也有几十处。中华人民共和国成立前，除日伪时期用采金船生产外，大部分都是靠人工采金。而且金矿一般都是几代的老沟，一条沟翻来覆去地采。

采金前，先要请有经验的采金人拉沟"踏苗""找金脉"，用现在行话说，就是探矿、选好矿。

在金矿，都有自己的行话，比如地皮，就是金脉上面不含金的土，土不能叫土，要称"毛"；石头也不能叫石头，要称"嘎拉"。

人工采金一般分两种，一种是最简单的办法，"剥毛"采浅层金。把"毛"剥离后，将浅层含金沙用锹装进带斜坡的木板"溜"上，用水从上面往下冲，大部毛沙被冲走，再把木棍编成的帘子下面没溜走的金沙刮进簸子里，放进水中进行摇簸，把沙砾全部甩掉，留下来的就是汞和金子，接着再用硼砂将金子与汞分离，最终全是像小米粒一样大小的金子了。

人工采金的第二种方法，就是"按硝"采金，也就是挖竖井采深层金。硝分"暖硝"和"冻硝"，暖硝是金沙不冻层，容易采挖金沙，但下面有水，采金人不得不时时防备塌方被砸。"冻硝"是永冻土层，虽然没有塌方危险，但是难挖，很费功夫。开挖前，一般要用柴草把石头烧热，放在开挖的地方，封上洞口，免得热量流失。第二天挖冻土化开部分，把化开含金的沙子装在吊罐或吊篮里。浅一点的地方，用吊杆直接吊上地面；深一点的地方，用辘轳井绳把装金沙的吊篮或吊罐拉到地面上，发现金沙就上"溜"，没有金沙就远远倒在离竖井远一点的地方。竖井的深或浅，由含金沙矿层的深浅决定。沙子冻硝深一般在3—7米之间，挖到老底，到达积金层为止。发现有汞就证明有金子，因为金子和汞在一起。用"金簸子"——一种特制的在水中选金子的工具"沙一沙"便知道金子成色是多少。然后顺着金线方向往前挖。

传说，过去拿到金子后，要马上用"毛头纸"包好，放进金缸子里封上，行话叫"封缸子"，不然金子会飞走。

俗语与采金工人生活

早年的采金工人称作"跑腿子"，在社会上没有地位，被人称为"金狗子"，或是"沙金的"。他们一般都没有安家，也没有像样的行李，只用两个A形树杈组合成一副"背夹子"，里面夹着破棉被褥、破棉衣裤、乌拉和零用物品的麻袋，放在锹头、镐头上面。每到一处采金点，就把麻袋放在采金点大窝棚里的通铺上，没有大窝棚就自己砍树枝搭起个小窝棚算是安家。

东北民间有套俗语叫"四大娇"，说的是："木匠的斧子、瓦匠的刀，跑腿的行李，大姑娘腰。"木匠的斧子、瓦匠的刀是他们唯一的工具，要靠这些工具耍手艺挣钱吃饭，所以娇贵。跑腿的行李为啥也娇贵呢？据说是因为他们没钱柜、钱夹、钱包之类的存钱地方，只能把他们千辛万苦挣来的一点金子或钱款，左包右裹地塞进破被卷或破棉衣里，生怕被别人发现偷走。懂规矩的人都知道，跑腿的行李是千万不能动的，否则他们会跟你拼命。据说，采金工人多半是闯关东的山东人，初来时，都做着"多挣金子带回家"的发财梦，可事实上即使能多挣到点金子或钱也回不了关里的家，照样是在没有活的冬天，把金子送进当铺换钱，买身新衣服到烟馆、赌局、妓院找乐子。等到钱花光了，只好硬着头皮再到当铺，用新衣服换回旧衣服，等到化冻后，再背上背夹子，上山钻洞挖金子。每当采金工人说起这些时，就会寒心地说另一首民谣："一进当铺门，心里就打战，新的换旧的（特指棉衣裤），旧的变成麻袋片。"

金沟禁忌

采金人的收入极不稳定，有时还出现人身伤亡事故或被外来人抄家、砸抢的危险，所以金沟里禁忌很多。

采金人必须供奉山神爷老把头。到采金点要做的第一件事，就是选个好地方，用三块净板，立起来，蒙上红布，让山神爷老把头有地方住、能休息。二是开工前，采金点要宰杀全黑无杂毛的猪，烧香供奉山神爷老把头，民间素有"供白毛猪白搭"的心理和说法，说供白毛猪，神领不到。实际上，在萨满教所有祭祀活动中，杀猪敬神的猪都必须是全黑无杂毛的猪。磕头时，采金人要虔诚地跪拜祈祷山神爷老把头，保佑自己平平安安、多采金子多赚钱。

在金场，采金人还必须注意语言忌讳，不吉利的话不能说，如锹、镐、簸子、盆、碗、筷子、缸子等前面都要加金字，成为金锹、金镐、金盆、金碗、金筷子、金缸子等，以图吉利。

进了金沟不准背手，说在金沟，人背手会点背，也有捉摸不透、不被人信任、需要防备之说；忌讳戴眼镜的人进采金点，说戴眼镜人眼睛毒，交不透；忌讳姓裴、姓黄等姓氏的人进采金点，更不准他们加入采金行当，说这几个姓不好，不吉利，别影响大伙的生意。

采金人还不能把耗子（老鼠）直接叫耗子，而要戏称"媳妇"才行，因为采金人和耗子一样钻洞，而且对塌方、透水事故特别敏感，所以由畏惧产生忌讳。这个苦中思乐、令人啼笑皆非的笑话里面，含有多少让人难以诉说的感伤与悲情成分。

民国年间达斡尔人的一段"出国打工热"

民国年间，瑷珲境内的达斡尔族人，也包括原来家在江东的达斡尔族人，从齐齐哈尔"跑反"回来后，家住江东的人回不去江东的家，家在江西的人又因各种原因没有地种。一时间很多人纷纷外出打工，靠出卖劳动力挣钱养家糊口。当时黑龙江上俄国商船很多，他们招雇很多人当临时工，大部分人从事装卸、烧锅炉，或给锅炉工当帮烧，或做水手等工种。还有一部分人过江给俄国乡村农户种熟地，或开荒种地，或者给俄国人伐木放排，或者在俄国人经营的火磨厂打工，给制材厂拉大锯，等等。本地人外出打工，一般都是在离家近的黑河附近干活，几乎没有到远处采金、挖煤、伐木、修铁路的人，因为干这些活的几乎都是山东、河北闯关东的人。那些外出去出卖劳动力的本地人员，能够占本地劳动力人员的半数还要多一些。外出打工的原因主要是每月工资基本都在20—25元之间，比在江西本地当雇工能多挣一倍的钱。

达斡尔人这段"打工热"一直持续到十月革命胜利后，黑龙江两岸断绝关系为止。那时，俄国的地主和资本家均被推翻，财产实施"公有制"，企业实行"国有化"，国家又实行封闭政策，到江对岸这股"打工热"瞬间就凉了下来。

回族同胞经商意识

在瑷珲境内的各个民族中相比较，回族同胞的经商意识最为强烈。有关文史资料记载，瑷珲境内回族主要是清康熙年间随水师营进驻瑷珲，道光年间随炮营由山东来到瑷珲，光绪年间来黑龙江沿岸采金，民国年间参与中俄贸易这四部分62户人家构成。民国九年（1920）版《黑龙江瑷珲县志》数字统计分析，当时瑷珲县境内回族62户，其中55户居住在瑷珲城。他们分别从事贩卖牛马的生意或开饭店、肉铺、皮铺、粮店、杂货店以及淘金、放木排等职业，极少部分人家也有以种地为生的。在做生意这部分人当中，不少人家还将生意做到布拉戈维申斯克。他们把从内地赶来的牛马或直接运过江或宰杀后冷冻运往对岸销售给俄国人，供市民食用。以回民张振彪讲述为例，他的家族在瑷珲城有"益盛公"商号，同时在布拉戈维申斯克还设有"义和公"家族商号，在小北屯（布拉戈维申斯克市郊区，中国人对此地的俗称）经营打牛房，在布拉戈维申斯克市内还开设"瑞兴隆"分店。其他如朱三姥爷开的"瑞发成"，韩云海、米玉庆合开的"同发合"牛店，金百川、米有吉合开的"长盛店"牛店，等等。此外在大黑河屯也有"瑞发成""同发合""长盛店""二合成""三合成""三多账房"等诸多商号。这些回民商号特别是在布拉戈维申斯克市的商号挣到钱后，多半是回黑河买地皮、盖房子。

按照回族习俗，在他们经营的饭店和肉铺都挂着一块引人注目的长方形木牌。木牌四角上写有"清真回民"四个大字，当中画有汤瓶壶、香炉瓶、盖碗盅、小白帽。牌子上下端和汤瓶上书写着阿拉伯文，意思说这里是穆斯林食品。有的牌子还特意写着"清真回民"或"西域回民"字样，并在木牌下面挂着两个蓝色布条，表示这里是由很正宗又很讲究的回族经营。

为什么要在木牌上画汤瓶壶、写"清真回民"、挂蓝色布条呢？传说当年回族随蒙古人东迁时，是陆陆续续走的，走在前面的人在沿途住进有人家的地方，怕后面的人不知道，就把汤瓶壶放在窗台上，后面的人知道这个信息便住下来。后来，汤瓶壶总被人拿走，就改为在门牌上画把汤瓶壶，在店里也备上汤瓶壶，后面再来的人一见汤瓶壶就用它洗手。

木牌上"清真回民"的意思是这样，"清真"原为普通的名词，是纯洁之意。后来一些伊斯兰教学者在传教时，把教义中的"清净无染，真乃独一"两句话的头一个字连起来，就是"清真"，并对"清真"二字赋予新意：清者指真主的超然无染，不拘方位，无所始终。"真"

者，系指真主永存常在，独一至尊。后来，把伊斯兰教叫清真教，称其寺院为清真寺。黑河与瑷珲两地都建有清真寺，时间分别是 1908 年和 1920 年。

伊斯兰教喜欢蓝色和绿色。据说蓝色表示真诚，回族挂蓝布条还表示"清真"，所以连饭店的二道门帘也是蓝色布。另外，两道蓝布条还有一种说法，传说当年唐朝的回纥兵平叛时英勇出色，屡建新功，唐王就让回纥兵留居内地镇戍。考虑到回民的安全，皇帝和娘娘下了两道谕旨，悬挂在回民家门前。说这两个蓝布条就代表两道谕旨，明确告知，回民开设的饭店不得侵犯。

黑龙江沿江客栈挂鱼圈幌的由来

过去，在黑龙江沿岸村屯靠近江边的街道两旁，有许多客栈，其中有些客栈还挂有鱼圈幌，这是怎么回事呢？

原来，那时候在黑龙江沿岸，特别是黑河往上到呼玛乃至漠河这一带搞长途运输做买卖的人特别多。当地人把搞长途贩运的货主叫"跑老客的"，管赶马车的或赶爬犁搞运输的车老板叫"拉脚的"。那时搞运输，夏天靠的是跑帆船，冬天靠的是在结冰的江面上跑爬犁。货少时一人赶一张爬犁，货多时一个人也能赶三五张爬犁。有时，冬天老客的货特别多，就联络七八个"拉脚的"聚在一起，赶上几十张爬犁，连成一条线，马蹄铁掌下腾起一阵阵飞雪，和着江面"稍口"里泛起的茫茫冷雾，隐隐约约宛如白色蛟龙一样在冰面上游弋。中午赶到某个村子歇气儿，喂喂马，吃点儿饭，称为"打尖"，然后继续赶路。如果傍晚到了某个村屯不能再往前走了，只好卸了爬犁，在客栈里过夜休息叫"住店房"。

这里的店房与外地的客栈有很多不同，最明显的是店房门口，挂着外店幌。那是在大门柱子旁支出一根横杆，吊挂着一个罗圈和一条用木头刻成的鱼幌，旗人客栈还挂着刻有"富察客栈"或"托阔罗客栈""瓜尔加拉客栈"等标明满族氏族的客栈木匾。一般汉族人家也就随便写个"韩家店"或"姚家店""高家店房""荆家店房"等字样的店名招牌。"跑老客的"一进村，望着木匾和店幌，就知道哪家是旗人开的，哪家是汉人开的；哪家是只能"打尖"，哪家能过夜。说起来这风俗习惯还是从萨布素带兵打俄国那时兴起的呢！

传说，当年萨布素将军亲率大队清军到雅克萨城驱赶沙俄入侵者"罗刹"（古时对俄国旧称），期间，大军的粮草断了，被困在呼玛河口。东海龙王知道后，把龙宫前的柞树砍成片，变成一条条大马哈鱼，又把龙府的朱红大印卡在鱼肚子上，派它们急速赶往呼玛河口接济被困的清军。待大马哈鱼群赶到呼玛河口，清军人吃马喂都有了，就继续赶往雅克萨，并在那里打了胜仗。从此，人们才知道马也能吃大马哈鱼。客栈就用木板锯成大马哈鱼形并刻上眼睛、画上鱼鳞，又在鱼肚大面点上几个红点，当成被江底砂石磨掉的白底朱红大印印迹的鱼幌，挂在罗圈幌的下面，成为一个特别有地域特色的组合幌。需要提及的是，有学者认为挂鱼圈幌是当地少数民族鱼图腾象征，不过直到目前还没有得到佐证。

当老客们赶着爬犁上岸后，看见各家客栈挂着各种不同的幌，就明白只挂牌匾、没有幌的客栈，老客要自备干粮和喂马的草料；只挂草把的是只供喂马草料，人吃的需要自备；只挂罗圈幌的是只有面条、馒头、烙饼和一般炒菜等人吃的，马草料要自己张罗；如果挂的是罗圈和木鱼组成的幌，就明白是人吃马喂一应俱全，不用自己张罗。

城里的幌子和招牌

听老辈人讲，大约是从清末民初起，瑷珲和黑河两地开始时兴挂幌子，实际上就是商家的标识招牌。只不过幌子是一种形体特殊又具有自身文化内涵的标识。

那时，饭馆的幌子和店铺的招牌一样，都是历史上传承下来的民俗事象。一般都是表示行业特点、自身优势等，让人一看就明白。

在招牌和幌子中，最重要的是以实物作标志。如饭馆的带穗罗圈幌就很典型，很有讲究，也挺有味道。幌子上的三根绳，表示有蒸笼食品，如馒头、花卷、豆包、菜包等。木罗圈象征炒勺的灶眼，表示有炒菜和炖菜，如木耳炒白菜、青椒炒肉、野猪肉炖猴头蘑等。罗圈下垂挂的彩色纸条或布条，标示有面条、饸饹等面食。如果店家挂的是双幌，表示本店有较高的烹饪技术，能包办一般的酒席。相比之下，挂单幌的饭馆就是小吃部。而挂着四个幌的饭馆那可就成气候了，据说这样的饭馆是一应俱全，要啥有啥。一根朱红色的龙头挂杆上，一顺水地挂着四个带穗的罗圈幌，风一吹，彩条微微拂动，沙沙作响，要多气派有多气派。那时，黑河城里也只有那么一两家饭馆敢挂四个幌。羡慕者说："真气派！"忌妒者说："别看他们也挂着四个幌，和北京的四幌饭馆没法比。"挂幌子习俗，有单幌、双幌、四幌，却没有挂三个幌子的饭馆。听懂行的业内人士说：仨幌和汉语"撒谎"发出来的是同一个音，店家怕无故引起歧义，又怕无故挨食客损骂，所以始终没有敢挂三个幌的饭馆。

除此之外，店铺的招牌也同样吸引人的眼球。如酒铺就是门板上写有"太白遗风、陈年老酒"，有的酒铺直接从门旁伸出一根木杆，上面挂着只写一个"酒"字的大葫芦，远远望去十分醒目。茶行也是在门板上写有"清肺润心、香气宜人"；烟铺门板上写有"关东烟，不好抽不要钱"等各具特色的商品广告语。更有简单者，在门旁支一根竹竿，上挂一旗牌布标，就一个字或"酒"或"药"，或"茶"或"烟"等字样。理发馆用的是红蓝线条转灯。裁缝铺挂一把夸张的剪刀模型。卖开水的挂一把带红布条的实物大水壶。浴池则在高竿上挂红灯笼，和饭馆幌子一样，以起灯、落灯或挂幌、摘幌来表示营业时间。

在黑河城里，除饭馆、杂货铺之外，药铺的数量占据第三位，民国九年（1920），仅挂有牌匾的中药铺就多达25家。一般药铺门板上都写有"丸散膏丹、参茸饮片"，有的直书"本店直售王麻子膏药"等广告语，用于招揽生意。要说黑河街里中药房的招牌，只有"福和堂"给人留下的印象最深，时间也最长，几乎成为地标性建筑。虽然这家店铺不是楼房，也没有冠以中国××字样的店名，最初投资仅是2000美元，店面是一座宽敞的青砖大瓦房，在临街两个门头的门楣上，各自悬挂着同样黑底金字阴刻的三个大字牌匾"福和堂",木门两侧都挑着两串各用四个菱形铜板连接着、上书"川广云贵""地道药材""加工精致""丸散膏丹"的幌子,每条幌子下面还缀有两条木雕鲤鱼。就是这座家族企业,历经近百年风雨,从同行25家企业的激烈竞争中坚持到1956年进入公私合营行列。

第二篇

住行篇

瑷珲沿江村屯街道的走向

长久以来，一些外地朋友对黑河市的沿江村落建设多有疑惑。他们经常会问同样的问题，"你们这儿临江村落街道的方向和房屋的朝向建设的依据是什么？"他们往往还会说："我一进你们村，就蒙圈，不知道这条街是东西方向还是南北方向，也搞不准这房子是正房还是厢房。"

常言说，"仁者乐山，智者乐水"。无论城镇乡村，其灵气在水，得水而活，因水而秀，因水而发。瑷珲境内沿江总长183公里，沿江大大小小的城镇村屯居民点三十余处，20世纪六七十年代，有人总结说："这里是沿江一条线，内地空一片。"沿江是境内主要的人口聚居地。其实，沿江村落建设中街道格局的形成、房屋朝向的确定，无一不与黑龙江的存在相关联。

临江建村落依江走势拉街基，房屋朝向不计较，基本都是依江走势建街道。黑龙江是一条世界著名的无污染的中俄界河。水深、流急、富氧、沙砾底、水质清澈、透明度高，是鲟鳇鱼和哲罗、细鳞等冷水鱼及"三花五罗"栖息繁殖的好场所。沿江地带多为草甸黑土，是质量较高的可供农耕的土壤。沿江的居民中，多为直接从渔猎文化转为农耕文化的达斡尔族和满族原住民，他们的生产特点和生活习性与当地自然条件是完全相适应的。下江可捕鱼，上岸可种地。既然临江建村落是一种必然选择，那就出现一种"顺江顺水建街道和街道两旁的住宅而方便生产生活"的心理，所以在村落与街基朝向问题上，就随势就弯，依江水流向而建，几乎很少考虑街道的方向。最明显的例子是古城瑷珲的江水流向是由北向南，中俄两岸分别是江西与江东。而作为曾经是"万国商埠"的黑河却是由西（稍偏北）向东，布拉戈维申斯克市与黑河却是偏南北隔江相望。

乡村依江的走势拉街基，一般都是分作前街、腰街、后街，自然形成"前街长，后街短，稀稀拉拉三根线"的街道格局。除张地营子村、小黑河村之外，基本上都是临江建村落，依江走向拉街基，房子朝向不作过多考虑。这种村落建设格局的形成，完全符合当地民众的心理，也是一种顺其自然的习惯选择。

达斡尔人如何选择村落地址

达斡尔人是我国东北边境地区几个少数民族中最先进入农耕社会的民族。宽阔的村落和依山傍水的典型环境，有助于他们最先由渔猎经济步入农耕、渔猎、狩猎并存的经济类型，走上自给自足的自然经济。

无论是达斡尔人在精奇里江流域村落分布的地图，还是民国九年（1920）《黑龙江瑷珲县志》的文字记载，古老的达斡尔族村落绝大部分都选建在阳坡临近江河的台地上。以民国九年（1920）历史文献为例，当时瑷珲县全境内达斡尔族18姓、305户，分布在27个村落。其中临江249户，临河35户，临泉1户，两不靠3户，余下17户离江或河均在2.5公里以上。

从以上统计分析可以看出，达斡尔族村落选址是与他们的生产生活联系在一起的。依江临河傍水，既便于捕鱼生产、饲养牲畜，又可利用河谷两岸之地耕种庄稼；依山既便于狩猎，又便于伐木烧炭及劈砍烧柴。

达斡尔人对村落的布局十分讲究。向阳，有利于生产生活和身体健康；村落宽阔，便于各家选定地基，圈占一定面积的园田地。他们家家户户或房前屋后，或房屋左右两侧，都辟建出一定数量的园田地，种植瓜果蔬菜或啃青苞米及一定数量的黄烟。园田里种植的粮食作物在家庭生活中占有重要位置，很早就有"园田半年粮"的说法。为防止牛、马、猪进入园田地祸害庄稼，还分别用柞树干别成障子①，这种立障子的方法

---

① 障子，即栅栏。瑷珲依山傍水，林木资源丰饶，障子基本上分两种：一种是用柳条压编的花障子，另一种用柞树干搭建的立障子。

是事前挖好一条沟，把柞树干垛齐，然后将粗端下埋在沟里，上面将每棵柞树干分别别在两三根横梁上。还有一种障子叫"红柳压花障子"，先在别障子的位置每隔1米左右打进土里一根木桩，然后把从柳条通里砍来的红柳条，每根木桩旁放一把，从地面开始，将两股红柳向前交错压编推进，即前桩红柳遇到后桩红柳时，编在一起向前推进，直到终点编完，再编第二层、第三层……以此类推。红柳艳丽清秀，编（民间称夹）成的红柳障子特别漂亮，是达斡尔村落一道亮丽的风景。

瑷珲境内，柞树、柳树资源富集，因此这里不像嫩江沿岸的达斡尔人那样有用土坯或石块垒园田障子甚至是垒仓房的习惯，这也是瑷珲达斡尔人同嫩江沿岸达斡尔人的区别之一。

鄂伦春人的斜仁柱

狩猎民族的一个重要特点是游动性特别强，逐水草和猎场而迁徙。1953年9月初，游猎于瑷珲区境内的14个部落、157名鄂伦春族同胞与黑龙江省其他两个地区的鄂伦春族同胞，在同一时期实现下山定居。其实，从严格意义上讲，瑷珲境内的鄂伦春人"下山"的叫法并不准确，因为他们并没有下山，人依然留在山里，只是在山里实现了聚居和定居。

定居前，鄂伦春族经历人类最为漫长的原始社会生活，斜仁柱就是这个民族原始游猎文化的典型符号和民族文化的遗存。

斜仁柱，文字上又有仙人柱、歇仁柱等同一谐音的不同写法。"斜仁柱"为鄂伦春语，直译是"用树干搭起来的家"，学术界还有一种解释是"遮住阳光的住所"。这两种解释并不矛盾，把它们合起来，就是用"树干搭起来的家"，是个"遮住阳光的住所"，进而说明斜仁柱的结构和功能。满语则称其为"撮罗子"。

从前，在毕拉尔路鄂伦春族流行一句俗语"骟马没有圈，男人没有柱"，意思是说："斜仁柱和妻子一样重要，是男人的家。"由此可见，斜仁柱在居无定处、逐水草而居的猎民心中该有多么重要。

鄂伦春人对斜仁柱的选址十分讲究，一般都会选择小河旁、背靠树林的阳坡地，以满足生活中有水吃、有柴烧、通风好、少蚊虫的需求。门的方向选择是"有水向水，无水向南"。但是，为了冬暖夏凉，聪明的鄂伦春人并不完全拘泥于上述理念，有的部落在修建斜仁柱门时，采取"冬天门向南，夏天门向北"的灵活设计。

斜仁柱整体外观呈圆锥形，首先用30多根（一般都是36根）直径10厘米左右、长4—5米的细桦木杆，砍去枝叶，作为斜仁柱骨架的搭杆。竖斜仁柱骨架，首先要选择三根顶部带有枝杈的桦木杆，将其上端枝杈交叉、相互咬合立起，呈三角形基础立架，这三根基本立架的桦木杆鄂伦春语叫"阿杈"，意为主杆。然后再把30多根细桦木杆依次搭在三角形主杆立架顶端的外围，这30多根桦木杆叫"斜仁"，鄂伦春语意为"搭杆"。骨架搭好后，在骨架顶端交叉处，用湿柳树条捆扎起来，如同给骨架颈部扎上一条"围巾"，起到箍束作用，避免木杆松散，这条起结扎、固定作用的"围巾"，鄂伦春语叫"乌鲁包藤"。斜仁柱冬季要挂上狍皮门帘，斜仁柱底部用土或雪覆盖踩实，免得透风。夏秋季则按需要挂上草门帘或柳条编起来的门帘，无论哪一种门帘都具有透气、防蚊虫的作用。这时只要搬进生活用品，斜仁柱就可以使用了。

就地取材，工序简单，应该说建一座传统的斜仁柱是相对简单容易的，这对于长期过着原始社会游猎生活、缺少工具又频繁搬迁的鄂伦春人来说也是相适应的。

斜仁柱的历史已经很久远，据资料介绍，我国陕西半坡遗址中就有这种文化遗存，距今已有3000年历史。

斜仁柱这种建筑形式，并不是鄂伦春族独有的，我国东北地区鄂温克族的"希仁鞠"、赫哲族的"撮罗安口"、达斡尔族的"柱克查"都与斜仁柱属于同一类建筑形式。另外俄罗斯远东地区的埃文基人、北极地区的因纽特人、南美洲的印第安人等都有使用这种建筑形式的历史，不同的是他们对这种建筑，都有自己民族的语言称谓。

有学者在考证后称鄂伦春人这种习俗，同散荡的吉卜赛人生活习俗差不多，随时都可以搬迁，去寻求散荡自由自在的生活。

这里，我们需要进一步认识并着重强调的是，在我国众多使用斜仁柱或使用与其相关建筑形式的民族中，唯有鄂伦春族沿袭的时间最长、形式最多，民俗事象最为原始古朴，文化内涵也最为丰富，有专家称其为研究东北地区少数民族民居的"活化石"。因此，国家文化部把斜仁柱列为国家级非物质文化遗产保护项目名录，名副其实，也是历史的必然。

塔　洛

斜仁柱的外围或者叫作覆盖物，早年是直接把桦树皮剥下来，一块块直接从斜仁柱底架向上逐层围盖。两张桦树皮连接处，先用骨锥扎眼，再用细皮条或马尾绳穿过系在一起，一层压一层，直到顶部。这种桦树皮覆盖物，鄂伦春语叫"塔洛"，意思是用桦树皮覆盖的斜仁柱。这种覆盖物可就地取材，围盖工艺也很简单快捷，适宜游猎生产生活的简单需求。

铁 克 沙

由于直接扒下来的桦树皮很厚又未加修理，盖在斜仁柱骨架上使得斜仁柱内光线比较暗，鄂伦春人就改用剥桦树薄皮覆盖法。其工序是把剥下来的桦树皮剔去表面的结节和疙瘩，再剥掉外层白色易脱落的浮皮，只选取中间很薄的一层桦树皮，放进锅中煮沸2—3个小时，捞出用水浸泡直至桦树皮变软，一块一块对接，上下边沿向内折回2—3厘米缝好，使其成为既具有包边装饰、增强美感效果，又可以起到防止桦树皮从边沿上撕裂的实用性强的桦皮围子，然后在桦皮围子的四个边角缝上约10厘米宽的皮条，做成2—6米长不等的两大张一小张桦树皮围子，从两侧向中间围起，将最后一张压在中部即可。上面用去掉枝杈的细桦木杆压实，边角用皮条绑在骨架上，为防止大风将其刮跑，要用木杆有间隔地压在上面。

用这种经过去疤疖包、脱皮和水煮特制的桦树皮卷覆盖的斜仁柱，鄂伦春语称"铁克沙"。它的优点是有弹性，柔软不易折断，特别是透光性能较好，还随时可以卷起，驮在马背上方便搬迁。

铁克沙最大的缺点是怕冰雹，大冰雹往往会把桦树皮横向纤维打裂。虽然铁克沙斜仁柱曾经有过兴盛时期，但是由于它制作工艺比较复杂，且容易被冰雹砸漏等不足之处过于明显，也就逐渐很少有人使用了。

额尔墩

冬季，比较富有的人家，往往用60多张鞣制好的狍皮缝合成两大一小的狍皮围子。两块大围子分别用二三十张缝成扇面围子，一块小围子，用十余张狍皮缝成。

两块大围子用来覆盖斜仁柱支架两侧，小块围子覆盖在后面，均用皮条系好。斜仁柱顶部用狍皮做成锥形套，夜晚套上，白天取下。为了防止大风将皮围子吹跑，上面需要压一些细木杆。斜仁柱底部用草压住狍皮围子，草上面再压上一层土或冰雪，使斜仁柱四周底部不透风。

这种用狍皮围成的斜仁柱，鄂伦春语叫"额尔墩"。额尔墩要比用桦树皮或草围成的斜仁柱暖和得多。

除上述几种不同覆盖物的斜仁柱外，还有出猎途中临时休息用树枝和草覆盖搭建的极为简单的斜仁柱，叫"枯木汗"。用白布围成的斜仁柱叫"迈汗"，不过这是近代的事情了。

鄂伦春族产房

鄂伦春族斜仁柱还有一种建筑叫"恩克那力纠哈汗",是专门为产妇生孩子准备的简易产房。形式结构与其他传统斜仁柱建筑形式相同,只是规模小些,里面狭窄些。一般要建在离部落远一点的树林里。因为在鄂伦春族古代意识中,孕妇生孩子是不洁净的事情,怕污秽的血水冲击圣洁的神灵,给家族带来灾难。所以产房由其丈夫在孕妇分娩前亲自搭建,如果丈夫狩猎在外,则完全由妻子自己搭建。

为了表达自己对神灵信仰的虔诚,孕妇即使在冬天分娩,这种斜仁柱产房里也不能生火,怕冲撞了火神。

民国九年(1920)版《瑷珲县志》卷十二"艺文"中记载:"御冷茅为屋。鄂民不知筑室,每至冬日构木为巢,以草以御严寒;冰雪婴儿擎。小儿出生即用冰雪擦洗周身。"

就是说孕妇只能在这冰冷的斜仁柱内生下孩子,孩子生下来后,还要沿袭冬天用白雪、夏天用冷水擦洗孩子的风俗。

孕妇生完孩子一个月之内不能进出产房,吃饭喝水或需要其他生活用品,都由丈夫或家人用长木杆挑着送进斜仁柱内。孩子满月,孕妇和婴儿离开产房后,要立即拆掉烧毁这种斜仁柱产房,怕恶魔盘踞产房危害人。

斜仁柱内部格局

斜仁柱顶部开口,为的是通风,也是室内篝火排烟的通道。斜仁柱室内地面中央设有篝火,上面有个三角木支架,支架下吊着双耳铁锅,俗称"吊锅子",可以随时烧水煮食。斜仁柱内部除门口之外,都是铺位。过去,地上面先铺些干草,然后再铺上已经鞣得很软的狍皮、马鹿皮或犴皮缝成的褥子,这种兽皮褥子,鄂伦春语叫"师克图恩"。后来又发展到用桦木杆搭设矮床,上面铺草和兽皮褥子。再后来发展到搭设高约15厘米的木板平床。门的西侧摆放着桦皮水桶、炊具等物品。斜仁柱支架上挂有兽肉条。南侧挂有猎枪等生产工具。斜仁柱正面位置,被称作客座儿,也被称为"玛路"铺位,鄂伦春语"神位"之意,一般都铺设熊皮,铺位上面斜杆上挂有神秘桦皮盒,一般是由4—5个桦皮盒组成,里面装有祖先偶像和辅神神像。门左侧铺位是老年夫妇的铺位,右侧是青年夫妇的铺位。大部分青年人结婚后,都会另外搭建斜仁柱单过。

斜仁柱内的忌讳

斜仁柱内左右两侧铺位为家族席,左为老年夫妇铺位,右为青年夫妇铺位。斜仁柱底边缘处摆放着桦皮箱篓、皮被、皮口袋、猎枪等必备物品。

鄂伦春人定居前,由于受萨满教"万物有灵观念"的影响,在斜仁柱内的生活中,禁忌民俗事象有很多,主要有:神位下面只准男性长者坐卧,女性是绝对禁止坐卧或靠近的;女人扫地不得越过玛路神铺位旁边,而要折回去,再从另一侧扫。听老人们说,这个地方如果挂有肉条,女人宁肯饿死,也不准去摘掉。被褥必须是男上女下叠放,如果女人跨过男人衣被,男人要用柳条抽打女人的衣被以示惩罚。绝对不准女人跨越猎枪,否则晦气;除去晦气的办法是将点燃的烧纸在枪筒四周绕过一圈。吊锅子下面的烧柴,要截得很短,否则男人出去打皮子的时间就会很长。女人也不准到斜仁柱后面供神盒的地方,否则会遭到神的惩罚。

刻木记事

与斜仁柱相关的还有刻木记事这种古老的习俗。

当斜仁柱的主人要迁徙搬家时,只把简单的生产生活用品用马匹驮走,而放弃斜仁柱。但他们要通过刻木记事的习俗留下信息,就是在斜仁柱旁或灰堆上插一根木棍,以期引起人们注意。直上直下插的,说明主人将走远,不回这里了;如果向斜仁柱方向斜插,说明不会走远,还会回来。如果向反方向插,来找主人的亲朋好友,可以顺着木棍所指的方向去找,而且在木棍上刻下或砍有代表山的三角形,或代表河的横杠。如果木棍朝着南方插,上面刻有六个三角形和五个横杠,就明确告诉别人,自己已经搬到南边,翻过六座山、蹚过五条河就到了。十分简洁明了。这种古老的记事习俗是研究鄂伦春族社会发展史的佐证之一,也是一件颇有趣味的民俗事象。

林　盘

林盘是鄂伦春人十分喜欢的夏季住所,外族人常把这种住所称为"桦皮棚"。

搭建林盘需要选择便于通风驱蚊蠓、地势较高、有干净水源、有马草、有柴烧的地点。挖坑立上两排六根立柱,其中四根约1.5米的矮柱子立在四个角上,两根2.5米左右的高柱子立在两对矮柱子中间。六根立柱顶上平行放牢三根横梁。横梁上铺三四十根椽子,椽子上面铺上大张的桦树皮,并用若干木杆压实,防止被大风吹跑。四壁随意用半个瓜木或稍细原木依次排列成栅栏式木墙,为使木墙坚固,下端挖坑将墙木埋上,再培上土，墙木上端可用长细木杆作横带，连接并固定在立柱上。木墙不刻意追求严丝合缝，反倒需要通风透气才好。

林盘内可用木杆搭起板铺，铺上草或平整的桦树皮，放上被褥就可以住人了。

同斜仁柱相比较，林盘的空间大，人的活动方便许多，加之既能遮阳，又能通风避雨，比起住斜仁柱要舒服许多。当然，这仅适宜作为天暖时期的临时住所。

奥　伦

奥伦，是除斜仁柱之外，鄂伦春族最具特色的建筑。

奥伦一般搭建在比较僻静的地方仓库，这种小仓库属于小家庭所有。奥伦主要用途是存放物品，把暂时不用的衣服、被褥、肉干、粮食、野菜、子弹等储藏在这里。当本氏族甚至是外氏族的人没有打到猎物时，可以到仓房里取东西用、取食物吃。事后告诉主人一声或如数还上就可以了。这里人人都守信用，从来没有到奥伦里偷东西的现象发生。善良豁达的鄂伦春人常说，"谁离家也不能背着房子走"。

奥伦，又有"奥伦博如坎"之称谓，意思是天空中的北斗星神。还有一篇相关的神话源于民间。神话的故事梗概是：有一对儿青年夫妇，男的好吃懒做，还总给妻子气受。妻子受不了丈夫的气，就带着猎犬逃了出来。她登上奥伦想拿点吃的带在路上吃，当她正在下奥伦时，丈夫追了上来。妻子心里难过急了，就想从奥伦上跳下去死。突然，奥伦的四根柱离地向上升起。丈夫着急了，一边呼喊，一边拿起猎枪，冲着奥伦"啪"地打了一枪，正打在梯子上，梯子被打弯了。所以天上北斗星的勺柄不是直的，就是因为丈夫那一枪。上天后，女人和狗都成了神。据说天上的犬星就是在那时候才有的。

奥伦的四根柱子，是选择自然生长的四棵呈方形的树木，在距离地面一人多高的地方把树头砍掉，然后在上面铺四根横梁，再铺上一层横杆，搭起底座。底座上面再搭建木刻楞风格的小仓房。

为防止野兽爬上来糟蹋东西，特别是防备黄鼠狼、山狗子等利爪动物爬上奥伦，首先要把奥伦四根立柱上的树皮全部剥掉，在立柱四周钉上用薄铁皮剪成锯齿形的围子包裹树干，还要把锯齿尖由上向下再向外掰开，形成一道锯齿屏障，使动物根本无法爬上树。

为了方便上下奥伦取放东西，还要把两根笔直相等的木杆并列用横木杆钉上连接起来，用时立起来，人们脚踏横木杆攀登上去，不用时撤下来放在地上。

挖地窨子

地窨子，作为一种传统的居住形式，在满族、达斡尔族、鄂伦春族和汉族都曾存在过。将地窨子作为自己住所的群体主要是满族、达斡尔族在沿江的打鱼人。地窨子是他们捕鱼时的临时住所，也是部分鄂伦春人冬季避寒越冬的住所。此外，还是采金、伐木、跑山、打野物等人的常年住所。

建地窨子，民间多称为"挖地窨子"。一般都选择朝阳的坡下处，附近有干净水源，如泉眼、小河、沟塘。沿江打鱼人挖"地窨子"则是选择在网滩收网的江坎儿上挖建，方便观察整个网滩与江面情况，也方便渔具的管理。但人们通常都把这种地窨子式的住所或小马架子式的住所称为"网房子"。

地窨子的规模可大可小，主要是根据需要而定。一般是留足铺位、锅灶和安置生活用品的位置。在建地窨子时，临近山坡的，要先从山根地面向山深处挖，挖进深2—4米、宽3—4米、高2米以上即可。四角贴墙竖起四根立柱，中间分立两根顶滚水屋脊的立柱，搭好中间和两侧横梁及若干根细横梁，棚顶用柳条或桦枝铺就，苫上一层草，草上铺上一层汪泥，汪泥干后再苫桦树皮或苫房草，并用木杆压住。前面留下门口，有的地窨子还留有玻璃窗口位置，其他空间夹上柳条障子，里外甩上一层夹草的大泥，民间叫"洋胶泥"。洋胶泥干后，再用沙、泥抹平，安上门窗即可。

地窨子里虽然昏暗，但总体上很保暖，如果不过冬，只搭铺位，立个锅灶即可；如果准备越冬，可以搭一个连着锅灶的小火炕，可同时做饭、烧炕取暖。

搭 窝 棚

窝棚一般都是临时住所，有A型和马蹄形两种，均为木草结构，即在木架上苫草。2000年，俄罗斯阿穆尔州出版《阿穆尔州》精装画册的第一部分就有两张19世纪中期的A型窝棚图片。由此可见，至少在150年前，俄国人就在比较规范的窝棚里生活。

马蹄形窝棚，纯粹是用于居住的临时住所，结构极其简单，搭建及工序更为简单易行。这种窝棚可搭建在山坡上，利用山坡上的小柞树、小桦树，选两棵高2.5米以上小树，距离2.5米，把树梢对等弯向对方树梢削尖插在地上，小树弯后呈弓形，根据住人多少连续弯插下去，一般弯插7—8棵就可以住3—5人。如果小树长度不够，亦可两棵相对弯至中间绑结。窝棚骨架搭好后，即可在上面把草简单苫上，主要是用来遮风、挡雨、乘凉。

A型窝棚搭建起来要比马蹄形复杂些。需砍一定数量的比较规模的细木杆，两根木杆根部削尖插在地，按两排依次插牢，等距离排开。顶部按同等长度交叉绑住，呈A型，高度在1.8—2米，但要一致，两根交叉骨架细长杆顶部用一根长杆串起绑牢。骨架搭好后，要在每侧腰身自下而上地等距离绑上三道细木杆横梁。同时组织扎草把或编织草帘子，扎草把要把草根朝上草梢向下（便于雨水顺下）从骨架最下面一层绑起。绑第二节草把时，要将草梢盖住底部的草把根，否则，草把倒戗茬会漏雨。绑到顶部，再把事先辫好的骑马辫"骑"在顶部，草梢分列两侧，用于顺水。地面铺上草即可安放被褥。窝棚两头要挂上草帘子，防止进苍蝇蚊子。门口还要备些烧柴和湿草，准备晚上点燃，借烟势驱除蚊蝱小咬，也可起到吓唬并驱赶野兽的作用。

窝棚，特别是 A 型窝棚，往往都是进山打洋草人、采山货人的住处，也有临时"跑水道"的采金工人搭建的临时住处。

垒土垡子房

土垡子房，从外径算，多是长 5—6 米，宽 4 米之内，房顶高 2 米左右。一般都是平顶。

土垡子房看起来规模小、工序简单、盖起来容易，但实际情况是土方量大。本地的土质多为黑龙江冲击形成的砂石土和草甸黑土，这两种土最突出的问题是土质松散，即使有草皮子可挖，但挖出来用手一拿，土就散了。要盖一座土垡子房，对于一个单身汉来说，常年在外流动出卖劳动力，一无经济实力，二无人脉可利用，也是相当困难的。有时只能靠自己事先选好料场，起草贪黑地挖土垡子，从草地上按所需规格大小挖好，取出来码成小垛，下雨天还要盖上草帘子，防止被雨水浇透而散花。

草垡运到房基处，要按照底座宽 40 厘米左右、房檐处墙体窄 20 厘米左右的要求，一层一层错口压花垒起来，垒到门口和窗口时，用木方竖一个门框和一个小木窗框，在西墙棚顶留出烟囱口。垒到一定高度，墙体上端四周铺一层板方，板方上面每隔 80 厘米左右，架一根直径 15 厘米以内的横梁，横梁上面铺上伸出土垡墙体的杂木房巴条，巴条上面铺上汪泥，中间厚或前面厚，干透时，铺上洋草，形成中间苫草稍高向四面滚水，或向后滚水的平顶草房盖。至于窗户，本来就不大，上下插上两根木棍，从外面糊上经盐水浸过的毛头纸就可以了。

土垡子房盖好了，不透风，很保暖。屋里有一个灶台，灶台与相连火炕的中间有一道矮火墙，延长了火道长度，增加了供暖面积。火墙顶端还可以放置油灯照明。

土垡子房冬暖夏凉，但由于潮湿返水，墙体会长出绿草。这种土垡子房终因无地基、土质松散、地面存水侵蚀等原因容易坍塌，住个三五年就不得不废弃。

盖 草 房

过去，瑷珲境内，住草房的比较普遍，满族、达斡尔族和汉族等都有住草房的习惯。主要原因是苫房的草遍野，用料便宜。勤奋人家自己动手割草就可以苫房。

草房有两间的或三间的。一般要看家庭的富裕程度，特别是根据人口多少来决定盖多大的房子。人口少、子女没结婚的家庭盖两间的偏多，儿子已成家又没分出去过的家庭则需要盖三间。

草房，主要是指房盖用草苫的房子，分设有二层棚和没有二层棚两种。墙还是泥土的。两间草房先竖起六根粗木柱脚，两根坨，三组山形木房架子，民间称牤牛架子，条件稍好的人家在房檐处用直径十多厘米的木杆一两根、间距二尺左右排成一排椽子，上面用柳树条子或柞木杆铺成二层棚，条件好的二层棚是铺木板的，再用麦头子（指未成熟的麦穗）和成的黄泥铺在棚上抹平，干透以后再用砂浆泥土将裂缝抹平就成为可以保温的二层棚。二层棚上再竖起牤牛架子，铺上棚条，抹上汪泥干透，就可以进行最后一道工序用草苫房。苫房要用本地天然的苫房草，这种草长、草叶顺溜、不易腐烂。苫房草的房苫法分毛苫和拍苫，拍苫比毛苫在外观上显得整齐好看，但比较费时费料。无论是哪一种苫法，都是在牤牛架上钉两三排横木杆，在横木杆上面每隔40厘米左右钉一根椽木杆，椽木杆上面再铺上一层密实的巴条打底，再铺上一层较稀的加草的汪泥，由于汪泥较稀，能够渗透到巴条缝隙之间，待汪泥干，再抹上一层麦稳子泥，干后用砂浆泥抹平，起到堵塞缝隙保温的作用。如果是没有二层棚的草房，麦稳子泥一定要加厚，用的苫房草也同样要加厚，就是为了保温。苫草结束，再由工匠用草把子拧成一条规格统一的"龙身"（草把架）骑压的房脊苫房草上，全部连接后，用木棍向下插牢固定，成为一条美观的草龙，同时又防止房顶草被风吹起"抽空"飞走。应该说这也是劳动人民智慧的结晶（关于拉哈墙、室内格局另有专述）。

码桦子垛房

桦子垛房指全部墙体是用木桦和泥垒（码）成的房子。这种建筑形式在瑷珲境内山区和半山区比较普遍。

桦子垛房工艺简单易行。新房建设需要按常规要求立房架子，旧房改造只要房架能用就不必新立。每面墙体立一排立柱，立柱的间隔在0.5米左右。多设立柱的目的是防止墙体重心在外力作用下偏过去，即容易向一边倾斜倒塌。立柱上下两端的固定方法是，在地面挖沟把立柱下端埋住，上端固定方法一种是将梁坨打眼把立柱上端镶嵌在里面；另一种是在梁上截出一段同立柱口径相同的缺口，把立柱的上端嵌入里面，这种方法被当地老百姓称为"拍巴掌"。

立柱固定后，即可垒墙体。垒墙体前先在黄胶泥里掺进少量寸长的干马草当作"洋角"，增加泥的拉力，防止断裂。垒墙体的木桦要尽量尺寸规格统一，都是1尺2寸或1尺5寸，1尺8寸是最厚的墙体，否则长短不一，垒起的墙面里出外进、凸凹不平。垒墙时将带短"洋角"的黄胶泥在地面上铺一层，然后将木桦一个挨一个地码好。每码一层铺上一层黄胶泥。每码四五层，用吊坠上下左右测量一次，如有歪的斜的，趁黄泥湿着用靠尺找齐修整好。垒到梁坨出现缝隙时，可用长"洋角"泥塞满堵严。因为整个墙体是用木桦和泥垒成的，干后很可能会有些下沉，墙体顶端与梁坨之间可能会有小的缝隙，还需要再检查一遍，用草把泥弥补一次。桦子垛墙干透时，要里外摔一遍大泥，然后用麦穰子泥抹平即可。

桦子垛房的墙体厚度大约为40厘米，十分保暖。桦子垛墙体材料不像木刻楞房那样需要大量的原木或至少也是半拉瓜木①，而且用的都是次生林的木材，粗细都行，只要长短截得一般齐，规格统一就可以。新生鄂伦春族乡同胞定居时的住房有一部分就是桦子垛房。

中华人民共和国成立前后，瑷珲境内木桦房很多，主要因素是木材蓄积量很大，树种也很多，使用各种木材分别做各种建房材料也很方便很随意。除本书所列举的斜仁柱、木刻楞直接用木料建房外，还有两排竖木杆中间夹泥、中间竖木杆两边摔大泥等建筑形式，这也是近山的一大优势。

木 刻 楞

木刻楞，满语称为"周斐"。这种建筑形式的历史十分久远。最初的木刻楞在施工过程中，为弥补两根原木之间的缝隙，施工人员在两根原木之间，加垫一种原生植物苔藓，这种原生植物的特性是不腐烂，而且一直在生长，直到把缝隙全部塞满不透风为止。

目前，木刻楞这种建筑在一些沿江村屯和新生鄂伦春民族乡还有遗存，但基本处于无人管理的破旧状态。较好的木刻楞建筑在黑龙江中俄民族风情园的影视风情区里可见。

在黑河市江对岸布拉戈维申斯克的城区，仍保留着成片的木刻楞风格的建筑，而且保存得特别完好。这种用原木相互咬合而形成的房屋一般都没有地基，也没有立柱，而是在平地上用制好的框架一层一层叠摞成完整的四壁，加上房盖就可以了。木刻楞一般都是就地取材，工序比较简单，同时具有冬暖夏凉的明显特点。

需要提及的是，木刻楞不是某个国家或某个民族所独有的，而是东北亚地区的一种建筑文化。当然，俄罗斯的木刻楞建筑一般都比较精细，不少木刻楞外面还刷有以绿色为主的油漆，地基较高的建有回廊，院内

---

① 半拉瓜：一根原木顺着从上至下劈开，分成两瓣，每半（瓣）都是半拉瓜。

一般都辟有果园，独门独户，绿墙白窗板红瓦在绿树间十分美观，仍有大量居民在这种建筑物中过着惬意的生活。

满族口袋房

满族的住房是随着生活条件不断变化而改进的。满族先人挹娄"常为穴居，以深为贵，大家至接九梯"。肃慎"夏则巢居，冬则穴处"。勿吉其"湿筑城穴居，屋形似塚，开口于上，以梯出入"。靺鞨"无屋宇，并依山水掘地为穴。架木于上，以土覆之，状如中国之塚墓，相聚而居，夏则出随水草，冬则入处穴居"。女真"其俗以山谷而居，联木为栅高数尺，无瓦覆以木板或桦树皮或以草绸缪之，墙垣篱壁牵皆以木，门皆东向，环屋为土床，炽火其下，与寝食起居其上，谓之炕，以取其暖"。女真野人"暑则野居，冬则室处，住平屋，屋脊开孔，以梯出入，卧以草铺"。满族入关前住房比其先人有了明显改进，"即樵以架屋，贯绳覆以茅，列木为墙，而墐以土，必向南，返阳也。户枢外而内不健，避风也。室必三炕，南曰主，西曰客，北曰奴"。

瑷珲满族住房乡下多为土木结构，以木柱支撑房梁，房架为人字形架，房盖用从草甸割来的苫房草覆盖，有毛苫（亦称拉苫）与排苫之分。以其房屋形状被称为"口袋房"。房屋多为三间，房屋两侧外墙上部呈山字形，所以民间称其为山墙。最初都是东山墙开门，也称山墙硬开门，进门就是厨房和一铺炕通两间房的连二大炕，形似口袋，人入室如同钻口袋，所以叫口袋房。后来中间向阳开门，两头为上下屋，也称西屋和东屋，中间是厨房，还可称外屋。满族以西为大，所以西屋为上房，亦称上屋。如果家庭人口多，上屋由长辈居住，东屋为下屋，晚辈居住。如果家庭人口少，全家人都可以在上屋住。厨房和上下屋之间用木制排栅间隔，居室中南、北、西三面都是火炕。屋地不设桌椅，来客坐炕沿，或让至炕头坐，以南炕和炕头为尊。炕上放炕桌，用以待客，主客皆盘腿而坐。西炕为贵，西炕上面设有佛爷板，供奉着佛爷匣子，佛爷匣子里面装的是家谱、祖先神偶和祭祀时用的神器,所以西炕又被称为佛爷炕。客人和女人不准坐西炕,也不准放鞭子、锉锯、磨刀、饿剪子以及乱放杂物。然而,有一点必须注意,在家祭时所用捆绑祭神猪的麻绳却必须在西炕上搓,杀猪刀也必须在西炕上磨。室内除西面开窗外,南面也开窗户,北面墙也有开窗的,但很少。窗户扇多花棱格窗,分上、下两扇,上扇多从外面糊上用油和盐水浸过、中间夹棱形格状麻披的窗纸。下扇有镶玻璃的。下扇一般不打开,天暖时上扇窗可用支棍向外支开,并用钩子挂上。每当冰消雪融之后,口袋房前后园子所种植的蔬菜和果树一片葱绿,别具风情。

清末民初,瑷珲境内的满族口袋房发生了较大的变化,特别是城镇青砖青瓦的住房开始兴建并逐步多起来,有的大户人家,房子变成前出檐,后出翘,有廊柱,有砖雕"五福(蝙蝠)临门"吉祥图案,有彩色窗板,全部镶上玻璃的大宅子。沿江农村满族住房也有相应的变化,有的人家推掉苫房草,换成瓦楞铁皮(当地人称洋铁瓦盖)或"扦子板"房盖,既体轻又整齐美观。

由于满族口袋房具有较好的保温性能和使用面积较大等特点,至今仍有极少数的遗存,只不过是在外墙处接上一个门斗,使之更加防风保暖,进屋仍保留着连二大炕格局,仍像个口袋房。

满族盖房"上梁"习俗

建造住房,是满族人生活中的一件大事,也有很多讲究。

按照古老的传统习俗,房基地形要前低后高,房基向口要无障碍,动工时间要选择吉日,避开"不宜动土"的秽日或忌日。动工时,挖地槽,要喝"定槽酒"。竖房架子时不能有女人在场,更不准女人骑跨房梁的用木。上梁最为重要,时间要选择吉时,梁上要贴"上梁大吉""太公在此"等红纸条幅。正檐下要挂一面镜子,照射妖邪。上梁日要备酒菜,宴请工匠和帮工亲友。后建住房,脊高不能超过左右邻居已有房屋,如果高于前建房，便会认为前建房的喜气被压住，日子不会兴旺。即使是亲兄弟两家，也要注意这一点，不然就会引发矛盾。过去瑷珲境内农村建房多因此引发纠纷，闹得邻里之间长时间不和。

瑷珲当地建房除沿袭传统的挂红放炮之外，还有抛馒头和唱《上梁歌》的习俗。上梁吉时已到，房上的工匠将房主事前交给的馒头自上而下抛撒，下边有孩童们抢食，以谓大吉大利。因为满族人沿袭汉族的做法，称馒头为"兴隆"，屋主便象征性地抛撒少量馒头，期盼自己建屋后，日子也过得"兴隆"。上梁仪式中最为喜庆热闹的是，上梁前屋主的亲友们送来红布、红绸，并将绸布挂在最后一根大梁的正中，燃放鞭炮，主人向梁头、梁腰浇酒祭天祭神，同时唱《上梁歌》，歌词为："浇梁头，浇梁头，祖祖辈辈出王侯；浇梁腰，浇梁腰，祖祖辈辈吃犒劳。"《上梁歌》唱毕，屋主设酒席宴请前来助兴的亲友和工匠师傅们。这种习俗被称为喝"上梁酒"。

传说，上梁过程中，天降小雨，是家中要出现侯爵的预兆，会被视为大吉大利，有的人家将另设酒席预祝。

拉 哈 墙

民间流行一首非常形象的歌谣："口袋房，拉哈墙，蔓枝炕，烟囱立在西山墙。"说的是满族人住宅的特点，十分形象。其中的"拉哈墙"说的是关于满族房屋建筑中墙体的结构和制作工艺。

拉哈，指的是用黄胶泥裹草把和成辫，亦称"拉哈辫"，用于墙体建筑。黄胶泥黏性极强，用草夹黄泥拧辫筑墙，既发挥出泥的黏着力，又增加草的柔软度和韧性，使墙体坚固、不裂缝，泥不脱落，十分保暖。

建拉哈墙，先要选好黄泥，并提前和好，使其慢慢发酵，经过发酵的黄泥干后不开裂。泥和好后，要将草把泡在泥里，让泥浆进入草把，以便尽快泡软，容易拧成草辫。用洋草还好说，如果用谷草就得多泡些时间，因为谷草叶粗秆硬不容易拧成辫。泥发酵好，草泡软了，就可以制作拧草夹泥的拉哈辫备用。

拉哈墙分两种形式，一种叫坐拉哈；另一种叫挂拉哈。坐拉哈是在小木格里，两根横杆上左右各钻一个眼，用于穿眼固定挂拉哈辫的立杆，也有用钉子钉的，但不如打眼穿杆结实。泥草辫就左右横向绕过立杆一层压一层地坐住，这叫坐拉哈。挂拉哈与坐拉哈工序一样，不同的是将拉哈辫上挂下钩在用于挂拉哈辫的横杆上，草辫折回余下部分再塞进拉哈辫中。为了使拉哈辫墙体受力均匀，要将坐拉哈和挂拉哈两种形式交错使用。

拉哈草辫全部挂完后要等其晾干晒透，再摔上一层被称为"洋胶"的大泥，即用铡刀铡好的三四寸长的洋草拌进稍稀的黄泥里，泥和草的比例是以一抓就能抓出一大把，而又比较黏不散花为准。之所以叫摔而不叫抹，那是真正地用力把手中的"洋胶泥"摔向拉哈墙体，把坑洼处补平，又不至于"洋胶泥"从拉哈墙体上脱落。摔完"洋胶泥"后的墙体是基本平整的，只是还露出一些毛毛饿饿的洋草梗。"洋胶泥"干透后，再用掺进"小麦稳子"（小麦外皮）的黄泥仔仔细细地抹一遍，一面就地取材、具有独特工艺技巧且十分保暖的拉哈墙体就算基本完工。

拉哈墙是满族典型传统文化符号之一，拉哈墙的独特制作技艺体现了劳动人民的智慧，并且一直传承下来。

蔓 枝 炕

蔓枝炕，满语称其为"土瓦"。民间又称"转圈炕""圈炕""帽子炕""万字炕""围炕""拐子炕"。有的民族直接称其为"满洲炕"或"连裆炕"等，民间特别是汉族多称为"圈炕"。但圈炕的称谓实际上并不准确。从其形状上看，西、北、南三面为一体，呈明显的门形枝杈状，所以称其为蔓枝炕还是比较贴切些的。

蔓枝炕，最突出的特点是住室内搭建南、西、北三面相连的火炕，即南北两侧的大火炕与西部窄条火炕相连成Π形格局。由于生活习惯不同，瑷珲境内满族人的火炕普遍较高。按民间通俗说法叫"七层灶台，八层炕"，即指垒墙用砖或土坯高度的层数。炕面大约高出灶台一层砖或土坯的高度，即高出10厘米左右。炕宽一般是170厘米左右，加上炕沿，也就在1.9—2米之内。炕长4—6米之间。西炕是通烟道的窄炕，宽1米左右，长度1.8—2米。一般来说，厨房（称外屋）锅灶的烟火通过住屋（也叫上屋）火炕内的三四条烟道，直接通到烟囱根。而外屋锅灶的烟火通过住屋北侧火炕洞到墙根前，需要通过西炕2—3条烟道，与南炕烟道汇合后过墙根，通过短距离烟道（民间通常所说的"烟筒脖子"）进入毗邻外山墙的烟囱。炕面通常由土坯、石板、缸碴子泥或红砖铺成，上面抹上一层厚厚的泥，待其干后再用砂浆泥溜缝找平。为防止炕面出现裂缝往外冒烟，也用热传导慢的泥炕面控制火炕温度，使其慢慢热又慢慢凉。炕面边缘处用光滑的厚木板镶嵌炕沿。富有与讲究的人家的炕沿要宽一些，与地面接触的火墙立面镶嵌着镂空图案的立面板，镂空木板里面的空间放鞋，使整个地面看不到鞋，十分规矩整洁。平时炕上铺苇席，或高粱秸席。有年长的客人来时，于炕席之上再加铺褥子。炕上不备扫炕笤帚，而是准备用野鸡翎扎成的掸子掸灰。

满族的蔓枝炕，南面炕向阳临窗，暖和明亮，一般住老人和姑娘或客人；西炕上面供祖宗匣，下面用于祭祖，一般不住人，也不坐人，特别是妇女不能坐；北侧火炕是儿子儿媳带孩子住的地方。睡觉时，不论哪侧火炕的人，一律头朝炕沿，因为把脚丫子冲着别人睡觉，是极不礼貌的行为，会遭人痛斥。

上述风俗不仅仅流行于满族，瑷珲达斡尔族也是如此。

蛮爷炕

不知道从什么时候兴起的，也不知道外地有没有这种习俗。据老人们讲，民国后瑷珲这地界的达斡尔族、满族人家住宅就有搭建蛮爷炕的习俗。

蛮爷炕的位置是贴厨房北侧灶间与上屋间壁墙之间，搭一铺长1米左右，宽1.7—1.8米的火炕，火炕与灶台之间有一条距炕面子高0.5米左右的实心砖墙隔开，平时墙垛子顶上都放一盏油灯。火炕下面的烟道与上屋炕烟道连通。由于离灶台近，火炕炕面受热快，炕很暖和。

这个长条小炕，家里人不住，而是专给外来的汉族人住，特别是南方来的单身男人。因为单身男子一般都是从南方来的汉族人，当地人习惯称这些人为蛮子，因其不在旗，所以称他们为南方蛮子。就这样，这条小炕也就称为蛮爷炕了。达斡尔人称种炕为"额鲁格"。

蛮爷住在这里，大部分吃在主人家，特别是年长者，平时帮主人家干些劈柈子、挑水、扫院子、扒线麻、搓搓苞米等零活。不在主人家吃饭的，一般都是体力较强、以出外打工为生者，挣了钱，给主人家买些肉、粉条、酒等吃喝物品，同主人家一起吃吃喝喝、热闹热闹，关系都很融洽。

进秋时节，蛮爷炕没人住时，主人家常常把刚打下的粮食铺在上面炕干。冬日，也不时在晚上把湿鞋或湿乌拉放在炕上，到第二天早上就炕干了。

满族烟囱

对满族住房的特点，民间有一句顺口溜："拉哈墙、大圈炕，烟囱像尾巴立在西山墙。"十分形象具体地勾勒出满族住房特别是满族烟囱的主要特点。

满族住房的烟囱，在位置上和建法上确实与汉族不同。在位置上，不同于汉族将烟囱紧贴室内山墙出二层棚顶和从房顶的位置伸出去，或是紧贴室外山墙穿过房檐略高于房脊。而是从室内西炕根开始就有一条较宽的炕洞穿过西山墙伸到外面，再由外面的一条长约1米左右的炕洞式烟囱桥伸进烟囱根，将室内各炕洞的烟火引到这里，通过烟囱排出去。同时，这段烟囱桥还有一个作用，就是有效利用烟囱桥传导的余热，提高在烟囱桥上或下部鸡窝的温度。因为许多人家都愿意把鸡窝垒在烟囱桥的上面或下面。实践证明，这种做法确实改善了鸡在冬天的生存环境。

满族住房的烟囱，一般都是用做拉哈的形式完成的。即先用三四根长木杆立起一个正方形或三角形3—4米高的立架，下宽上窄，用黄胶泥和洋草和成拉哈泥草辫，从底座开始，一圈压一圈地围到顶部，上面再扣一小段破缸或陶瓷管子，也有的人家插上一段掏空的原木或是用四块木板钉制的方形烟囱安在上面，主要目的是增加烟囱的高度，使烟排出畅通，用当地土话说："有抽劲，好烧。"

瑷珲境内属季风气候群，冬季寒冷，春季风大，所以底座宽的烟囱既适宜冬季过烟火量大、提高室内温度的需要，也适宜春天化冻晚，烟囱泥土不易坍塌的特殊要求。

满族住房烟囱的优点，也被达斡尔族所吸收，建起不少同样的烟囱。

满族花格木棱门窗

满族门窗很有特色，也很美观，特别是窗户造型比较精美，窗棂图案也变化无穷。逢年过节，窗上可贴各种窗花、福字，粘上各色挂笺，显得特别喜庆祥和。

满族外屋风门是独扇的由内向外拉的木板门，风门上部是与其他窗户相同的木棂格窗，外面糊纸，下部是木板。为减少冬天开门时，门拉手冰手，讲究的人家会换成带金黄色毛皮的狍爪子拉手，既暖和又好看，很有特色。风门的枢在左侧，套在木结构的榫槽里，向外开。也有人家安装的是双层门，中间部位有木制插销。外屋靠门一侧设一小窗，俗称"马窗"，有人家也在这里放油灯。也有的人家在外屋门两侧各设一个窗户，这种形式的外屋门窗既保暖又亮堂。

东西屋内门窗的格局与设置基本相同。屋与屋之间除连二大炕用排叉子（一种用薄木板制作，能吊上放下，人能跨过去的栅栏，将两间屋隔离）之外，炕上部分为火墙硬间壁，地面上是双扇木板门，也有的是四扇中间两开门的。门的上部是木棂格窗，中部为两幅或四幅花鸟彩绘图，下部是立幅山水画。屋内南侧一般设两三个大窗。相互之间以泥墙垛子相隔。每窗分上下两层，装在窗框的榫槽里。上层可由挂钩向屋内吊起，或用木棍向外支起；下层为三个竖格，平时不开，但随时可以摘下来。窗棂格分别有方格型、梅花型、喜字形、万胜形和菱形等多种图案。为防止沙尘被风吹进窗棂积淀或被风从外面吹落，而全部采用从外面糊的形式，这也就是"窗户纸糊在外"的理由。糊窗户纸也各不相同，富有人家买一种专用的麻布纸，满语叫"嗜山"。据说，这种纸是将破衣烂絮经水沤成毳绒，在致密的芦帘上过沥摊匀，经日晒而成的，坚韧如革，可用于写牍，但其最主要的用途是糊窗户。一般人家就用廉价的高丽纸或价格更低的毛头纸。窗纸糊上后，还要分别喷上盐水透亮，涂上油防水防潮。在当时来说这种形式还是比较美观的。

满族院落的格局

满族院落的设置，一般统称四合院，这是满族传统建筑形式的典型格局。至今，人们一提到四合院，往往就同满族传统文化连在一起。确切地说，在满族传统建筑形式上，四合院、三合院基本上是主流，在边远地区或贫困人家，一户一座房、一个偏厦当"哈实"（满语，仓房之意），或有房无院被称为"光腚房"的满族人家也不在少数。

总体上看，瑷珲境内建砖瓦四合院的满族人家是极少数。这样的人家往往墙是青砖墙，盖是青瓦盖，围墙当然也是青砖的。青砖的门楼带青砖雕"画"。稍微次一点的院落不是青砖围墙而是木板障子，无论是青砖围墙还是木板障子，高度均在1.8—2米，用乡下人的话说，"跳高时脑袋同障子一齐"，也就是一样高的意思。这样的四合院都是高门大院，门口盖有砖门楼子，三间门房，中开大门，门上装有兽口衔环的涂金装饰物，以此标明身份，显示威严。稍微次一点的是四脚落地或三檩墙式门，虽无门房，却有大门洞。一般乡下较富有的人家，有立木栅障子，伞形雨搭的木门框和木板门，可开可关。贫困人家是光棍大门，只有门框，木框两侧立柱相对面，上下各有一个圆洞或两根立柱，院内一侧上下各钉一根用铁棍搣成半圆圈，平时用两根长木棍串着，拦防牛马进出院，民间称为"大门穿"（实为闩）。

满族人家最容易识别的标志是，进院门就是一堵"影壁墙"，用砖石土砌成或木板拼成，是为防止不速之客入内，避免外人从大门口就能观察到主人家院内的一切。除"影壁墙"外，邻近处还立有"索罗杆"和"神石"等满族祭祀活动用品（另有专述）。

院内后部正中是正房位置。大户人家正房两侧建有青砖青瓦的东西厢房，可以住人或当作库房。一般人家在东西侧，分别建有仓房和牛马圈等设施。仓房一般完全是由木柱木板建起来的木结构房，为防潮，仓房地板要在离地面50—80厘米处铺设，为便于粮食分类储存，还要在地板上面安放几个板仓。板仓层数不固定，由四块木板组成，木板接头处为榫卯咬合，根据粮食多少确定需要板仓的层数。碾房一般都靠近库房设置。牛马棚一般与牲畜草料间在一侧，结构一般是土木结构，即木头房架，木障子两面摔大泥，干后再用麦穗子泥抹平就可以使用。

满族家庭室内摆设

满族家庭室内摆设由两方面情况决定，一是依照满族传统习惯摆设，二是根据各自家庭经济条件摆设。

满族家庭室内摆设主要由南、西、北三面火炕组成。除西边条炕用于祭祖外，南、北两面大炕都用于住人。因年龄、辈分、生活习惯不同，在摆设上既有相同之处，也有不一样的地方，但总体上都在满族风俗习惯的约定俗成之内。

满族室内地面不设桌，而在南炕正中安放一长方形炕桌，一般都是用硬木制作，高40—50厘米，长约1米，宽约70厘米，全部涂以朱红或栗子色油漆，用于在炕上吃饭、读书，祭祀时用于摆设供品。按文献记载,满族炕桌中间装有一块圆形活板,便于冬季吃饭时安放火锅用,但在瑷珲境内农村尚未发现有圆形活板的炕桌。这里吃火锅的普遍做法是直接把火锅摆在炕桌上。炕桌两边各铺一床长条褥子,供待客睡卧之用。南、北两铺炕的两端一般都摆有炕柜和箱子,呈对称状。大部分满族人家的南、北炕头都不摆设炕柜,而在两铺炕的炕梢各摆放一个炕柜。炕柜,民间又称"炕橱"或"炕琴",一般1米高,1.5米长,宽约0.3—0.4米,涂黑紫或紫红油漆和金色线状花纹。炕柜前面上三分之一处有四个玻璃柜,中间两个可以开关,里面可装梳妆用品等小巧精美杂物。中间是对开门,里面装衣服杂物。炕柜下面是一对儿抽匣,是装做针线活用的杂物。抽匣下面与炕面之间有0.1米空间,里面存放鸡毛掸子、烟笸箩,外面有一长条颜色与炕柜相同的挡板。箱子与炕柜长度、宽度相等,一般为暗红色,箱子正面绘有金线纹饰。箱柜上,放带腰线的被褥和满族特有的带顶的绣花大长方枕头。南、北两炕上方,顺炕沿方向各挂有红色龙头幔帐杆,杆下挂有不同质地的幔帐,用于夜间隔离隐蔽。

  冬天寒冷季节,炕边上有一个火盆供升温取暖。富裕人家的火盆都是铸铁的盆或是铜盆,一般人家使用的是泥火盆。最早的口袋房都是连二大炕,两间屋子的火炕连在一起太长,所以有的人家就在炕中间设排叉子,白天吊起,晚间放下。排叉子或用木板制成或用秫秸编制,长度略短于炕宽。高度2尺以内,放下来时,人可以从上面跨越。排叉子又称"吊档",人为地把一条长炕隔开。不过瑷珲境内用吊档的人家很少。

  满族家庭室内必不可少的摆设是房梁上或两根檩子之间设有一根子孙椽子,上面有吊钩或吊环,用于挂吊婴儿睡觉的悠车。

火炕习俗的记忆

  火炕源于并实用于我国东北地区,而地处北纬50°高寒地带的瑷珲民众过去主要依靠火炕、火炉、火墙、火盆取暖,度过冬日那漫长的寒冷季节。

最早关于火炕的文学记载是南宋著名诗人范成大的诗句："稳坐被炉如卧炕,厚裁棉旋胜披毡。"到了金代,火炕技术日趋完善,《三朝北盟会编》中记述:环屋为"土床",炽火其下,寝居其上,谓之炕。不仅民间如此,据说连金朝皇帝接见异国使臣、大宴宾客所设的国宴,也都是在炕上进行。由此可见,火炕起源于东北寒地,并具有悠久的历史。

由于气候的差异、地形的变化和民族习惯的不同,火炕的形制、构造也是花样繁多。从火炕的种类上分,有朝鲜族的"一面炕"、汉族(蒙古族)的"对面炕"、满族的三面炕,亦称"蔓枝炕"、蒙古族的"圆形炕",以及沈阳、北京宫廷中的上有暖床下有火道的暖阁,就是利用地下火道取暖的一种特殊的暖炕。过去,黑河评剧团的整个大厅也是采用这种烧地龙形式取暖的。火炕的形式虽然很多,但是一般都是建在地面上。瑷珲地区的火炕基本上以三面炕、对面炕为主,建筑材料从前多为土坯炕墙、土坯炕洞、方土坯炕面子中间多加入2—3根木板条或木棍,称为"筋",主要是防止断裂。后来就有了砖炕墙、砖炕洞、砖炕面子。为了热得快、热得匀,炕洞的烟道由三道变成四道、死洞改成活洞,无形中增加了穿行的面积。除此之外,还将炕面泥从炕头到炕梢都抹得由厚渐薄,利用炕面土的厚薄调节炕面温度,避免炕头热炕梢凉的现象发生。为了阻止火炕烟道散热太快,搭建过程中,还要在炕根处预留一道缝隙,需要时可插下一块长方形薄铁插板,炕热时拔出来,炕要凉时,再把插板插进去,既堵住冷气从烟囱灌入,又防止烟道余烟和热气快速涌出,浪费烧柴。

火炕是高寒地区瑷珲民众普遍采用的一种特殊的取暖形式,曾经引起苏联人和南方来访者的极大兴趣。20世纪80年代初期,一个苏联友好访问团在坤河乡农民家庭访问时,访问团的男女成员个个都把手伸向温乎乎的炕面子上,然后竖起大拇指,点点头,嘴上连着说"哈罗绍"(俄语"好"的意思)。进入90年代中期,新生鄂伦春民族乡接待《南方日报》"边境行采访组"一行的六个年轻人同样对这里的火炕十分感兴趣,他们不仅用手摸火炕试温度,还饶有兴趣地把报纸铺在地面,跪在地上从灶门口向里面张望探究稀奇。

各民族居住习俗总是与其信仰民俗相吻合的。满族是在西炕墙上方供奉祖先与祖谱的,所以满族以"西炕为大",称其为"佛爷炕",不准堆放衣物，就连一般年画也不能乱贴，更不准随便住人，妇女和戴狗皮帽子者是绝对不能在西炕坐卧的，否则就会冒犯或玷污祖先神灵。汉族讲究怀孕的妇女不准坐新媳妇儿的炕。有的人家有"任承丧不承双"之说，即宁可把炕借给别人办丧事用，也不愿意借给别人结婚用，认为这样做"晦气"。夫妻外出借用人家的炕，走时要扔下几个铜板，叫"买炕钱"或"压炕钱"。而鄂伦春族人在春节拜年时，一进门就要跪地叩拜灶门口和炕面子，这是一种十分罕见的习俗。这是否是对火神崇拜的沿袭，还有待于深入研究。

与火炕相关的习俗还见于很多人家认为"门槛"是"当家人的脖子""炕席是当家人的脸"。到别人家做客，出来进去都不准踩人家的"门槛"，如果踩了，就会被主人家视为没教养，甚至会受到指责。过去生孩子也不准沾炕，要把炕席卷起来，铺上谷草，把孩子生在谷草上，俗称"落草了"，有的人家甚至不准孕妇在炕上生孩子，而直接把谷草铺在地面上。

如今，瑷珲境内无论城市乡村搭建和睡卧火炕的习俗已经发生很大变化，除少数有老人的住户还保留火炕外，大部分已经不搭火炕了。有一种变异的情况是，个别人家仍然在地面上搭建矮火炕，同时在火炕上套放一张特制的木床，天冷时照样烧火炕取暖睡床，天暖和时也就不再烧炕，仅靠家用电器烧水做饭。

泥 火 盆

过去，瑷珲境内的农村，不论哪一个民族，几乎家家都有火盆，因为火盆是农村家庭冬季必备的取暖用品，直到20世纪七八十年代，才逐渐从农村生活中消失了。

火盆一般分两种，一种是铁火盆，源于市场购买的替代品或铁匠炉打造的火盆；另一种就是我们要介绍的泥火盆，农村中绝大部分都是这种自制自用的泥火盆。

泥火盆的形状分方形或圆形两种，实际生活中方形居多、圆形居少。自制泥火盆的工序大致是：先请木匠用木板和板方按需要制作一个方形外边伞沿的木模型。备足黏性特好的黄胶泥土、猪马鬃毛或人头发碴子、锅底黑灰和动植物油。

泥火盆的质量很大程度上取决于黄胶泥质量的好坏，所以人们对和黄胶泥十分用心。有的人家会选择大热天提前三四天乃至一周前就把泥和好，盖上草帘子任其发酵；有的人家把和好的黄胶泥用大锅蒸；更有甚者，把和好的黄胶泥又发又蒸。唯恐泥发酵不透，将来用时开裂漏火造成损失。泥经过发酵或蒸透后，把人畜鬃毛（事前洗净晾干，避免有油性物与土不合）掺进黄胶泥里，用手捏脚踩的办法搅匀后装进模子里，上下四边压靠实，泥火盆口边沿和外面均用泥抹得平整光滑。装进模子里的湿火盆要连同模子一起放到通风的背阴处阴干。

阴干后的泥火盆可拆开模子，再细细寻找泥火盆上有无裂缝或砂眼，用米粥或面汤灌缝填满。待全部干透时，再修边净面涂油，就是把露头鬃毛仔细轻轻除掉，各边角磨圆，最后用掺进鬃发的锅底黑灰油均匀地涂在火盆外部四周和上口边沿面部，隔几天后要再用净油涂一遍，直到火盆油黑锃亮不掉色为止。

火盆里装的炭火，以无明火的柞树炭火为最佳。火炭上面盖上一层热灰，达到温度高、持续时间长的目的。

在农村，泥火盆的作用不仅仅是取暖，还可以用于煮粥、烤干粮、烧土豆。老人们经常做的一件事，就是坐在炕上将旱烟叶装进烟袋锅里，把安在长长烟袋杆上的烟袋锅伸进火盆，把旱烟点着。

火盆使用有两忌，一是忌讳用水浇火盆，避免满屋飞灰。二是不准在火盆上烤脚，认为在火盆上烤脚，烤者会一辈子受穷。

挂幔帐

同其他地区的满族人一样，瑷珲境内的满族人过去也有挂幔帐的习俗。直到 20 世纪 50 年代末，才逐渐消失。

幔帐，民间一般人俗称"帐子"，主要功能是晚间睡觉前放下来，垂于炕前，使帐外人无法看到帐内人的生活场景，起到遮挡隐蔽作用。幔帐长度一般都是稍长于炕沿，高度上端在帐内人站在炕上不露头为宜，下端超过炕沿 30—40 厘米，宽度视炕的长度而定，一般都是从炕头到炕柜即可。帐料视经济情况而定，贫困人家一般都是用单面花布，经济条件好的家庭大多数选用丝绸帐料，不过极少数选用缎子做帐料，人们常把"缎子"这一名词与"断子绝孙"这个不吉利的禁忌语言联想在一起，觉得晦气。幔帐的制作有简有繁，简单的一块长花布两头扦边锁死即可。富有人家的幔帐分上、中、下三部分，上端称帐头，向外翻过 15 厘米，做出花卉或云卷图案，有的是贴边图案，称之为帐头，也称帐花。帐面一般为双层，里层为素面，外层是装饰层，在帐头下方，绣有寓意十分明显的"百子图"或"松鹤长青图"等。寓意分别是"多子多孙多福""延年益寿长生不老"。当然"龙凤呈祥""鸳鸯戏水""百子图"是青年人特别是新婚夫妻专用，而"松鹤长青图"则为老年人祝寿所用。幔帐下端为一排抽出的帐穗，既起到促使面料下垂的作用，也起到一种美观装饰的作用。双面幔帐一般都是在中间分成两片，中间两片边缘部分要自上而下错口相压 15 厘米。防止两片幔帐在中间轻易拉开缝隙。

幔帐上端还要吊一根紫红色两端雕有龙头的幔帐杆，以便用专用金或银圈挂幔帐。贫困人家拉一根铁丝也就代替幔帐杆了。白天，单片的幔帐往炕头方向一拉，装进吊兜里就可以了；双开的幔帐往两边拉，装进面料同幔帐一致的两个吊兜中即可。

满族之所以长期沿袭挂幔帐的习俗，与其民族宗教信仰和居住环境是紧密相关的。满族信仰万物有灵的萨满教，万物皆神。西炕上方是专门供奉祖先和相关神灵的地方，人间各种被认为不洁之行为都需要避开神灵，以免亵渎神灵。幔帐的首要功能就是在人们心理上要维护神灵的圣洁，不让神灵看到不该看到的东西，以免遭到神灵的惩罚。其次，由于住房紧张，满族的圈炕中一般都是南北两面大炕住着两代或三代人，而以老少两辈分住南北炕者居多，形成对面炕，两炕之间相距一般也就是两三米。由于年龄、辈分、性别、生活习惯都有很大差别，生活中的一些行为需要遮掩,如果不遮掩,很容易出现尴尬的局面。挂幔帐也是不得已而为之的事。再次,天冷时也有挡风的作用。

过去,瑷珲境内,少数民族中满族和达斡尔族人口较多,按民国九年(1920)版《黑龙江瑷珲县志》记载,全县总户数是4083户,满族是1179户,占全县总户数的28.87%;达斡尔族305户,占全县总户数的7.46%,满族达斡尔族户数占全县总户数的36.33%。由于受满族挂幔帐习俗的影响,一些满族与其他民族通婚户或纯汉族户根据需要也有不少人家仿效满族习俗挂幔帐。由此可见,过去瑷珲境内挂幔帐的人家确实不在少数。

摇 车

摇车是婴儿睡觉的生活用品,是东北地区各民族家庭生活中普遍使用的一种育儿用品。特别在满族、达斡尔族、鄂伦春族的家庭生活中,是相沿积久的一种民俗事象,被列为"东北三大怪"中的一怪而广泛流传。

摇车,是汉族称谓,民间也称悠车。满语称"杜哩",鄂伦春语称"额莫刻"。从其使用方式上讲,叫悠车比较准确。各个民族村摇车的使用方法基本相同,但在早期制作材料、工艺和配饰上却不尽相同。满族人制作摇车的木料是杨木或樟松薄板,这两种木料材质轻软,易弯曲、好造型。

需要特别注意的是,满族制作摇车材料的木板,不能用四块板、六块板组成,主要是因为满族装殓死人的棺材是由四块板和六块板组成的,称其为:四六(棺)材。所以这是制作摇车时绝对要禁止的。除此之外的讲究还有摇车不用时,不能倒挂着,否则小孩早晚要栽跟头、生疾病、不好养活。出外携带摇车时不能空车,空车意味着以后睡摇车的小孩容易夭折。

鄂伦春族原始的"额莫刻"是由桦树条子并列后用马尾或兽皮条连

接形成比头枕部到脚部稍长的物件，铺上兽皮褥子后，用兽皮条从身底下穿过，分别在肩膀、腹部和膝盖三个部位捆绑。后期发展为用桦树皮直接捆绑；到后来在满族、达斡尔族的影响下，开始模仿其用桦树皮制成桦皮摇车。再后来直接用薄杨木板制作"额莫刻"。最后，直接使用满族、达斡尔族制作的摇车。

有趣的是，赫哲族最初的摇车①竟然是独木舟。小孩生下过半个月后，放在摇车里养。早年，摇车是一根整棵木凿成槽形的。现在使用的摇篮是用杨、柳、椴木薄板弯成的，其接缝处是用皮线缝紧，不致开线。形状比汉族摇车小一点帮也矮的多。这与瑷珲境内各民族的制作方法截然不同，也与其民族相邻的俄罗斯乌德赫人不同，他们使用的摇车是用桦树皮制作的，与鄂伦春族中期的桦皮摇车相近。

至于睡摇车习俗的源起，目前还很难说清楚。《元朝秘史》记载铁木真即成吉思汗的幼妹巾占木仑睡摇车，这大概是关于东北地区睡摇车习俗最早的一条记载，但事实上蒙古人使用摇车的习俗远远不及鄂伦春族、鄂温克族和满族先人使用得早，使用得那么普遍。

从鄂伦春人使用摇车的情况来看，我们发现，摇车的产生和使用，与狩猎民族的狩猎生产生活有密切的关系。清代方式济在《龙沙纪略》中记载："鄂伦春妇女，皆勇决善射。客至，腰数矢上，获雏兔作炙以饷，载儿于筐，列布悬项上，射则转筐于背。旋转便捷，儿亦不惊。"鄂伦春人是狩猎民族，男女皆善射猎。平日，出猎途中，妇女可在马上将"额莫刻"转于胸前为婴儿哺乳；在射猎时，为便于腾出双手挽弓射箭，可将"额莫刻"转于后身；围猎奔袭时，为便于奔袭和防止婴儿被野兽祸害，还可将"额莫刻"挂于树枝上。因此，民国九年（1920）出版《黑龙江瑷珲县志》卷十二《鄂伦春纪事诗三十韵》中载有"悬儿为避狼"的纪事诗句，应该说这是最生动的写照。况且满族、达斡尔族摇车周围普遍绘有"长命百岁""福禄祯祥"等文字和摇车上周围所挂有的各种饰物，给人以喜庆祥和的精神感受。摇车的头部安有一根竹或铁丝弓子，上面蒙有细纱布，防止婴儿被苍蝇或蚊虫叮咬。而鄂伦春族

---

① 赫哲族摇车：详见黑龙江省编辑组：《赫哲族社会历史调查》，黑龙江朝鲜民族出版社1987年版，本书内容引自该书第366页。

"额莫刻"上挂着的野猪牙等辟邪骨,不仅有辟邪和原始的审美情趣,还可以通过野猪牙摇动时发出的有规律有节奏的声响,对婴儿起到催眠作用。

糠灯[①]

1852年,俄国皇家地理学会会员马克沿黑龙江下行,乘船来到瑷珲古城,以闲游为名进行文化考察。在城南一座民宅里,他突然见到一个木架上插着一根粘着米糠的棒棒,不知是何物,就让随员打探一下这个怪物叫什么名字、是干什么用的。随员们很快就打听清楚了,告诉马克,这个东西叫糠灯,是满族人用来照明的生活用品。

糠灯,满语称为"霞棚",是以扒净的线麻秆为骨,将苏油渣与米糠拌匀,粘在麻秆上晒干后用于照明。由于取材方便,工艺简单,需求量大,所以每当秋季,线麻收割、沤烂、扒皮后,选出杆长、粗壮、不易折的麻秆加工大量的糠灯储存,留待冬季长期照明。

《扈从东巡目录》记载:"霞棚糠灯也……状如烛而长十倍,燃之,青光熠熠,烟结如去,以此比烛。"[②]《清稗类钞》载:"宁古塔无烛,所燃为糠灯。"[③]《吉林外纪》中以诗歌形式对糠灯作如下描述。

搏糠涂梗传之膏,
继日相资夜作劳。
土障葛灯应记朴,
驼头风脑漫夸豪。

---

① 糠灯:原文出自方式济《龙沙纪略》中《扈从东巡目录》。本书该节转引自杨锡春《满族风俗考》,黑龙江人民出版社1991年版。
② 均转引自杨锡春《满族风俗考》,第181页。
③ 同上书,第182页。

未知勤读邻凿壁，

且佐服田宵索掏。

此日旧官试燃者，

称先何异土风操。

上述文献资料证明，无论是瑷珲、宁古塔，还是吉林地区满族人都在使用"霞棚"糠灯。无论是满族人进关前还是进关后，民间都在一直使用这种古老的照明用具。

除此之外，瑷珲境内的达斡尔族家庭也有使用糠灯的经历，并有20世纪50年代拍摄图片为证。可见，使用糠灯的人不仅仅局限于满族人。

苞米楼子

苞米，玉米的别称。东北地区苞米产量高，秋天苞米楼子即暂时储存苞米的地方，一是等待脱粒；二是通过在这里晾晒，减少玉米的水分。

瑷珲境内农户的苞米楼子，一般都建在住房的西侧。先埋好四根柱脚，在离地 1—1.6 米的地方，打眼凿卯，安装四周横梁，在楼顶下部适当的高度，也同样打眼凿卯，安装顶部横梁。为了夹好立障子，在顶、底横梁之间加钉两道横带，用细柞木夹编成立木障子。东面中间留约 0.7 米宽，1.7 米高的门，以苞米楼子底部横梁为依托，铺上地板，或用细柞木障子或排木替代地板。

过去苞米脱粒有两种办法，一种是用苞米钏子钏出趟来，用一穗脱粒后的苞米棒搓另一穗苞米棒，全家人晚间就是搓苞米，一搓搓到半夜时分；另外一种脱粒方法是把待脱粒的苞米棒装进麻袋里，放在室外冷冻，趁着玉米棒冻硬，用木棒敲打麻袋，并不断调换麻袋角度，使其受击打面均匀，尽可能多地敲掉麻袋里苞米棒上的粒子。实际上，敲完之后，仍有不少苞米粒子残留在苞米棒上，没办法，只能再用双手继续搓。

由于苞米脱粒太慢，苞米楼子一直被占着。当然如果有空间，也可以储存其他粮食或物品。

高脚仓房

高脚仓房，满族和达斡尔族都认为是本民族最先修建或最先使用的一种建筑物，但是同样的高脚仓房汉族也曾修建使用过，所以一定要说它属于哪个民族，也真的很难界定。

高脚仓房是现代人的称谓，可能是受南方吊脚楼称谓的影响而产生的新名词。从称谓上讲，达斡尔语称其"哈什·格日"，当地汉族人直接称其为"哈什"。满语虽然也称高脚仓房为"哈什"，但大部分人家所说的哈什，指的却是正房两侧的偏厦子。哈什的功能主要是储存粮食。从建筑地点、建筑材料、建筑形式等各方面分析，各民族所言的"哈什"基本相同。

瑷珲境内沿江一带的高脚仓房，一般都建在东厢房或西厢房的位置，每侧厢房的建筑结构、建筑材料，视家庭经济状况而定，家庭条件好的以多间全木板结构居多，条件差一点的仅在装粮食的一间用木板，仓房门开在向院内一侧仓房中间，门两侧安有菱形木格窗，便于通风和增加亮度。富有的人家在仓房内安放着分割成数格的多层板仓，以便将各种不同的粮食分格存放。仓房正面外侧间壁向里收缩0.8米左右，墙上一般都分别挂着全套马具。仓房门前与地面之间有木板阶梯相连。

高脚仓房最突出的特点是在放粮食的房间，铺有木板地面。支撑地板的横梁下面安放着对应的木墩予以支撑，但大多数仓房的横梁直接固定在立柱上，特别结实。由于地板离地面50—80厘米，既隔潮又通风，十分有利于储存粮食。

两种爬犁

爬犁，曾是瑷珲境内冬季运输的主要工具。爬犁分两种，一种是从大荒片传来的工艺，本地也能制作并使用的爬犁，被本地人称为"大杆爬犁"；另一种是由俄国传来的工艺，本地人也会仿制这种爬犁，民间俗称"毛子爬犁"。两种爬犁同时存在，而以"毛子爬犁"居多，特别是在沿江一带。大杆爬犁主要在山里用于拖运木材，俗称"倒套子"。

大杆爬犁主要原料是桦木，选两棵大头直径15厘米左右，长度4—7米的黑桦木，在不跑浆①前砍伐。用压石法撅成一个钝角。把用于贴地面处做爬犁底的粗端处，通过砍、削、刨的工艺形成小平面。在每根爬犁底的上面各凿出不超过爬犁底直径一半的两个长方榫，安装四根高25厘米左右的主木桩，木桩上安装连接前后短于爬犁底的木扁方，左右再用木方横向连接即可。如爬犁上需坐人，再放上铺板。爬犁辕子拴上套具就可以使用了。

"毛子爬犁"与"大杆爬犁"的主要区别之处是：两根辕子与爬犁，不是一体的。"毛子爬犁"由于两根爬犁底前端需要制成弧形，也是将三九天砍来的直径十余厘米长的木杆在需要制弯的地方砍薄以使木材弯曲，在未跑浆前、用火烧烤制成型的，底部装有铁板条，特别适宜在雪地尤其是冰面上驾驶滑行。爬犁主架两侧从头至尾、由高向低各安一根木杆为爬犁翅，木杆翅与爬犁主架之间用铁丝网状连接，并向外张开，如同展翅的大雁。不仅可以坐人，更适合在黑龙江冰面上用于长途运输。

用大杆爬犁的好处是原料易得，几乎遍山都是；制作工艺简单，随时都可以修理或重新制作。运木头、拉草都有优势。20世纪50年代初

---

① 跑浆：指人们对冬季采伐下来树木中还保留的水分，称其为浆。水分流出来了则称其为"跑浆"。

期,一种在"毛子爬犁"基础上改装专用送递信件的邮政爬犁格外醒目,它收缩了边翅向外张开的尺度,添装了挡风斗和座椅,人在里面犹如坐进马拉轿车,既防风保暖舒适,速度又快。

四轱辘车

瑷珲境内,无论城镇还是山乡,都曾经有使用四轱辘车的历史,城镇居多,沿江次之,山区极少。城镇四轱辘车大多用于将原木从木排拆下来后出水拉到木材厂归楞①。沿江乡镇四轱辘车主要用于拉洋草和秋天拉地,即把割下的庄稼放在装有大架子的四轱辘车上运回家,堆放在场院里,待上冻后打场脱粒。山里的四轱辘车卸下车棚,用前后四轮集运木材。

据说,四轱辘车是从江对岸传过来的。俄国农民种地都使用四轱辘车,用于拉籽种和坐人。有的农户中午在地里吃饭时,把白布拉开,一头拴在车乘杆上,一头用木杆支起,搭成凉棚,在下面吃饭、睡午觉,很实用,也很浪漫。

四轱辘车,由三部分组成,即将两棵原木剥皮制成一对车辕子,并将其连接。一个槽型木板车厢安上两大两小四个轱辘。两根车辕子与前车杠木框轴相连,车厢前底盘中间有一个钢套的插眼,同前车轴中间的钢套眼通过一根带链铁棍相连接,套杆要经常加机油,以便转向滑润灵活。车撑即车架子前端外侧挂有一个瓶,瓶里装着俄语称为"毛必鲁油",即机油,瓶里还插着一根铁丝,一头夹着两撮猪鬃,以便随时给四个车轱辘加机油。

伪满时期,黑河城市东、西两侧各有一家叫牡丹江的制材厂,从上

---

① 归楞:是林业工人专用术语,简单说就是把散落的原木按照同一种类,同一规格集中堆放在一起。

游流送下来的木排都停靠在这里。工人们把钉在原木上的巴锯子①起下来，把桦树条排腰子（用桦树条当绳连接原木的材料）砍断，把原木一棵棵从木排中拆卸下来，推上早已停靠在江水中的四轮车前后桥上，用后桥上的两根搭杆搭在原木上，再用细钢丝绳捆紧，赶马拉四轱辘车装载着原木上岸后再直奔东、西两个制材厂。

20个世纪50年代前后，黑河市一段时间内，夏秋之际临近江边的大街上，几乎还有这样的四轱辘车来来往往，鞭声、马的响鼻声、车老板子的吆喝声混在一起，显得这条长街很有生气。

往来于齐齐哈尔和瑷珲之间的勒勒车队

清末民初，齐齐哈尔地区达斡尔人组成的勒勒车队，往来于齐市与瑷珲之间搞运输，成为当时连接两地经贸往来的重要运输线。

那时候，齐齐哈尔郊区卧牛吐等村屯中的达斡尔人中，有一部分人不愿意种地，专靠勒勒车"拉脚"（运输）维持生活。这些靠拉脚维持生活的人约占当地达斡尔族总人口的十分之一。

当时靠勒勒车拉脚的路线有两条，一条是往返于齐齐哈尔与海拉尔之间，另一条就是往返于齐齐哈尔与瑷珲之间。

往返于齐齐哈尔与瑷珲之间的勒勒车运输线，不定期，从齐齐哈尔发车，将齐齐哈尔各商号的粮食、面粉、糖、挂面、豆油、布匹和绳套等物资运往瑷珲境内。每车装载重量固定为六百（市）斤，脚钱是三两银子，返回时装载的货物临时安排，脚钱单算。

拉脚的车辆都是达斡尔人自制的勒勒车，一人赶五辆车，不足五辆车的要租别人的勒勒车，所租车马草料等费用由车主自备，所挣的三两

---

① 巴锯子：这里所说的巴锯子是指用一段铁条打成一个门形全头尖铁钉，钉进两棵原木上，并将其连接。

银子,二两银子归车主,一两银子归赶车人。

从事拉脚生意的一般都是生活比较宽裕,自己有车、有马、有木匠手艺的人家。因为不仅拉脚回来后要修理车,而且在途中一旦车辆坏了,也要随时修理,没有木匠手艺是不行的。

由于齐齐哈尔与瑷珲之间路途远,山路崎岖不平,自制的勒勒车又不太坚固,所以常常往返一趟,有的勒勒车就不能用了。所以要在出车拉脚的同时进行修理或重新造车。

车主一般都是较富裕户,常常雇人赶车,东家会借给雇工皮衣、皮裤等衣物,吃喝上也不会慢待雇工。如果赶车的有十个八个人,那就是四五十辆车组合在一起,拉起长长的勒勒车队,人们从很远的地方就会听到勒勒车"咯吱咯吱"的磨轴声,也会听到每五辆车的尾车拴着的铃铛所发出的"叮当叮当"的美妙声音,特别是在夜间行进时,赶车人发出的"勒勒"吆喝声与车轴发出的摩擦音及清脆的铜铃声自然组合在一起,实在可称为勒勒车队奏出一首草原小夜曲。

河中轻舟桦皮船

桦皮船,鄂伦春语称其为"木沫沁",也有的称为"木鲁沁",两种发音相近的两种称谓,表达的是同一个意思。这是一种以白桦皮和木板条为原料、用木钉固定制成的长约7米以上、高30—40厘米、宽约70厘米的柳叶形船,是水上重要的交通工具。过去鄂伦春族狩猎和捕鱼都使用它。因为在夏季的密林深处,蚊蜢叮咬很厉害,使用马匹很不方便,而在河流中,桦皮船就成为理想的交通工具了。每条船可载一两个人。在兴安岭的溪流湖泊中捕鱼或摆渡,颇为灵巧方便。在浅水中,一般是手执两根叫"夹屋纹"的短篙,左右轮番或双篙同时支撑行驶;在深水中,可用两叶"树刻"的桨拨水划行。由于船体狭长,轻如水中浮叶,顺流而下时,快如箭矢,几乎没有一点响声。鄂伦春族的猎手们可凭借敏锐的目力,随时发现游鱼,迅速挥动鱼叉,将其捕获。用这种方法可以捕到二三斤重的小鱼，也可以捕到二三十斤重的大鱼。每次使用之后，一个人即可将桦皮船轻轻提起，放在岸上，留待下次使用。清代流人方承观在《黑龙江志稿》中曾撰有"桦船携趁渡头忙，来往轻飞逐鸟翔，收拾烟波人散后，一肩帆影荷斜阳"的艺文。传说，鄂伦春人使用桦皮船已有400余年的历史。不过，那时的桦皮船船体较大，做工粗糙，不能从事渔猎生产，只能用于摆渡，一条桦皮船通常可载一头犴或四五个人。1953年定居后，刺尔滨河畔的鄂伦春人已经不再制作、使用桦皮船了，而呼玛河畔的鄂伦春人偶尔还有使用桦皮船捕鱼的。

据说，在发明桦皮船之前，鄂伦春人还有过一段缝制并使用犴皮或野猪皮船的历史，主要用于在河中装载猎物摆渡。因为这种船在水中泡的时间稍长，皮子就会发软，无法继续使用，所以很快就被废弃了。

如今的桦皮船，除用于旅游观光之外，生产上已基本不再使用。但是其精美的艺术造型和精细的制作技巧在世人面前还是堪称一绝的，已被列入国家级非物质文化遗产保护名录。

满族威呼

"威呼"，满语原意为独木船，是满族传统水上交通工具。

《黑龙江外纪》卷四载："威呼，独木船也。长二丈余，阔容膝，头尖尾锐，载数人，水不及舷尝寸许，而中流荡漾，驶行如箭，此真刻木为舟也。"

瑷珲境内，江河湖泊星罗棋布，渔业资源丰饶。这里的达斡尔族、鄂伦春族、满族三个世居民族都曾是以渔猎经济为主的民族，使用威呼作为渔猎生产工具的年代十分久远，特别是满族和达斡尔族，由于历史上就是居住在黑龙江及其支流精奇里江沿岸的原住民，一直未曾放弃渔猎生产，所以小威呼一直是这两个民族从事渔猎生产以及水上运输的主要工具。

落叶浮江匠意经，
刳来独木礼原轻。
凭教有力趋能负，
好放中流稳独行。
击汰浪花翻雪色，
贯挂星汉泻风声。
但溶刀处看飞渡，
不侍前溪新水声。

文献中的这段诗词将威呼的功能及其行驶中的快捷形象作出惟妙惟肖的描述。

需要提及的是历史文献记载的威呼无论是形体上还是制作工艺上都产生了很大变化。威呼已不再是独木船，即当地人所称的"老牛槽"，而是由一棵原木刳制成；也不再是三块板拼合而制成木船，而是由至少五六块板拼成的，两侧船帮（船舷）各两块板，船底一块或两块拼合制成的。真正达到船体大、不漏水、载重量大、行驶速度快的目的。目前瑷珲境内在黑龙江上行驶的威呼基本上实现了机械化，大多数安装着汽油船尾机或柴油座机。主要功能还是用于捕鱼。

黑龙江上"跑风船"

风船，就是帆船。跑风船，是黑龙江沿岸民间习惯叫法，有些地方史料也把在帆船上的员工统称为"跑风船的"，实际上泛指在帆船上从事水运行业人员。

过去，黑河与对岸布拉戈维申斯克，黑河至呼玛、漠河这一沿江地带，在明水期，运输主要靠帆船。因为黑龙江是一条天然水道，帆船行驶不需要用任何燃料作动力，营业成本低，所以在那一段时间内，帆船运输事业还是很兴旺的。

20世纪50年代初，黑龙江上轮船少、货物运量大、航线又长，轮船跑不过来。所以常坐帆船的或运货的主儿们就编了句散嗑儿，笑话那些不太出活的轮船，说是"吃不饱坐'友好'，吊儿郎当坐'龙江'，'东北''黑河'两头忙"。说的是黑河码头仅有几条轮船，腰轮子（推进器在船体中部）货船"友好"号，设备落后、马力小，总像没吃过饱饭似地走走停停；后蹬子（推进器在船体尾部）"龙江"号航行时间没个准，吊儿郎当的；"东北"号和"黑河"号设备较好，在黑河上下游两头都跑，忙不过来。

　　黑河的帆船全部是木质结构，长度一般在20米左右，宽度一般在4—6米之间。据《黑河海关志》记载："民国年间，每只帆船运载量最少的400普特，极个别的最大运载量可达5000普特。"①

　　帆船行驶的动力主要靠风，用跑风船人的行话来说，"好掌舵的可八面借风"。当然，没风的时候也需要人力行驶。人力行驶有两种方法，浅滩靠拉纤，水头合适靠撑杆。拉纤时得有纤道，放下一两根长长的纤绳，每根纤绳前端有依次排列的四根纤套，斜套在纤夫的前胸和肩膀上，有的绳头拴着一条短板，护着前胸。两根纤绳、两排纤夫，一前一后踩在水边沙滩上，拉着船逆水行驶。有时水头不合适，又没有纤道，船员们只好放弃纤绳，八个人分左右两排，拿起长长的撑杆，在船头将撑杆放入水中，用肩膀顶着撑杆顶端带有软托的横掌上，面向船尾依次弯下腰一步一步地用脚蹬着船板为动力，向上游逆水行驶。

　　跑风船最怕的难题有三个，一是怕没风天无风可借；二是怕逆水行驶在水深段撑杆够不着江底；三是怕悬崖峭壁岸边没有纤道，水深撑杆又够不着江底。出了名的黑河"三瞪眼"的名称，就是在这种情形下被叫出来的。

　　"三瞪眼"在黑河市区西郊7公里处，过去有人在这条小河沟里曾经采过金，所以一直叫"小金厂"。可跑风船的人都把这段水路叫"三瞪眼"。过去，这里的江岸曾经是悬崖峭壁，江面水深流急。遇到水深无风天，帆船无风力可借；江岸峭壁无纤道，不能拉纤行驶；江面水深流急

---

① 中华人民共和国黑河海关编：《黑河海关志》，中国社会科学出版社1999年版。本节内容注释参看该书第二章第二节"运输工具"。

都是旋涡，不能撑杆行驶。别看这段险峻水道不长，可就是过不去。跑船人没办法只能在下游抛锚蹲在帆船里，等待老天爷恩赐刮风。著名的民间故事《秃尾巴老李》①产生并流传于黑龙江沿岸。那时，跑风船和船主和伙伴们都按照当地的习俗跑风船，每到节日都要烧得洒酒祭拜山神、河神，还要祭拜秃尾巴老李。那时还有个习俗，每当风船离岸时，船主和伙计们都不会忘记向岸上吆喝几句"有没有山东人上船？""山东朋友坐船最安全，秃尾巴老李保佑咱平安！"俨然，秃尾巴老李已经成为山东跑风船人心目中的保护神。至今，民间仍流传着各种版本的《秃尾巴老李的故事》。民间常说由于秃尾巴老李保佑，黑河人跑风船没有出过什么大事险事。

据史料记载，清末民初，在中俄两国贸易最活跃的时期，黑河码头有帆船60多艘。1923年，中苏两国中断交通之后，帆船运输业受到很大影响。到1927年，行驶在黑河口岸的帆船减至20艘。到中华人民共和国成立前后，由于客货轮船的不断增加、江上货运量减少，黑河口岸帆船陆续减至10艘左右。

如今，黑河口岸连帆船影子都没有了。当年，黑龙江夏日独有的江上白帆点点的旖旎风光，只能留在人们的记忆中、留在画册上；"三瞪眼"因其处于城市上游，水又深又清澈，早已被辟建为大水源地。历史上百余年跑风船的情景和帆船艰险行驶的故事也就消失了。

---

① 秃尾巴老李传说：民间故事，广泛流传于黑龙江和山东两地。故事的版本很多。其梗概是：山东有个姓李的农夫，老婆怀孕后生下个像龙一样的黑色带尾巴的怪物。农夫嫌其丑态，用镰刀砍掉其尾巴。怪物飞上天后又投入大海，成为一条做善事的秃尾巴黑龙。后来，东海龙王派他镇守黑龙江，他战败小白龙，为民除害，俨然成为山东和黑龙江两地民众的保护神。

第三篇

饮食篇

"吃生"习俗

历史上，我国北方的达斡尔族和鄂伦春族都有"吃生"的习俗，特别是鄂伦春族将这种原始生食遗风一直保留到现在。

过去，这两个马背民族都曾经以狩猎为生，特别是经历过人类最漫长的原始社会生活的鄂伦春族，在定居前，始终处于"桦皮为屋，兽肉为食，兽皮为衣"的原始游猎生活状态。所以吃生的习俗由来已久。那时候，达斡尔族和鄂伦春族猎民经常穿行于兴安岭的山林河谷，寻觅和择机猎获野生动物。当他们捕获到驼鹿、马鹿，特别是狍子时，一般都就地开膛破腹，立即将这些动物的肝、肾取出来，不需要任何佐料，带着血汁、冒着气儿趁热吃掉。他们说："趁热吃，不但没有一点腥味，还有点微甜、微脆，特别鲜灵的感觉。"猎民们还饶有趣味地说这可是老人传下来的，"祖祖辈辈都是这么个吃法"。

据说，生吃这几种动物的肝肾，远比煮熟后再吃好多了，不仅滋味甜美，嚼起来香脆可口，还特别有营养，吃肝补肝、吃肾补肾。

猎人们特别喜欢吃狍子肝，因为狍子肝能明目，还能治夜盲症。这两个民族的猎人都认为，他们之所以枪打得准，并能翻山越岭蹚大河，是因为吃了这几种动物的肾，补了肾才有力气翻山穿林过河。

如今，达斡尔族已经完全步入现代农业机械化时代，不再从事狩猎生产。但是黑龙江省鄂伦春族仍保留着一定限度的狩猎生产。在狩猎现场，仍沿袭着当场生吃鹿科动物肝肾的习俗，并把没吃完的狍子肝肾带回家放进冰箱里冷冻储存。所以，瑷珲境内鄂伦春人生吃上述几种动物肝肾的狩猎文化习俗至今依然存在，成为狩猎文化的重要遗存。

鄂伦春人的食物烫熟法

在火中直接烧或烤食物特别是兽肉，是鄂伦春人长期使用并沿袭至今的熟食方法之一，也是在铁锅传入前的主要熟食方法。但是聪明的鄂伦春人在生活实践中，经过逐步摸索实践，也掌握了在没有铁锅的情况下，采用一些替代品烫熟食物的方法，从而使其生活质量有了一定的提高。

铁锅烫熟兽肉的替代品主要有天然的石臼、剞木、大型动物的胃和颅骨，直到桦皮桶。因为在不直接用火烧烤的情况下，在"容器"中装上水，投放进兽肉，然后将两个或多个在火堆中烧热的石子，轮番投放水中，将水烫熟，直至将兽肉烫熟能够食用为止。据鄂伦春族老人讲，这种用石子烫水煮熟的兽肉，和烧烤而熟的食物不是一个味儿，更鲜嫩好吃。传说，他们也曾试着用火直接烧烤动物的胃，将里面的水烧开、肉煮熟后食用。这种方法的难处是，在烧烤过程中，需要不断地用水或雪把动物胃或颅骨或桦皮桶底部和四周浇湿，否则一旦把这些替代品烧干或烧焦，煮食兽肉的目的就全部泡汤了。

传说，近代鄂伦春人还曾经在没有石子可烧，不能继续烫熟兽肉的情况下，有过将铁马掌烧热烫熟兽肉的实例。

鄂伦春族先民们在铁锅没有传入前，曾经用于"熟"食的系列替代品，如今已成为研究这个民族原始游猎文化的"活化石"。

晒 肉 干

晒肉干，鄂伦春语是"酷乎热额"。尽管鄂伦春族已下山定居 60 余年，然而酷爱晒食肉干的习俗仍然在传承着，成为鄂伦春人招待客人的美食佳肴，也是本民族特色的旅游纪念品之一。

晒肉干习俗的产生与传承过程大致是，产生于鄂伦春族先民生活的古代原始狩猎时期，主要是受到在火上烧烤兽肉为食的启发后逐渐摸索实践而形成的。鄂伦春人晒肉干的方法大致分三种，第一种是把野生动物肉切成肉条放进锅内用滚水"紧"一下，也就是现代烹饪学中讲的"飞水"，去除腥味与血水，捞出再把肉条切成肉块放入锅中，加上盐、五味子梗、野葱花等天然佐料，加水继续煮至佐料滋味全都渗入肉块，捞出放在由柳蒿杆编织成的有木架支撑着的草帘上晾晒。晒架草帘只能用柳蒿编织的，因为黄蒿和臭蒿的味道不对，可能还有微毒，唯有柳蒿嫩时可食用，并有清热解毒的功效，干时又可编成帘子晾晒食物。肉块放在晒帘上后，在下面生火用烟熏，既可以驱除苍蝇蚊虫，还可以慢慢地把肉块熏干。第二种是先把肉条晒到半干，然后切成块，再用烟火熏烤。待烤熟干透时，装进皮口袋里存放，可以几年之内都不霉烂，而且肉质依然香脆可口，随时都可以干吃或煮肉粥，或与山野菜一起炖食，肉干的原料最好是狍子肉，然后依次是犴肉或马鹿肉。第三种晒肉条干的方法是把狍肉、犴肉切成长条，不经过水煮，直接挂在一排排支好的横木架上，下面生火，照前面的做法熏烤，直至烤、熏、晒熟。这样晒出来的肉条干可用炖菜或用火烤吃，熏烤的肉条味很重很浓，是待客的上等食品。

手 把 肉

手把肉，是满族、达斡尔族、鄂伦春族等民族都喜食的传统美味佳肴之一，只不过鄂伦春族传承时间最长，一直沿袭到现在。

手把肉味香浓，这是人们的共识。但是手把肉料的来源却不尽相同。满族人基本上都是食用家养的猪肉，达斡尔族主要肉源也是家养的猪肉，亦有少量的狍子肉。而鄂伦春族却与满族、达斡尔族不同，极少食用家养的猪，主要食用的都是野生动物肉，如鹿肉、野猪肉等，尤其是以狍子肉居多。他们认为狍子肉质同野猪或家猪肉不同，脂肪少、不油腻、好消化，人们容易接受。

手把肉，一般选用野兽的胸腔部分，如肋骨、胸骨、舌、心等部位，这种贴骨肉吃着十分香。煮手把肉必须注意掌握火候，尤其是狍子肉一般煮到八成熟时就得捞出。这时的手把肉嫩适度，肉味香鲜可口。捞出的手把肉，满族、达斡尔族一般都是放在木方盘里。鄂伦春族则把捞出的肉盛在桦皮盆里，吃肉时每人手中拿一把刀割下一块肉蘸些盐水吃。盐水是用煮肉的汤调制的，里面放少许的盐和野葱花、五味子枝蔓等天然调味品。如果盛上一大碗煮肉清汤，撒上点盐和野葱花，调成一碗清汤，边吃肉、边喝汤，那真是鲜香美妙之极。

每当贵客临门，热情好客的鄂伦春人都要用手把肉招待客人；婚礼中最为讲究的也是吃手把肉。过去达斡尔族和满族及鄂伦春族在大年三十晚上的年夜饭都有吃手把肉的习俗，据说都是在追溯先人的远古遗风。

狍头的吃法

鄂伦春人视狍头为珍贵的美味佳肴，是待客的最高礼遇，也是敬神祭祖时的供品。勤劳纯朴的鄂伦春人十分热情好客，每当贵客临门，他们都要将其迎坐在客人铺位上，先是敬上烟和用小黄芪泡制的茶水，然后摆放手把肉、清煮犴鼻子、飞龙汤及桦皮酒碗，盛情款待客人。其中最为讲究的是请客人吃狍头肉。狍头肉的烹调方法极其简单，就是将剥皮洗净的狍头放在吊锅子里，不加任何作料，单用白水煮，将要熟时赶快捞出，趁热摆放在桦皮盆里，旁边放一小桦皮碗煮肉汤兑成的盐水。此时，主人抽出猎刀，先用刀刃一刀割下一只耳朵，然后将刀尖插入耳根，顺时针方向一转，绞出耳根肉，再将刀尖插进眼窝，同样一转，又绞出眼窝肉，接着用刀背在狍头鼻梁部位一敲，一团白净净颤巍巍如同豆腐一样的脑花全部暴露出来，最后割开上腭，将舌头取出，前后仅用八刀即可完成。此时，主人与客人一同用无名指蘸酒敬神，然后请客人随意用筷子夹选任何部位的狍头肉，蘸盐水食用。他们认为，用白水清煮的狍头肉比其他任何烹调方法都好，它仍然能保持狍头肉原有的醇香，否则，就会失去原有的风味而全都是调料味了。从前，婚宴中有一种约定俗成的吃法，即不吃枪射猎的狍子，只吃由新郎采用食物拌酒的方法将狍子醉倒生擒、屠宰后用白水煮熟的狍头。届时，新郎把煮好的狍头放在娘家长辈客人面前，客人们不仅以此为荣，还一边品尝，一边称赞新郎的狩猎本领。

鄂伦春族老人普遍喜食清水煮狍头，然后蘸野葱盐水吃。老人常说，狍头肉一个地方一个味，但都离不开"肉味纯鲜香"。

吃犴鼻子

犴，学名驼鹿，汉语俗称犴达罕，鄂伦春语称其为"勃运"。犴体型较大，毛呈棕褐色，颈下有鬃，嗅觉灵敏，喜食嫩柳枝和碱性植物。公犴有角，猎人通常以角的多寡来断定犴的年龄。犴鼻子大部分是软骨，大的重2—3公斤，小的也有1公斤左右。猎人打到犴，用斧子将鼻子砍下来，直接放在炭火上烧烤，待其毛皮烤焦时，用猎刀将毛灰和焦皮刮掉，水洗两三遍后，放进吊锅里，加入清水，以温水煮2—4小时。一般煮2小时即熟，蘸盐水吃。也有的猎人，特别是逢年过节或招待客人时，通常要将犴鼻子用文火煮上半天，直到犴鼻子熟烂得像豆腐一样，用柳条编织的笊篱捞出，晾凉，形同"胶冻"，用猎刀切割成小块，摆放在桦皮盆里，旁边放一桦皮碗盐水，先请老人或客人用犴骨筷子夹起蘸盐水吃，然后晚辈人方能动筷食用。这种清煮犴鼻子的方法，被鄂伦春人称为"勃运尼混熬熬套"，它具有香、脆、不腻人和保持原有鲜味的特点，所以勤劳好客的鄂伦春人，常以清煮犴鼻子作为招待客人的美味佳肴之一。

调飞龙汤

飞龙汤，鄂伦春语是"银格依希勒"。飞龙是盛产于兴安岭山林中的一种较小的飞禽，夏秋两季喜食都柿果，冬春两季则以桦树籽为食，偶尔也啄食清水中的小石子以助消化，秋末结冰初期，因山林中乏水，经常成群结队地飞到河边觅水。飞龙全身都是瘦肉，具有高蛋白低脂肪。所以用飞龙氽汤，其汤水清，味极鲜。鄂伦春人用飞龙氽汤的方法有两种。一种是将洗净剁成小块的飞龙肉放进已经加盐的沸水中煮，约2分钟就需将汤从吊锅子里倒出来，再放上一点"俄欧特"，即一种野葱末后即可食用。另一种是先将盐末撒在飞龙肉上，用吊锅子里的沸水从上往下浇在飞龙肉上，边浇边转，烫到6分熟时，再将整个飞龙连同野葱末一起放进锅里，在沸水中煮10余秒钟即可倒出食用。无论是哪一样氽法，事前都必须把吊锅子擦洗干净，使其不沾一点油星。为了使飞龙汤保持原有的鲜味，不得佐以任何调料或酱油。飞龙有大有小，大的重约1斤，小的也有四五两，一般用一只飞龙氽一吊锅子汤，可供七八个人喝一顿。

俗话说："宁吃飞禽二两，不吃走兽半斤。"而飞龙又确实称得上飞禽中的珍品，所以清朝时期视飞龙为"贡品"之一。

烤鹿尾

有句俗语叫"好吃不过烧羊尾"，而在鄂伦春族猎民的心目中，羊尾远不及鹿尾味香醇浓。他们在加工鹿尾时，除采用烧、煮等方法之外，最为讲究的是烤制。烤鹿尾，鄂伦春语是"库木哈依勒成希拉勒恩",即用木棍插烤鹿尾吃之意。鹿尾一般长约20厘米。每年9月至第一场雪是鹿尾最肥的季节,这段时间通常也称鹿围期。猎人打到鹿,用斧将其尾砍下,创面向上拿着,避免鲜血溢出。鲜鹿有尾毛,不用扒皮。先用一根极细的小木棍,由创面一端,沿尾椎间里插至尾尖,拔出后顺椎间孔撒入少许盐面。再将一根叫"西拉屋纹"——两头削尖的细木棍,一端从尾尖插入约10厘米,另一端斜向插在火堆旁的地上,用明火将鹿尾毛皮烧焦,用猎刀刮净后,用旺炭火烤,边烤边转动,直到烤得冒出油脂时即可食用。烤鹿尾较之烧鹿尾,没有馊味;同煮鹿尾相比,味儿更香更纯正,又不必蘸盐水。鄂伦春人深信通过烤制的鹿尾的油脂进入人体后,能黏附在胃黏膜上,对胃黏膜起到润滑和保护作用。据说,猎手们一旦患上胃溃疡病,无论多严重,只要采用吃烤鹿尾的治疗方法,即可治病。据说,轻者吃一个鹿尾即可,重者吃上三四个就能痊愈。

吊 锅 子

  吊锅子是汉语俗称,鄂伦春语称其"依鹤思安",是铁器进入鄂伦春人社会生活之后,用于煮食兽肉和野菜的主要炊具。

  鄂伦春人基本没有自制铁器,吊锅子是猎人用兽皮和兽肉从汉族或达斡尔族商人那里换来的。吊锅子的直径一般为30—40厘米,深约20厘米,两侧各有一个铁环耳,环耳有两个桦木吊钩钩住,称为"兀路棍"。也有的临时用4—5厘米宽的兽皮条代替桦木吊钩。支架吊锅子有两种方法。一种是将其吊在篝火上面用湿木搭成的三脚架中间;另一种是用一根湿木长杆的一端把吊锅子挑起来,再用两根短木杆交叉后将长木杆撑起,下面燃起篝火。由于斜仁柱内面积狭窄,所以在斜仁柱内多采用三脚架吊锅的方法,烟气则从斜仁柱顶部露天处直接排出。而在野外则多采用长杆挑起吊锅子的方法。煮食用水,春、夏、秋三季从河中汲取,冬季则就地用吊锅子烧化冰雪。吊锅子容量有限,煮一次食物仅供三四口人食用。人多时可随煮随吃。在野外亦可在同一长杆上挑起两个吊锅子，同时煮食。迁徙时，将其装入"长勒依"——用兽皮条编织的吊锅套里，放在马背上，随时都可以使用。

由于吊锅子体积小、架吊方便，又为狩猎生产所必需，因此直至目前，仍是猎人出围时所必须携带的生活用品之一。

吃火锅

火锅据说源于满族，流行于东北地区各民族。吃火锅又称"涮"火锅，二者意思相近，但又有所区别，吃火锅是要解决吃什么，涮火锅则要解决的是涮还是煮、怎么吃的问题。

过去，瑷珲地区流行的火锅基本上都是铜制的，有黄铜和紫铜之分，据说以紫铜为最好。按功能火锅分为三层，即最底部灰仓、锅中间是烟囱、里面烧炭火，为锅内汤水升温加热至沸腾状，以便涮食，烟囱顶是火锅最高部位，却不是最高层，最高层当属烟囱伸出去的铜制锅盖，具有保温保洁功能。火锅盖和火锅主体外层各有一对吊耳，便于端挪或揭盖。

食用前，根据食者口味和材料准备情况，在水中确定放入何种调料，水开后即可夹自己喜食的薄肉片或蔬菜放进滚开的汤中涮或煮熟，为保证被涮食物成熟度一致，要注意将筷子夹住食物的部分入汤中单涮，熟透后再蘸各种调料食用。

瑷珲地区用来涮食的肉源十分丰富，除自养的猪、牛、羊、鸡、鸭、鱼之外，还有许多野生动禽，如飞龙、野鸡、獐狍、野鹿等。同时还有木耳、猴头、蘑菇等各种野生菌类食物。不但能增进人们的食欲，而且有利于身体健康。

火锅是满族祖先在野外狩猎时常用的一种野炊习俗，后来被民间广泛利用并沿用至今。

不同地域鄂伦春人的肉类食用法

火的发现和利用，使得鄂伦春人的肉类食用方法得以增加。除本书特别单列的飞龙汤、犴鼻子、烤鹿尾、敬狍头、晒肉干等特殊加工方法外，本节简要介绍一下鄂伦春人平日里食物加工方法。

按文献记载和鄂伦春族老人介绍，居住在临近黑龙江沿岸的鄂伦春人在定居前，主要以肉食为主，其中黑龙江上游的鄂伦春人大都是食用肉类，黑龙江中下游的鄂伦春人存在以肉类和皮张同汉族人进行商品交换的关系，他们食用粮食的比例相对大一些，但仍然以肉类为主。

煮肉，鄂伦春语称"乌罗仁"，这是一种最为普遍的肉类加工方法。通常是把大块肉剁成稍小块，不然吊锅容量小，装不下，剁成小块后，连肉带骨头一起放进吊锅子煮，但煮的时间不宜过长，按民间的说法——"开锅烂"，特别是狍子肉，用刀割下来吃时，还带着血汁。因为是白水煮的，锅里没放任何佐料和盐，所以吃前需用桦皮碗从锅里盛碗煮肉汤，汤里放点盐和野葱末，把煮好的肉趁热用刀现切一小块，蘸着盐水吃，肉的味道十分鲜美纯正。

烤肉，鄂伦春语称"席拉兰"，是好吃的意思。烤肉前，先找一根细木棍，两头削尖，一头插肉中，一头插在地上，肉块朝向火堆，烤得"滋滋"直响时，再将木棍调整一下方向，把另一面转向火堆继续烤，直至烤熟。这种方法加工出来的肉块香脆可口，只需稍蘸点盐水即可。

烧肉，鄂伦春语称"达格仁"。这种加工方法，一般都用于野外，是一种临时性的肉类加工方法。具体是在火堆基本上没明火时，直接把肉放在火炭上烧着吃。这种方法加工出来的肉块，香脆不腻人。

熬肉汤，鄂伦春语称"西乐"。这种加工方法是把肉切成大块，洗净后连骨头一起放进锅煮。煮的同时往锅里放点老山芹、野葱及盐。这种汤一般都是在吃完肉时喝，味道鲜美爽口，人们常称其为肉汤茶，喝得不愿离开。

吃骨髓油，鄂伦春语称"乌漫"。骨髓油有强身健体的功效，能增加人的抗寒能力，还有特别的香气，解馋、解饿，是孩子们最爱吃的。吃骨髓油很简单，把狍子、犴和马鹿的腿骨煮熟后敲开，白花花的骨髓油立刻呈现在眼前，香味扑鼻，让人忍不住流口水。

与肉同味的猴头蘑

兴安岭盛产猴头蘑，几乎全国闻名。

猴头蘑，因形似猴子头，因此得名。它是一种野生菌，富含蛋白质、维生素和矿物质，营养价值极高，风味也独具一格，是几个世居民族都喜爱的佳肴，味道极鲜。

猴头蘑生长在兴安岭的密林深处，大的有一两斤重，小的也有半斤八两。最有趣和值得深思的是它总是成双成对地分别长在相距100步左右的两棵相对面柞树的枝干上，所以民间又有"夫妻蘑菇"的美称。

曾经是"贡品"的毛尖蘑

清代，黑龙江副都统衙门为了向清廷进贡，向各地索要各种贡品，文献有记载，民间有传说。诸如，文献就有"黑龙江（亦称瑷珲）副都统衙门每年向朝廷进贡哲罗鱼100尾、细鳞鱼50尾、野鸡100只、箭杆500根、跳皮（即民间对兔子皮的称谓）200条、木火绒大小各4盒、鱼鳔吉庆2架、鱼鳔如意2柄"[①]的明确记载。但也有的进贡物品文献并没

---

① 引自内蒙古自治区编辑组《达斡尔族社会历史调查》，内蒙古人民出版社1985年版，第132页。

有记载，民间却有每年都要向朝廷进贡飞龙和毛尖蘑的口碑资料。

毛尖蘑是一种很珍贵的野生食用菌类植物，对生长环境条件要求十分苛刻，必须生长在金矿生产的尾矿上面，而且是若干年之后才能生长。所以民间就有"毛尖蘑比孩子还金贵，没金子就没有毛尖蘑"的生动比喻。毛尖蘑确实是生长在采金生产后的尾矿上面。虽然瑷珲境内黄金储量很丰富，新老采金点有几十个，尾矿数量相对于其他地区也比较多。但是所谓的"牛羊满山坡，遍地是黄金"的说法，那只是作家们在文艺作品中的一种渲染。地下的黄金毕竟极为有限，也不过就是几条金线或者说是几条金脉而已。

关于毛尖的由来，目前还没有人做出过确切的界定与解释。金矿地貌特征是把含金砂上面一层地皮称为"毛"，这是采金工人的行话。只有这种尾矿上面才能生长蘑菇，以字推断，毛尖蘑与这个"毛"字确实有一定关系。可是"毛"早已被推到另一边"下岗"了。真正的尾矿是经过上溜（详见本书"金沟与采金"）后被淘汰的大量的砂和少量的土，经过若干年风吹雨淋，又被覆盖上一层灰土，这就是毛尖蘑生长的基础。

毛尖蘑有微白和微黄两种颜色，由于其生长环境特殊，采摘下来也很干净。比起一般蘑菇茎稍长，顶伞适中，有一股清香气味。目前，每年秋季，黑河市场上晾干后价格在每公斤300—440元之间。食用加工前，干品需要用净水泡一个多小时。烹调方法以与肉同炖或红烧为主，味道清香鲜美纯正。没有一点其他蘑菇特别是榛蘑那样刺鼻的味道，或草莓味，或辣味。确实称得上是山珍美味，也不愧为"曾经的贡品"。

被达斡尔人称为"救命草"的柳蒿芽

柳蒿芽是东北少数民族都喜食的一种山野菜，在鄂伦春族、达斡尔族、满族乃至赫哲族等少数民族的饮食民俗中始终都占据着重要位置，并且至今仍在沿袭着。

柳蒿芽是汉语的称谓，鄂伦春语是"昆毕勒"，也有的谐音是"昆毕蒿洼"，达斡尔语叫"库木勒"，满语是"额穆毗"，赫哲语是"额恩比"。上述四个民族对柳蒿芽的称谓虽然各不相同，但鄂伦春族与达斡尔族的称谓相近，满族和赫哲族的称谓相近。

黑龙江、嫩江、乌苏里江都是柳蒿芽的产地。每年五六月份，瑷珲地区的江边、河边、洼地以及撂荒地里都盛产这种叶青绿、秆无毛的柳蒿芽，它们往往会一片连成一片。需要提及的是"在柳蒿芽一拳头来高的时候采摘，味清香，少苦味，易煮熟，无蒿秆"，十分适口。

采集柳蒿芽后，一般是用水焯一下断生，开水中加一点盐更好，显得柳蒿芽更加翠绿。焯水后捞出放进冷水中投凉攥团，然后或用盐渍，或送到外面柳条帘子上摊开晒干储藏起来，留待无菜时食用，现在多半放进冰箱里储存。柳蒿芽烹调方法主要有拌和炖两种，咸柳蒿芽烹调前要用清水泡几次脱盐后再用，干贮柳蒿芽也需要用清水泡开后用。拌柳蒿芽主要是根据口味需要分别进行炝拌或常规拌。佐料主要是蒜，亦可加少量清香的黄瓜丝，佐以精盐、味精即可。愿意吃酸口的可加点醋，愿意吃辣一点口味的可加点辣椒油，如果嫌柳蒿芽苦味重，也可以加少许白糖。炝柳蒿芽做法与拌法基本相同，不同之处是炸点花椒油，特别是浇上点炸麻椒油更好，这样做出来的炝柳蒿芽，咸、甜、苦、酸、辣、麻六味俱全。炖柳蒿芽的区别主要是配料不同，鄂伦春族、满族喜欢配炖小江鱼，达斡尔族喜欢配炖肥肠或鲶鱼。

无独有偶，2011年3月下旬，笔者随黑河市民族文化考察团，到俄罗斯远东堪察加地区进行民族文化考察。在欢迎的晚宴上，主人也是为我们做了一道柳蒿芽汤菜，很鲜也很爽口。一样的食材，一样的做法，稍微有点差别的是当地少数民族所采集的柳蒿芽，芽的长度都在3厘米左右，细细的、嫩嫩的、碧绿的在汤里漂动，一股淡淡的清香扑鼻而来。盛情的主人告诉我们，柳蒿芽也是堪察加原住民一直喜食的一种野菜，既自食也用于招待客人。

从前在东北地区，特别是黑龙江流域，由于受自然环境的影响，各民族家庭中很少有足够的越冬蔬菜，于是就采集大量的柳蒿芽储存。传说，嫩江流域的达斡尔人称柳蒿芽为"救命草"，是因为历史上那里的达斡尔聚居区发生过瘟疫，死了很多人。后来有人建议多吃柳蒿芽，结果真的把瘟疫解除了，所以人们就把柳蒿芽称为"救命草"。同样，在瑷珲境内的各族民众中也早就有柳蒿芽有清热、解毒、消炎作用的共识,长辈们经常倡导多食柳蒿芽,这是用于治疗咽炎和腹泻的食疗方法。

在达斡尔族民间口头文学中,更有与其相关的传说。故事的梗概是,清朝年间,能骑善射的达斡尔人常常承担繁重的兵役负担,被官府征调组成马队,到遥远的南方打仗,由于天气炎热、水土不服,很多习惯了严寒生活的达斡尔士兵患上热病,有的竟客死他乡。后来达斡尔族家人就把晒干的柳蒿芽当成宝贝让士兵们带上,饿了用水泡开充饥,身体不舒服时熬水喝,用于清热、解毒、消炎。据说,一些达斡尔族姑娘在送别出征士兵的时候,常常将精挑细选的干柳蒿芽装入绣花皮口袋里,作为爱情信物悄悄送给恋人,表达自己的爱恋和思念之情。难怪达斡尔族朋友这样钟情于柳蒿芽,他们早在很多年前,就设置了"库木勒节",即柳蒿芽节。

多种吃法的老山芹

老山芹,鄂伦春语称其为"亢古拉奴洼",是一种易采集、易储存,人们又喜欢吃的山野菜。

老山芹一般生长在河边或山沟小溪两旁,形状和气味与家庭种植的芹菜相仿,只是茎更高,叶更阔,味更浓,但是茎叶都长着一层密密的淡绿色的白毛,这是与家庭种植的无白毛的芹菜不同之处,而且正是这种白毛才能与刚从地里长出来与其相近似的茎上却没有白毛的走马芹相区别,且走马芹越长大气味越刺鼻,毒性也越来越大。据说,有人把活蛇放进走马芹茎的空筒里,不仅能把蛇毒死,而且可以把蛇化成水。所以,采集老山芹时要时刻注意,千万不能把走马芹当作老山芹采集。

老山芹采集后,有三种储存方法,一种是直接用线串起来,挂在通风处晾干。另两种储存方法都是用开水焯过后,一是晒干;二是用盐渍起来,现在多半放进冰箱冷冻。吃前加过盐的老山芹要泡水脱盐后才能加工,干老山芹则要用清水泡开,再或炒或炖或剁馅食用。两种吃法都具有山野菜的特殊清香味。不过老山芹喜油，无论炝、拌、炖还是做馅，都要多放点油，最好是动物油。鄂伦春人常用的吃法，是用老山芹炖野猪肉或是炖狍子排骨，山野菜与野生动物肉炖在一起，让食客感到好吃，有一种说不出来的鲜味。

1986 年 5 月末，日本泛亚细亚文化考察团一行三人到新生鄂伦春民族乡进行民族文化考察采访，午饭吃的是野猪排骨肉炖老山芹、狍子肉炝柳蒿芽、猴头蘑炖野鸡、野韭菜清蒸哲罗鱼等鄂伦春族特有的风味菜肴，最后上的是狍肉小米粥、野猪肉和老山芹馅包子。三位日本客人全都吃得十分尽兴，也喝得酩酊大醉，还不断地问："有一个问题，想请教鄂伦春族老人，过去，你们常年在山里，吃的全是肉，喝的粥里也有肉，食物中的蛋白质和脂肪是大大地够用了，可生命中的维生素从哪里摄取呀？"陪同的几位鄂伦春族同胞相视一笑，指着野猪排骨炖老山芹友善地回答："尊敬的日本朋友们，你们不都是吃进肚子里了吗？"

桦树汁与扎老桦树皮成人传说

桦树汁，鄂伦春语"司屋瑟"，是鄂伦春族传统的天然饮料之一。

每年四五月间，小兴安岭上休眠一冬的桦树睡醒了，"乳房"开始肿胀，可以为旅途中的猎人提供充足的"乳汁"了。此时，猎人可选择一棵稍大些的桦树，用斧子随便砍一个口子，桦树汁就会慢慢地渗流出来，猎人就可以喝了，也可以找一棵空心草吸吮，还可以在空心草下面接一个小桦皮桶，让汁液多流一些，储存起来喝。当然有三点要记住，一是黑桦树汁比白桦树汁甜；二是一定要在桦树没放青叶前喝，一旦桦树放叶了，树汁颜色变红了，就开始苦涩了；三是最好吃的是用刀把桦树皮剥下来一片，然后用刀慢慢地刮下桦树浆，那是最香甜味美的天然"乳汁"了。

有关桦树汁与桦树之间的关系，在鄂伦春族还有一些神秘的传说。鄂伦春人生存的环境离不开桦树，特别是白桦树，亦称香桦，他们传统生活中的临时住房，是由桦树杆搭成的骨架上面覆盖着白色桦树皮；他们生活中所用的器皿，几乎都是用白桦树皮制成的。他们狩猎的对象鹿、犴、飞龙等野生动物平时喜食的桦树蘑、蓝莓（都柿）也都生长在有白桦树的草甸子里，特别是这些野生动物和飞禽，春天都专吃桦树籽。更重要的是在鄂伦春族神话中，视桦树为自己的祖先，所以才产生出天神恩都利使用老桦树皮扎成人的人类起源的神话传说。

鄂伦春人对桦树崇拜虔诚到什么程度呢？1987年夏秋之际，黑河市爱辉区新生鄂伦春民族乡车景珍老人在接待黑龙江省社会科学院文学所《鄂伦春族》课题组的客人采风时，讲述了《扎老桦树成人传说》，还联想到《白天为啥比黑夜亮》神话传说中"太阳得依勒阿恰姑娘长了一对又圆又大的奶子（乳房），害羞怕见人，就在脸上擦了很多白桦皮粉，显得又白净又漂亮，刺得人们睁不开眼睛"的描述。听了老人的介绍，客人们摇头微笑。她却十分自信地对客人说："你们别摇头不信，那桦树上的树汁，就是她的奶水，甜甜的，那是人变的。不然的话，别的树汁，怎么又苦又涩，人不能喝呢！"对于老人这种说法，我们的社会科学研究者也只好以微笑作答。

阿玛尊黄金肉的来历

阿玛尊黄金肉，也称努尔哈赤黄金肉，曾是清宫御膳的一道名菜，后来流传到民间。

这道凉切配盘的肉食品，一个盘子要上十余种不同部位的熟猪肉和下水。大体上是猪脸、猪耳、排骨、硬肋、五花等部位的肉，以及心、肝、肾、肚、肠等下水。用不同的操刀技巧，切成J形片、条块、丝状，再按矩形、圆形或扇形图案摆放在蓝花青瓷盘中。桌面上分别放置麻油、辣酱、芥末、蒜泥、韭菜花等佐料，配以特制的满族肉饭，虽说是肉食满桌，却肥而不腻。

做这道菜其实很简单，以葱、姜、蒜、酱油、极少量的醋及各类中草药香料调成汤汁，把切成正方形的新鲜猪肉块和心肝肚等下水投入锅内，分别用旺火、微火烹煮入味，煮熟切形装盘即可。

关于阿玛尊黄金肉的来历，民间这样传说：当年老罕王努尔哈赤给明朝辽东总兵李成良当勤务兵的时候，总兵府规定，每顿饭餐桌上必须是八菜一汤。有一天大厨突然病倒，七个侍女各做一道菜后，再也想不出第八道菜该做什么，侍女们像热锅上的蚂蚁，急得团团乱转，她们合计来合计去，都说努尔哈赤脑袋灵、心眼多，就一起去求努尔哈赤替她们想个好办法。努尔哈赤拍拍脑门，眼珠一转说，"有了，这第八道菜我包了"。说完，就动起手来，做了一道色、香、味、形俱佳的肉菜。后来，努尔哈赤成了老罕王，这道色、香、味、形俱佳的肉菜就成了清宫名菜。当然这是民间传说。

《清太祖实录》中记载："太祖高皇帝，天命元年，始以豕祭天，按部斩而设之。"① 这应该是阿玛尊肉最初创立过程。《竹叶亭杂记》中比较翔实地记录了阿玛尊肉烹制的命名："祭用豕，必择其毛纯黑而无一杂毛者，将其置于神杆前割之，煮烹即熟，按其首、尾、肩、肋、肺、心排列于俑，各取少许切为丁，置大铜盆食之，名曰阿玛尊肉。"② 由此可见，阿玛尊黄金肉早期曾被赋予祈求吉祥、确保平安的浓厚色彩而用于祭祀，日后才逐渐流入民间。不过，在瑷珲境内的乡村，民众做出来的阿玛尊黄金肉可能受条件和技术上的限制，无论是制作方法还是口味上都不如传说中那样好，所以并不多见。后来，时间一长，人们就把这古事全忘了，菜的名称也改成了"大拼盘"。

满族七碟八碗习俗的演变

满族七碟八碗严格说是八碟八碗的食俗，一直传承到现在，不但没

---

① 《清太祖实录》。
② 《竹叶亭杂记》。

有消失，反而作为区域性、民族性的特色菜越来越火。火到什么程度？八碟八碗已不单纯是家宴，而是饭店的招牌菜，更有甚者，直接将饭店的名字冠以"××满族八大碗特色餐馆"。喜食者早已不局限于满族人、达斡尔族人，只要好吃、有特色，各民族都喜食这种套菜，甚至用这种特色套菜招待亲朋好友。

最初满族八大碗吃什么和怎么吃都是有讲究的。八大碗，就是八道菜，四凉四热，四凉里有两荤两素，四热里也是两荤两素。在烹调方法上集中了扒、焖、酱、烧、炖、炒、蒸、熘等所有的烹饪手法。属满宴全席中上、中、下八珍中的下八珍。一般富有人家常以八大碗作为年、节、婚嫁、庆典、迎送客人的菜肴。

八大碗的具体内容，在各个时期各地方也不尽一致，传说最初是雪菜炒小豆腐、卤虾豆腐蛋、扒猪手、灼田鸡、小鸡榛蘑粉条、年猪烩菜、御府椿鱼、阿玛尊肉。其中以阿玛尊黄金肉为最具代表性的菜肴。八碟，又称八凉碟，讲究的人家是八大拼、炒肉拉皮、蜇头拼海螺、蛋卷拼粉肠、灌肠拼小肚、清冻拼花冻、冻狍肝（片）拼黑木耳、嗦雀拼干黄瓜丝。东北地区一般人家的七碟为东北拉皮、肉皮冻、炝土豆丝、酱菜拼盘、鸡丝炝蕨菜、炝狍肉丝、拔丝土豆；八大碗为油豆角丝扣肉、青鱼扣豆腐、肉丸扣酸菜、雁肉扣土豆、鹅肉扣豆腐、猪手扣茄子、鸡肉扣猴头（蘑）、肘子扣蕨菜，其特点是全为扣菜。

尽管满族"八大碗"特色菜沿袭至今日，但瑷珲区域内仍然恪守着传统的头鸡、二烧（红烧扣肉）、三洋（炸土豆块和肉块）、四海（海参或海物）、五羹（羹汤）、六肉（方块肉）、七丸、八鱼的内容和上菜顺序。只是在碗底热配菜上有些变动，但依然离不开豆角丝、豆腐泡、蘑菇粉条、酸菜、干土豆片、海带丝等地方干菜。仍然用煮肉老汤浇碗、绿蒜苗点缀。在农村，个别人家用长木方盘上菜。有明显变化的是婚宴碗上那张用豆腐皮或干豆腐刻成并用食色染红的双喜字不见了，这也着实少了一点喜庆气氛，让人们平添了一点遗憾。假如能够恢复起来，在视觉上该有多么喜庆！

黏食饽饽

饽饽是满族人对糕点的统称。喜吃黏食，黏食饽饽是满族饮食的特色糕点，历史十分久远。传说从老罕王起兵征战时起，就把黏食作为军粮配给部队。因为黏食抗饥，又携带方便，特别是在冬季，冻起来的黏团子不馊不霉，随时随地都可火烤水蒸化食。

瑷珲境内的黏食最初是用小黏谷和黏糜子制作的。后来又陆续传入并耕种大黏谷和黏玉米。《绝城纪略》饮食篇载："稗子贵人食用，下此皆食粟，日粟有力也。"无论是富贵人家食用的稗子米，还是贫穷人家食用的粟子米，多数都是黏性粮食。这种黏性食品不仅好吃可口，还适宜远程外出狩猎或出征作战作为军粮食用。

黏食在不同季节的制作方法也不相同，主要黏米食品，就是把黏米直接蒸成黏饭，拌荤油和糖稀，黏、香、甜，既好吃又易饱。还有一种黏米通过泡胀、磨浆、控水将黏米转换成湿黏面再做成各种黏食。春季播种时节，用黏面包豆馅，稍压扁，放进锅里烙"黏面火烧"（一种小饼），香脆可口。夏天铲地时节，用苏子叶或玻璃棵子叶或椴树叶包成"苏叶饽饽"，或将"玻璃叶饽饽"或"椴树叶饽饽"蒸食，味清香扑鼻，可消暑降热。冬季则用黏面包成红豆馅黏团子冻起来，随时用热锅水解冻化食。吃时可用黏团子蘸食荤油和糖稀，十分香甜。糖稀也是本地人用甜菜疙瘩自己熬制的，很甜，但有点土腥味。除此之外，还可以做红豆团子，加炒熟的黄豆粉，制作驴打滚糕替代品食用。

土豆饽饽

过去，瑷珲地区气候偏寒，作物种子单一，生产工具和生产技术相对落后，粮食产量低，农业生产始终处于广种薄收状态。为弥补粮食不足，许多农户多采取以菜代粮的办法解决吃饭问题，做土豆饽饽就是一种比较常用的办法。

土豆饽饽的具体做法很简单，就是把土豆洗净去皮，用擦子擦成细丝，越细越好。土豆擦子一般都是农户自制，找一块干净的薄铁皮用钉子扎很多眼，剪成约15厘米长、10厘米宽的长方形，四边向里卷两三毫米，增加擦子的硬度，如能够镶在一块中空透笼木板上更好。擦好的土豆丝放在盆里，稍微加点盐、花椒面和葱花姜末等调味品用手攥匀，揪一个剂子，中间按出窝，将准备好的各种馅，如豆泥馅、菜馅或蒸好的土豆馅都可以放进去，团成圆球状，上锅隔帘子蒸熟即可。土豆饽饽味道可口，是一道农家美食，又可以代替粮食充饥。所以蒸土豆饽饽的食俗一直沿袭很长时间。直到现在，也有人时不常地做一次，尝一尝鲜。

自榨苏子油

苏子，即指紫苏，在瑷珲境内达斡尔族人和满族人饮食习俗中占据着一定的位置。苏叶是这两个民族包黏食的植物来源，苏子油是苏子自榨的油，是当地在相当长的时间里，人们食用植物油的唯一来源。

作为食用油主要原料的黄豆，传入瑷珲境内的时间很晚。民国九年（1920）版《黑龙江瑷珲县志》卷十一物产志中记述："瑷珲位于国都东北边僻，风高土薄，冻早化迟，所以植物鲜产良有以也。至于粳子、稻子、高粱、芝麻、黄豆、绿豆、豇豆、小豆、菜花、棉花等物皆不适种，咸赖内地运入。""有苏子，可榨油。"文献资料说明，截至民国九年（1920），瑷珲县仍没有种植黄豆，仅产苏子，用于榨油。

自榨苏子油需要两种原料，一是本地产的紫苏；二是采集野生植物油包草。油包草通常长在路边、地边，形状类似近成熟期的小麦，无大穗，优质油包草标准，高、匀、少结节，呈灰绿色，采集晒干可用。榨油方法有两种。第一种是在榨油前，需要把苏子洗净沥水，放在火炕上烤干，水分会直接影响出油率。烤干的紫苏需放进锅里蒸熟，然后放进用干油包草铺好的底边带眼的圆形木制模子里，一层层摞起，或用木杠压榨，或盖上厚重的圆形绞盘式压台不停地挤压，即可出油。第二种是将蒸熟的紫苏放进小木槽里像米一样捣烂直至出油。一般来说，这种自榨法出油率极低，出渣率过高。不过苏子油渣可和面烙饼食用，很香脆。

总体上说自榨苏子油，油中的水分偏多，为了长期保存，还需要放入锅内加热，尽可能除去油内的水分。

满族特色饮食白肉血肠

白肉血肠是满族传统的特色菜肴，也是满族祭祀活动特别是家祭活动中必备的供品。

瑷珲境内民间吃猪肉时讲究吃"暴肉"。所谓的"暴肉"就是指将猪的肋巴扇及猪下水洗净后扔进开水锅里，仅加入几段五味子梗和几棵大葱后炖煮。待其炖熟时捞出，或切段或切片或切丁，装入木方盘中，配以蒜泥、韭菜花蘸食。其实炖煮这种新杀的猪肉，同鄂伦春人的白水煮肉是同一种习惯，为的是尽可能保猪肉的原味，"暴肉"味道纯正鲜香，脂肪又多，容易增加人们的食欲。用民间的话来说"容易吃顶着"，即吃多了不易消化，引起胃疼。

血肠是人们喜爱的食品，据说吃血肠可以有利于排除体内毒素，人们称血肠是肠内"清道夫"，还有补充血红蛋白的功能。

过去，灌血肠是件很细致的活，杀猪时，接猪流出的血，要想方设法做到方向要对、距离要准，使猪血尽量全部准确喷入盆中，万一方向不对，或距离不准，血就不知喷向何方了。盆中的猪血容易凝固，要经过加水、加佐料搅匀待用。用于灌血肠的肠衣一般都是猪大肠，将猪大肠摘下后，需翻洗，清除肠内杂物，再用盐（碱）、醋反复搓洗，去除异味，加进切碎的白肉和各种佐料，搅匀即可。可用漏斗直接灌入血肠，如果没现成的漏斗，也可以用传统方法加工一个，即用玻璃瓶子自制一个漏斗待用。找一个酒瓶子，洗涮干净，用浸过煤油或豆油的麻绳，在瓶肚偏上的地方绕一圈，将其用火点燃，趁玻璃瓶部被烧热，快速用冷水一浇，玻璃瓶子瞬间炸成两段，取上段代替漏斗，将瓶嘴插入肠内，用绳把肠固定在瓶嘴上，即可灌血肠了。

按满族惯例，祭祀用过的猪肉全部用大锅煮熟，举行全族人的宴席，主要是吃白肉血肠。平时，血肠煮熟后切成片或段，同白肉片一同下到酸菜汤中，蘸蒜泥或韭菜花等佐料，肥而不腻，风味鲜美独特。作为满族传统的风味美食一直流传至今，有的饭店还将其作为招牌菜。

达斡尔族婚宴主食"压饸饹"

瑷珲境内曾盛产一种晚种早熟的谷物——荞麦，曾经是达斡尔人的主食之一。达斡尔人食用荞麦面的做法较多，诸如揪面片、切面条或烙牛舌头饼等，而其中最为讲究的当属压饸饹。

压饸饹先得有饸饹床子，这种设备多数自制自备，有的则是从邻居家借用的。饸饹床子通常是用3—4根木棍或木方做支架，支架上装有一个铁皮或木制的底部带有一定数量圆眼的盛桶，盛桶上有一根一端固定的压杠。压杠下有一个15厘米左右稍小于盛桶的挤压木槌。

压制时，先将饸饹床子安放在锅台上，将用水和好的面团装在盛桶里，然后用压杠向下压挤，通过圆眼被挤出来的饸饹直接进入锅内沸水中煮熟。也有的人家没有木槌，而是直接用手掌或拳头使劲往下挤压，面团透过桶眼加工成饸饹（即实质上的荞面条）入锅。将煮熟的荞面饸饹盛在一排碗里，趁热浇上用野鸡、狍肉等野生动物制成的汤卤端上桌，即可拌食。

压饸饹十分简便易做，而且荞面饸饹又具"筋道"、不连汤、卤鲜味美的特点。因此，达斡尔人曾视荞面饸饹为上等食品，并经常作为婚宴主食招待客人。

严格意义上讲，饸饹属于面条的一种，由于饸饹面的面粉是荞麦面，而且又是半机械制作，所以确切的名称应该是"机制荞麦面条"。

在历史上，荞麦曾经是瑷珲境内主要粮食作物之一，是日照时间短、对土地肥力要求不高的早熟谷物，所以种植面积比较大。压饸饹又具有操作简单等特点，深受达斡尔族、满族的喜爱，并成为婚宴中的主食——喜面。

从健康角度来说，荞麦面具有凉血降压的功效，平时适当吃一点荞麦食品，对人特别是中老年人来说是一种有益于健康的食品。

鄂伦春族吃"察齲"

察齲是什么？吃察齲是怎么回事？史料不多，解释性的文章更为罕见。笔者请教拜问过一些鄂伦春族老人，少数回答者话不对题，多数摇头不语。笔者一直茫然不解。20世纪80年代初，笔者的一位好友寄来一包印刷品，是一本某地的鄂伦春族文史资料，该书中提到了吃察齲，认为是朋友聚会时吃的"手把肉"。笔者读后认为不妥，因为手把肉是早有界定、广为人知的饮食习俗。2008年初春，笔者在文化考察时，同一位鄂伦春族长者——女萨满提起这个难题，她爽快地回答说："就是和现在汉族年轻人订亲要喝'端盅'酒是一回事。""吃察齲就是吃手把肉吗？""不对，订亲端盅吃手把肉的同时还要先以赠送马匹为礼才叫吃'察齲'。订亲端盅必须吃手把肉，因为那是最好吃又最讲究的一道肉菜。"

后来查阅资料，偶然在民国九年（1920）版的《黑龙江瑷珲县志》

卷十二艺文中得到证实。其中一句诗词是"酒马定婚仪",小字批注为:"两姓结盟时,男家携猪酒至女家。邀亲朋故旧,聚饮复纳马匹,以代禽仪,名曰吃察酾。"后文"儿生未嫁时",小字批注为:"吃察酾后即许夫妇同宿,准婿常住岳家。待完婚时,恒有子女者。""故余吟竹枝词,以记其事云,察酾吃后两无猜,新婿新娘任往来。待得良辰来大礼,小儿小女绕妆台。是也。"这两句诗词道出两个要点:一是吃察酾即先赠送马匹为彩礼,然后再吃手把肉、喝端盅酒,即民间所说的端盅吃察酾的习俗。二是详细地描述出吃完察酾,有准许婚前同居直至生儿育女后再举行结婚典礼的习俗。

鄂伦春族婚礼新人吃"黏饭"

鄂伦春族不仅在生产、居住、服饰等方面具有鲜明的民族特色,在婚宴形式和内容上也别具一格。

结婚当天,新郎家要找一对儿女双全的夫妇,陪同新郎去女方家迎娶新娘。去迎接新娘时,除了新郎的父母不能同去之外,新郎的其他亲友可以随同前往。把新娘接到新郎家时,不能马上进斜仁柱,要在接亲人的陪同下,一同骑着马绕"乌力楞"走上一圈,然后才能进入铺有狍腿皮或犴腿皮缝制的皮褥子洞房。

新娘和新郎进洞房以后,要先跪地叩头拜祭北斗星,然后再给父母亲、长辈人及代表男女新人双方的父母和一般亲友磕头。接受磕头的人都要把带来的礼品送给新郎新娘,以表示祝贺。这时候,隆重的婚宴开始了。首先,由新郎把煮熟的狍头恭恭敬敬地献给辈分最高的老人,而且要特地说明,这不是枪打的,是自己亲手活捉的,代表一份心意。这时老人们要郑重地夸奖新郎能干,还有一份孝心,然后用猎刀宛如表演一样,需用8刀拆卸完狍头,用刀尖扎一小块肉蘸盐水吃掉。再邀请亲友们同食狍头肉。

在傍晚的时候,新郎家里要给新人们准备好一顿奇特而又别有趣味的晚饭——黏饭，鄂伦春语叫"老考太"，并将黏饭给新郎新娘每人盛一碗，让他们一起吃，在吃黏饭的时候，新郎新娘要按照约定俗成的传统习俗，每吃一口就调换一次饭碗，直到把两碗黏饭都吃完为止。也有的地区，是新人同吃一碗黏饭，互相喂食。这种习俗是罕见的。有鄂伦春族老辈人讲，新婚吃黏饭习俗的主要目的，是要通过这种习俗，让新婚男女增进感情、互敬互爱、永不分离，因为黏饭有粘连不分开的象征意义。

达斡尔族新人婚前吃"拉里"

"拉里"就是用牛奶熬的粥。做"拉里"的米分两种：一种是用稷子蒸熟炕干磨成的米做成牛奶粥，这种米已经失去黏性，吃起来清爽可口；另一种是直接将稷子磨米做成黏粥，再拌上牛奶皮食用，这种粥吃起来十分香黏。

瑷珲是以农业生产为主的地区，农业在经济生活中占有重要位置，而饮食习俗也多与粮食有关。同时由于这里草原广阔，湖泊星罗棋布，水草肥美，畜牧业也占有一定的比重。特别是受本民族传统生活习俗的影响，虽然食用奶制品的比例不如齐齐哈尔和内蒙古比例那样大，但仍有一些民族习俗存在。达斡尔族新人结婚吃"拉里"的习俗就特别具有明显的地域性和民族性特征。

达斡尔族新人结婚吃"拉里"与相邻的鄂伦春族新人吃黏饭习俗有不同之处，也有相同之处。

不同之处，鄂伦春族新人吃的是黏饭，时间是在男女同居若干时间甚至生过并存活的孩子后，正式举行婚礼时进行，是以新人同吃黏饭为标志。而达斡尔族新人吃"拉里"的时间是在新人订婚彩礼早已过完、不需要再赠送彩礼的前提下进行的。在结婚的前几天进行，新郎来到新娘家，岳父岳母就会叫来女儿同女婿一起吃这种用牛奶熬的黏粥，并且找来一位儿女双全有福相的妇女作陪，祝福一对新人新婚幸福，儿女双全，白头偕老。

相同之处，是达斡尔族在新人吃完"拉里"后，就让他们在女方家里合房。过一两天让女婿回家，再举行结婚仪式。鄂伦春族也允许女婿在女方家长期居住，直至生下孩子再结婚，这也就是民间流传的歌谣所言"儿生未嫁时"。

瑷珲境内沿江一带农村，不仅是达斡尔族人喜食牛奶粥，有些满族人家也有这种饮食习俗。20世纪50年代初，沿江某村，一户满族关姓家庭中的武姓老太太就一直坚持喝牛奶粥。她解释道，她娘家在长发屯，从小时候就一直是这种吃法，结婚前几天也同丈夫一起在娘家吃过牛奶黏粥，嫁到老关家后也没有改变这种习惯。在长发屯，也有这种习惯都是满族人。她还介绍说，用奶皮子拌黏粥，特别香黏好吃，一般都是结婚时新郎新娘一起吃的。

看来，新人婚前吃牛奶黏粥的习俗不仅仅是在达斡尔族流行，可能也影响到了个别满族人家。

满族新人吃"子孙饽饽"

饽饽是满族人对糕点的总称，就是说，满族把各种糕点统称为饽饽。入关前，米面糕点是满族人的主食和祭祀时必备的供品。满族饽饽用料广泛，品种繁多，做法多样，分黏食、酥食、豆包、撒糕、芙蓉糕、绿豆糕、凉糕、卷切糕、驴打滚、打糕、牛舌头饽饽等。当然饺子也被纳入满族饽饽的范围内，而小饺子则被特定用于新人婚宴喜食，所以就有了"子孙饺子"的称谓。

瑷珲地区满族新娘普遍流行吃"子孙饽饽"。所谓的"子孙饽饽"，其实就是小饺子，民间亦称"喜饽饽"。

婚礼当天，也有的人家直称"子孙饽饽"为"子孙饺子"，其定数为20个小饺子，每5个小饺子用稍大点的饺子皮包在一起，一共包4个大饺子，取自"四喜临门"希望吉利和祝福之意。讲究的人家，子孙饽饽是由女方家里包好，同子孙碗、子孙筷子一同装好，送到男方家里。

子孙饺子一般由女司仪亲自动手去煮，煮熟后用子孙碗装好，连同子孙筷子一同端上桌。在女司仪的主持下，新人开始喝交杯酒。为了怕新郎新娘空肚喝酒会醉，或对身体不利，也有的人家偷偷用蜂蜜水代替，名曰"新人喝蜜酒，甜甜蜜蜜，日子会长久"。

喝完交杯酒，女司仪将子孙饽饽分别喂给新郎新娘吃。这时由一个事前安排好的小男孩，隔窗在室外向屋内问："生不生啊？"新郎听后赶忙回答："生、生、生啊！"子孙饺子一般都是双数，寓意夫妻和美、多生子女之意。

吃完"子孙饽饽"，按习俗规定，新郎暂时出屋。新郎家至亲妇女进屋，将新娘发辫拆开，改梳成"头翅"和"燕尾"样式，并配以相应的首饰，标志新娘正式成为已婚妇女，俗称"上头"。再由亲人中全科女性，即家中老辈和晚辈人都齐全，特别是儿女双全的女性铺好被褥，只待一对新人就寝合婚。

菜包饭

包饭，满语称"乏克"，是满族传统饮食，也叫菜包饭。由于菜包饭具有清香、微辣、不腻等特点，十分适合大众的口味，时至今日，不少城郊饭店都将其列为特色食品。

包饭一般是指用菜叶包米饭，如用白菜、生菜、大头菜（卷心菜）等蔬菜叶子包米饭吃。但历史上瑷珲境内的满族人，也包括少量的达斡尔人吃的包饭，除白菜之外，多用紫苏叶或玻璃棵子（小柞树嫩叶或椴树嫩叶）包米饭吃，主要是借这几种嫩叶特有的淡淡的清香味。也有的人家把紫苏叶或玻璃棵子叶洗净，直接拌在生米里蒸熟，食用前把紫苏叶、玻璃棵子叶捡出丢弃，只吃保留紫苏叶或玻璃棵子香味的米饭。用乡下人常说的那句话叫"借个味儿"。

从前吃包饭，主要是小米饭、糜子米饭，后来陆续有高粱米饭和大米饭。吃包饭前，先将米焖熟，洗净包饭吃的嫩叶，炸好大酱，有炸鸡蛋酱、肉酱，切盘小葱或青椒末等小菜。

吃包饭时，食者先选好菜叶平放在盘子上，把米饭盛在菜叶上摊开，再把酱、小葱末等小菜放在米饭上摊匀，把菜叶对折合起卷成长卷，菜叶大也可先将菜叶两头向里卷一点，然后对折合卷成"两不漏"的长卷用手握着吃。

有人把包饭也叫成菜团子，应该说这种叫法不贴切，菜团子是用面包菜蒸食，而包饭是用菜叶包米饭，两者还是有区别的。

过 水 饭

过水饭，就是把米煮或蒸熟后，放入清水中投凉捞出后再吃。是瑷珲境内各族民众夏季十分盛行的一种饮食习惯。

由于瑷珲地处高寒边地，小麦传入时间晚，加上过去用于粮食加工的石磨很少，所以民众食物种类是米多面少。因此，主食几乎是离不开米，平时的主食就是小米子饭、大馇子饭、糜子米饭、黄米饭，除了煮、焖就是蒸，一到夏天是天热饭也热，这对于干了半天活的人来说，实在是很难下咽。于是人们就把做好的米饭放进冷水盆里投凉后再捞出来，就着大酱、辣椒、咸菜吃，十分开胃爽口。瑷珲境内农村地多人少，夏天干农活尤其是铲、趟季节，地远的农户往往需要带中午饭，家里没有面，或者不愿吃热饭，就用俄语称谓的小"威得罗"，即用薄铁皮制成的一种上口稍粗的圆形小桶，装上烀好的苞米馇子带到地里。到吃午饭时，把凉开水倒进小威得罗里泡一下，然后把水倒出去留下当午饭，或者到邻近的小河子里过一下水。用大葱蘸着大酱，或就着咸黄瓜或咸辣椒美美地吃上一顿清洌洌的过水饭。吃完过水饭，再到树荫下美美地睡一会儿午觉，下午干起活来就格外精神有劲。

喝鱼头酒习俗

瑷珲地处我国东北边疆，物产丰富。这里又是少数民族聚居区，民风淳朴，热情好客，真心实意，容不得半点推诿客套。例如，敬鱼头、喝鱼头酒这个传统待客饮食习俗就体现当地民众待人的真诚。

几十年前，民间还仿照老辈的规矩，用鱼头待客，沿袭喝鱼头酒的习俗。有贵客到家，便用好酒好菜招待。上的第一道菜就是味道鲜美的个子鱼，就是把一条烧好的个头儿比较大的鱼整条端上桌，这也许是靠近黑龙江边的缘故，那时候的鱼又大又多，待客很讲究吃个子鱼。个子鱼的头要正对着贵客。客人需主动站起来，端起酒杯邀主人共同喝一杯鱼头酒，客人喝一杯，主人陪半杯，然后客人用筷子在鱼眼上点三下，品尝第一口鱼肉，随后主客共同品尝鱼肉。这道鱼肉品尝后，再继续上菜。凡是上整条鱼时，鱼头都要朝向贵客，主人都要陪着贵客喝鱼头酒。如此反复地喝，直到客人不胜酒力，主人才感到双方都很心诚，认为这样的朋友可交。

时至今日，喝鱼头酒的习俗虽然有变异，但仍然不时还会看得见。

鄂伦春人烧饺子

烧饺子，鄂伦春族语称其为"歇奴恩"，这是近代的事情。

饺子的熟食方法一般都是煮或蒸，截至目前，可能仅有鄂伦春族烧饺子吃。

历史上，鄂伦春人对食物的做法，在铁锅传入前，只有烧或烤，当然也有"刳木贮水灼小石粹水中数次"烫熟食品的极为原始的做法。铁锅传入后，煮食才逐渐增多。由于米面价贵且很少得到食用，所以按照鄂伦春人说法，在很长时间内，"一直是把肉当饭，把米当菜，小米粥是当汤喝，米面金贵，有点米面也舍不得吃"。面的吃法就是做疙瘩汤，或是和好面，捏饼放进熟灰里烧熟后吃，这种吃法被称为"烧面圈"。可能正是受到热灰烧面圈做法的启示，鄂伦春人开始用热灰烧饺子吃。不过这种习俗产生的时间不是很早。

他们把狍子肉或野猪肉切成小丁，拌上泡开切烂的干老山芹和山葱，春夏之际就用新鲜的老山芹、枪头菜、山葱等山野菜同肉一起拌馅。那时他们还不会擀饺子皮，最有趣的是他们把和好的面一块一块揪出来，用手指捏成皮，所以包出来的饺子个个都大，把这样大个饺子埋在热灰里烧熟再吃。鄂伦春族老人回忆这些往事时，都会情不自禁地笑起来，说一个人吃一个饺子就差不多吃饱了。

后来，鄂伦春人逐渐掌握了擀皮技术，逢年过节也逐渐吃上水煮饺子、蒸饺子和蒸食各种肉馅、菜馅甚至用都柿做馅的包子了。特别是野猪肉同老山芹拌在一起的老山芹馅饺子味道鲜香浓郁，是招待客人的美食。

渍 酸 菜

瑷珲这地方节气是冬长夏短，一年平均结冰期长达七个月之久。日常生活中新鲜蔬菜十分匮乏，所以城乡百姓都想着法儿地储菜，留作冬天食用。基本方法不外乎地窖储、晒干菜、腌咸菜、室外冻，但使用方法最多、时间最长的还是渍酸菜，据说这种方法始于满族。

渍酸菜的方法分生渍和熟渍两种，生渍酸菜的方法首先是选白菜，据说最好的品种是小根菜，菜棵匀，大小都差不多，如果棵大可以切成两半，保证渍的时间一致，渍得匀，渍得透，不易烂，吃的时候还有点发脆；相反，窝心菜虽然好吃，但是，窝心菜一般都是棵大、帮厚、叶薄，渍的时候容易烂心。但是只要勤观察、勤倒缸，烂菜心现象还是可以避免的。生渍前，一定要把缸和盆洗干净，不要沾染一点油性，不然渍出的菜也容易烂。渍时把洗干净的白菜控出余水，一棵棵、一层层码起来，码到缸顶，压块大石头就可以了。有的人家怕菜烂，或要吃口感脆一点的酸菜，就在码菜时每一层都稍微撒点盐。渍熟酸菜时，就把洗好的白菜放进热水里烫一下，取出再一层层码好用大石块压实即可。渍熟酸菜需要的时间一般都比较短，所以要常察看，随时倒缸处理。

酸菜的用途很广，平时可以单炒酸菜，比较多的是与肉合起来做炒肉酸菜，或炒酸菜粉，或炖猪肉酸菜粉条，或切成丝洗净码盘，浇上点辣椒油、撒一点白糖，当下酒小菜也很爽口。还可以做馅包包子、包饺子。过去满族人家做八大碗时，有的碗就用酸菜当垫菜，因为油性大也很好吃。从目前情况看，尽管如今冬天时令蔬菜很多，但是酸菜仍然为民众所喜爱，而且极具地方特色。

农村压桌小菜

瑷珲境内城乡的各族民众普遍性情豪爽好客，不论穷富都讲究待客礼节。农村盛行的压桌小菜就是一例。

家里来客人，总是想着法儿趁客人在抽黄烟、喝黄芩或刺玫果茶的时候，弄点新鲜食物招待客人。冬天招待客人，总是用秋季采集储存近半年的冻梨、冻都柿、冻唐棣等野生浆果和炒窝瓜子、炒松子、炒榛子等野生坚果来招待客人。夏秋之际，则是用被称为马林果的红树莓、被称为托喷的草莓、被称为黑星星的龙葵或时鲜的瓜果招待客人。

吃饭时还特别讲究压桌小菜。正菜还没上桌，先把或四、或六、或八碟压桌小菜摆上来。常见的小菜有酱瓜条、五香干豆腐、芥菜炖豆腐、炝拌黄瓜香（一种黄瓜味特浓的山野菜）、酸辣蘑菇丁，上讲究并带点地方野味的冻狍子肝片、嗦雀炒瓜子（将嗦雀拔毛去五脏剁碎同盐腌黄瓜丁一起炒）、酸辣凤爪、干焙小江鱼以及咸鸭蛋、犴肉干、炝柳蒿芽、炝狍爪子菜，等等。一是充分显示出瑷珲人热情大方豪爽的性格，二是也展示出瑷珲境内风味食品样式多、味道好，极具地方和民族特色。

冷冻食品的习惯

冷冻食品的习惯，纯粹是严寒气候所逼迫形成的，当然这也是当地人掌握自然、利用自然的杰作。

地处北纬50°的瑷珲地区冬天时间特别长，温度也特别低。据冬季在黑龙江江面上值勤的边防军介绍，2005年1月初，正赶上三九严寒，一连好几天，边防执勤战士都说早晨江面上的气温一直在-50℃左右。查一下资料，我国南方三亚市此时最低气温为18℃，两地温差竟然达到68℃。

人们不喜欢冷、畏惧冷这是客观存在的，但冷也绝不都是坏事。皑皑白雪的世界，清洁无尘的空间，滴水成冰的严寒，就是上天赐给东北人一座绝妙的冷库。本地人冷冻食品的习俗就这样产生并一代代沿袭下来，至少有几百年的历史。

瑷珲人冷冻食品确实是一种传统习惯，从在雪里埋冻肉，到露天地上冻豆包、冻牛奶坨；从日常吃的冻豆包，到春节团圆饭上吃的冻饺子；从小孩最愿意啃的冻梨、冻花红，到满族喜宴桌上的"八大碗"，吃的、喝的、啃的几乎是无所不冻。

试想，南方客人来到瑷珲，白天观看松林中的雪挂、古城街口的雪雕，欣赏十里长江岸上用水桶扣制而成的民间冰灯、热闹的秧歌和传统的"滚冰卖病"民俗表演后，再进入温暖如春的农家小屋，吃着从天然冰库中取出已经煮得热气腾腾的冻饺子，欣赏品尝着满族特有的传统饮食"八大碗"，喝着本地"小烧"（酒）时，还会畏惧东北的寒冷吗？

真正江水大豆腐

过去，黑龙江沿岸交通运输很繁忙，夏天主要靠帆船，冬天大多靠马爬犁，极少量的胶轮车。从业的人也很多。路程上千里，路途客栈多，这些拉脚的、跑老客的人成为一个不小的消费群体。那时候，人们普遍是钱挣得少，消费水平低。所以，5分钱一块的大豆腐销量很大，特别有市场。客栈里老客们最喜欢的菜肴是猪肉炖白菜大豆腐、五花肉炒酸菜冻豆腐，这两个菜连汤带菜全有，十分实惠，价格也便宜。此外还有红烧豆腐泡、鸡刨豆腐、麻辣豆腐以及2分钱一大碗的豆腐脑、1分钱一碗甚至不要钱的热气腾腾的豆浆等，真是掉到豆腐堆里了。

其实，除了价格便宜之外，黑龙江沿岸的豆腐好吃那才是主要的原因。那时农村种大豆的品种都是小粒黄，虽然粒小产量低，但出油率高，做出来的豆腐在大铁锅熬浆子时就散发出一股油香味，点过卤水，压出来的豆腐又嫩又挺实，白里透着微黄还颤颤巍巍，趁热浇上点葱花辣椒酱油就更加好吃。

就因老客多、需求量大，每个沿江村屯靠江边和临近客栈的地方，都开设豆腐坊，在房山头或在大门柱旁，竖起一个由九块菱形木板串起来的、上写"×记真正江水大豆腐"的模拟实物招牌，下缀一缕红布，远远望去，十分抢眼。

在问及为什么喜欢吃这里的豆腐时，老客们会竖着大拇指说：一是真正江水做出来的豆腐，水质好、口味正，吃到嘴里爽滑。二是有豆香味，听说这是因为掌柜的在熬豆浆时不挑油皮子另卖，保住了大豆的油香味。

第四篇

服饰篇

狍头帽

鄂伦春人称皮帽子为"米亚它卡恩",通常都是用狍头皮制成的,所以一般都简称为"灭塔哈"。也有的是用獐、狐、猞猁等兽头皮制成。没有用鹿、犴等兽头皮制作的,因为这两种兽头皮加上耳、角,分量太重,戴上后,会压得人抬不起头。

狍头帽造型独特、形象逼真,具有典型的狩猎民族和适宜于狩猎生产的特点。它采用剥离后的整个狍头皮,先挖掉两只眼睛,从里面衬上黑皮。将狍头皮上的狍角、狍耳依旧保留,然后从颈部切断,下面用其他皮子缝合成两个半圆形的耳子,一顶帽子就做好了。戴在头上,双眼醒目、双耳挺然、双角直立,俨然是个真狍子头。鄂伦春猎手们常常戴上这种狍头帽,身着狍皮"尼罗苏恩",手套狍皮"考哈勒",足蹬用狍爪子皮缝制的"其哈密",口含用桦皮做的狍哨"皮卡兰",跃马横枪,穿行于山林河谷之间。他们选择狍子经常出没的地方,用口唇吸响狍哨,极力模仿小狍子的叫声,诱出母狍子。当母狍子闻声前来觅崽时,猎手随即举枪射猎。对于猎手来说,狍头帽不仅可以御寒,而且还可以假乱真,起到伪装作用,易于接近野兽,缩短射击距离,提高命中率。利用这种办法,有时也可以猎获到闻声觅食的狼、熊等其他野兽。

狍头帽是一种形象的伪装性极强的头饰,在狩猎过程中曾经起到过重要作用。但是,也需要强调两点注意事项,一个是狍头帽只能在逆风条件下使用,否则,由于狍子嗅觉十分敏感,顺风时,在很远的距离内就会嗅到人的气味,接着便会逃之夭夭;另一个是两个猎人同在一个猎场,却互不知情,很容易发生误判、误射的悲剧。

如今,随着生产的发展、物质生活水平的提高,加之狍子已被列为国家二级保护动物,鄂伦春猎手虽然已经很少戴狍头帽,但是其魅力依然不减,不仅被外地游客所钟情,纷纷戴上由人工养殖的狍子剥皮制作狍头帽拍照摄像留作纪念，还依然为儿童们所喜爱，每当冬季到来，他们便戴上这种轻便保暖的狍头帽，牵着猎狗，到山坡上滑雪橇。

顺便提及的是，鄂伦春族女性曾经依照上述方法制作出珍贵的猞猁头皮毛帽，曾被作为姑娘的嫁妆，戴起来显得特别雍容华贵。如今，这种绝对稀有的兽皮帽，已被一些博物馆永久收藏。

皮 大 哈

皮大哈是鄂伦春人对皮袍子的俗称，汉族也沿用此称谓。男女两性皮大哈统称"苏恩"。男性皮大哈称"尼罗苏恩"或"西贱"，女性皮大哈称"阿西苏恩"。

缝制一件皮大哈需选用五六张初冬时节猎获的狍子皮。这种狍子皮具有绒厚毛密、不易脱落的特点。皮大哈的样式同蒙古袍十分相近，无论男女均为斜大襟。为了便于骑射，男性皮大哈下摆的两侧和前后皆有从臀部至下沿的开衩。皮大哈的边端部位覆以宽约4厘米的深色皮条，以防止折裂，又增强耐磨度和美感。皮大哈无纽扣，一般是用细皮条盘成的纽袢扎紧。男性腰系一条子弹带，女性则系一条彩色腰带。女性皮大哈同男性皮大哈的主要区别在于袍身较细长，两侧开衩，前后襟无开衩，衣边和袖口处镶有黑色宽边兽皮的云形图案，图案上缀以金银或其他颜色鲜艳的绣线，使其相当美观。皮大哈设计剪裁合体、制作精巧，皮色与秋冬两季山林景色接近，具有轻便保暖、宜于伪装的特点，一直为猎民们所喜爱，是狩猎时的理想服饰。当皮大哈的毛被磨光之后，猎人也不弃之，成为仍可在夏季狩猎生产时穿用的"皮卡气"。

狍皮被

狍皮被，鄂伦春语称其为"屋拉"，是从前世代游猎栖息于大小兴安岭山林中的鄂伦春人唯一的寝具。

狍皮被分为两种，即单人狍皮被，用九张狍皮缝合，与汉族的棉被极为相近，皮被要用染了黑色的狍皮镶边，被头绣有云纹。使用时卷成囊，人钻进去即可；还有一种是直接缝制呈筒状的睡袋，一般用六张狍皮缝制而成，专在猎场睡觉用，猎人脱光衣服钻进睡袋，一会儿就会暖和起来，即便是在三九天雪地里露宿，只要再戴上貉壳帽子也照样酣睡。使用起来，较前者更为方便和保温。单人狍皮被一般长170厘米左右，宽约150厘米。制作时，选用绒毛厚密的狍皮，按需要剪裁拼接缝合。狍皮被背面的两侧，缝有七八根对称的皮带，扎紧后变成一床体积小、重量极轻、便于携带的狍皮被。猎手们出猎时，将狍皮被放在马背上，晚间宿营时，随便席地铺放。清代的《黑龙江志稿》中就有"呼伦贝尔布特哈、兴安岭各城诸部落"的鄂伦春人"每以狍皮置为囊，野外露宿，全身入囊，不畏风寒"的记载。由于狩猎生产的需要，这种具有实用价值的狍皮被，目前在黑龙江省仍为鄂伦春猎手们生活所必备。

黑河地区鄂伦春族女性头饰"德力布亥"

同国内各民族女性一样，鄂伦春族女性也爱美，她们十分重视自己头部的自然美和装饰美。

民国九年出版的《瑷珲县志》卷十二·艺文《竹枝词》中就有"不

施脂粉不梳妆，闲采野花插鬓旁"的诗句，专门描述仍处在原始社会末期氏族社会中瑷珲境内鄂伦春族女性爱美、追求美的行为与心理。

在鄂伦春社会发展的最初阶段，原始的采集和游猎生产方式决定了他们以野果野菜和兽皮兽肉作为衣食之源，进而创造出人类早期的原始物质文化和精神文化。从这个特定的意义上说，原始的采集和狩猎生产是人类最初的物质文化摇篮。

目前，在鄂伦春人心目中，普遍认为"德力布亥"是最有特色的鄂伦春族女性头饰。国家文物专业研究员苏日台先生在其《鄂伦春族狩猎民俗与艺术》一书中，以较多的笔墨所作如下阐述：鄂伦春族妇女头饰，我们现在见得到的是黑河地区鄂伦春人喜欢佩戴的条带式头部装饰，叫作德力布亥，是用宽约5—8厘米，长度与自己头围相等的黑色布，或用其他深色布带，当然黑绒布最好。在宽布条带的末端有带条，可以系在脑后。条带下边沿有彩线纹饰，其上以各种颜色纽扣组合成图案花饰布满条带上，形成以纽扣不同花色组合成的二方连续花纹。前额及面部都坠饰五彩串珠，可随头部转动左右摇摆，显得非常华丽。这种"德力布亥"头饰多为姑娘及青年妇女所佩戴。我们认为这种习俗源于鄂伦春族古代妇女们采集劳动的时代。妇女们在野外集体采集时，喜爱用野生花草编成花环戴在自己头上，年长者也喜爱用野花插在自己的发髻上作装饰。这种爱好后来变成了姑娘出嫁时的一种婚礼装束，久而久之成了精美别致的"德力布亥"头饰。① 这个结论是苏日台先生根据《文物》杂志有关考古资料作出的，到目前为止，尚未有其他资料能够证明还有早于黑河地区鄂伦春人"德力布亥"的其他头饰。那么"德力布亥"源于并流行于黑河地区的结论应该是成立并可信的。当然，关于"德力布亥"的词意及其产生的时间还有待于深入考察探讨，以便得出准确的结论。

如今，"德力布亥"或与其相近似的头饰已成为鄂伦春族女性普遍喜爱和应用的生活用品。

---

① 苏日台：国家文物专业研究员、中国美术家协会会员、中国民间美术协会理事、呼盟文联副主席。一生著作颇丰。《鄂伦春族狩猎民俗与艺术》，内蒙古文化出版社2000年版。本引文详见该书第184页。

鄂伦春族狍皮手套

鄂伦春族狍皮手套基本上分为两种：一种是手闷子，鄂伦春语是"考哈洛"；另一种是绣花的五指手——鄂伦春语是"纱拉巴开依"。可以这样讲，鄂伦春族两种皮手套在其兽皮文化中具有十分突出的民族特点，其中狍皮手闷子不仅保暖，而且造型独特，还充分显示出十分适宜狩猎生产需要的实用性。而五指绣花皮手套，既保暖又造型美观，而且手套上的"五指连心"等装饰图案具有深刻的文化内涵，突显其独具特色的艺术性。

"考哈洛"即狍皮手闷子，酷似拳击运动员使用的手套，分大拇指和其他四指两个部分，手掌心处有一条黄色马蹄形装饰线，手腕处有一道7—8厘米宽的横切口，便于随时伸出手指扣动猎枪扳机或徒手干活。由于手闷子下半部又宽又长，可以套在衣袖上，所以不透风，十分保暖。手闷子表面上还绣有图案和花样，使其别致美观。

五指绣花手套，鄂伦春语叫"纱拉巴开依"，是用秋末冬初期间小毛狍皮制作的。指背和手背上绣着各种花纹图案，有的绣有指甲、关节等图案，象征"五指连心"，寓意十分深刻。有时，妇女们也用马鹿皮或犴皮当面料，绣上花草纹饰，里面再挂上猞猁或灰鼠皮，也很暖和、美观。

无论是适宜狩猎的"考哈洛"皮手闷子，还是象征十指连心的五指皮手套"纱拉巴开依"，都代表着鄂伦春族兽皮工艺制作水平，都可以折射出鄂伦春族女性对美好生活的追求。应该肯定地说，上述两种鄂伦春族皮手套都具有一定的美学研究和工艺品收藏价值。

原始的兽皮染色法

一般来说，兽皮的本色均为白色，有的稍显发灰。为使兽皮服饰漂亮美观，聪明的鄂伦春族妇女在生活条件极为艰苦、生产工具极为简陋的前提下，充分利用大自然赏赐给她们的天然染色元素进行兽皮染色加工。经过反复实践，掌握了黄、黑、红三种颜色的染色法。其中，染黄法就是收集大量的朽木粉，将其点燃，直接用朽木粉烟将兽皮熏染，或将兽皮放入朽木粉沤泡的水中，直接浸染成黄色。黑色是取下锅底黑灰泡水加盐调成膏泥，用毛刷或木板式小铲直接将黑膏泥涂抹在兽皮上，放在阴凉通风处阴干，然后再轻轻揉搓，去掉浮色即可。红色颜料是把松树根上的红颜色树皮砍成片泡水，使其红颜色溶入水中，用时把兽皮浸泡在红树皮水中，颜色的轻重则由红树皮的色泽轻重和泡染时间长短而决定。

无论采用哪一种染色法，干硬后都必须轻轻揉搓，使其恢复到染色加工前的柔软状态，以便缝制加工。

虽然历史在发展，社会在不断地进步，但是鄂伦春人在兽皮染色加工技艺方面，多数人还仍然沿袭原始的加工方法。这种传统的染色技艺，已被收入鄂伦春族国家级非物质文化遗产保护名录中。

缝制兽皮制品的材料加工

缝制兽皮制品首先需要用针扎眼，最初使用的是骨针和木针。骨针是将狍子小腿骨劈成小骨签，放在石头上磨制。木针则是用落叶松芯壁磨制而成，据鄂伦春族民间艺人介绍，这种木针比骨针还坚硬。

缝制兽皮制品还需要大量的结实耐磨不怕水的兽筋线。除犴筋之外，狍子筋是最为适宜搓缝线的材料。狍筋线的制作工艺被称为"槌筋抽丝法"。这种线可利用空闲时间制作，把晾干的狍筋放在木墩上，用平面木槌均匀地砸，砸出一缕缕纤维，把细小的纤维抽出剥离搓成线即可使用，极具细密耐磨的优势，其不足之处是既怕火烤又怕长时间被水浸泡。

除此之外，鄂伦春人在历史上还经历过使用湿柳条皮泡水搓绳、用葛麻搓绳，以及后来用马尾搓绳，缝制桦树皮或兽皮制品的阶段。

鱼皮服饰

瑷珲境内的满族、达斡尔族和鄂伦春族都曾长期经历过渔猎经济。以鱼皮作为服装原料加工鱼皮服装和生活用品，虽然远不如赫哲族使用那么普遍、制作那么精细、沿袭时间那么长，但在中华人民共和国成立初期，在瑷珲境内仍依稀可见，因为生产和生活的需要，这里的满族和达斡尔族也曾有过鱼皮文化的经历。据说，很早以前，赫哲族尤姓氏族就曾在精奇里江沿岸居住，即现在俄罗斯境内的结雅河流域，同满族和达斡尔族一样从事渔猎生产，只是后来乘木筏南迁至现在同江县街津口了，他们也制作、穿戴鱼皮衣服和使用鱼皮用品。

瑷珲境内盛产大马哈鱼、哲罗鱼、胖头鱼、细鳞鱼和狗鱼，这几种鱼都是加工鱼皮服饰的好原料。除因鳇鱼经济价值高之外，大多数是以大马哈鱼皮为主要原料。

那时的鱼皮制品仅有鱼皮套裤、鱼皮靰鞡、鱼皮书包、鱼皮鞭梢等实物。鱼皮衣服轻薄半透明，拿在手上几乎感觉不出分量；鱼皮书包落上雪，一抖落就掉；鱼皮鞭梢比轧皮鞭梢脆响。这些鱼皮制品在生活中都十分适用。

据说，熟制鱼皮要从剥皮开始，把要熟制的鱼皮稍微晾干，切头去尾，用木刀将皮与肉分离，两边剥到鱼脊时，用两只手使劲把皮硬撕下来，边边角角都抻开，平平整整地挂在通风处晾干。越干越好熟制。熟制皮时用不爱裂的桦木做个木砧垫底，人坐在凳子上，一只手拿着卷起的鱼皮放在木砧子上，另一只手握住木槌反复捶打，越捶打鱼皮越柔软。后来听说赫哲人嫌木槌熟制鱼皮速度太慢，改用木铡刀，一次能熟制三四张鱼皮。

缝制鱼皮服饰需用鱼皮线，制作鱼皮线的方法也很简单，将鱼皮剥下来，刮净鱼鳞和残肉，撑开，晾干，将皮子四边不整齐的部分切掉，在鱼皮上抹湿鱼肝，使鱼皮湿润后卷起来，用小木板紧紧地摁住拉直，用快刀切成细细的鱼皮线，每根鱼皮线的一头切细，便于纫针，另一头稍粗些即可。

满族靰鞡

满族靰鞡是满族男人冬季穿的"皮鞋"，又被民间戏称为"满族男人旗鞋"。

靰鞡，又有谐音称"护腊"。《柳条边纪》载："靰鞡，制与靴同，而底软，连帮而成，或牛皮、或鹿皮，缝纫极密，走荆棘泥淖中，不损不湿，且亦耐冻耐久。"这种用牛皮、马皮或鹿皮缝制而成的粗糙的皮鞋，帮和底是一块皮子，外加一块皮脸。为了收口，前脸积起一堆褶子，缝纫极密，两帮用不足一指宽的独根皮条穿过八个靰鞡耳子。后堵另贴一块三指宽的皮子，叫靰鞡根，是穿靰鞡时向上提的抓手，后底钉两枚专用铁钉，走在冰上可以防滑。靰鞡制作简单，防寒保温，轻便耐用。穿靰鞡时，里面絮上又软又柔的靰鞡草，暖如棉絮，既防潮又不捂脚，还不用穿袜子，真是应了那句老话："关东三件宝，人参、貂皮、靰鞡草。"

满族穿靰鞡的习俗从何时开始，难以考证，据《黑龙江述略》记载："传闻盛京上库，贮有太祖皇帝遗履。"可见努尔哈赤当年起兵时就穿靰鞡，这双靰鞡现被收藏在沈阳博物馆。20世纪50年代初，满族男人旗鞋——靰鞡就提前"下岗"进了博物馆。

旗　袍

旗袍是满族最有特色的服装。满语为"衣介"，也就是长袍的意思。男子的旗袍是无领（也有带圆领的），捻襟、窄袖、扣袢、两面或四面开衩、束带。窄袖，也称"箭袖"，俗称"马蹄袖"，就是在窄袖口上接一个半圆形的袖头，形如马蹄。平时挽起，冬季打猎或作战时放下，覆盖手背，用以御寒。传说，满族男子的"箭袖"是同努尔哈赤当年狩猎和率兵征战时的常服，并无等级之分。后来成为清朝礼节中的一个规定动作。官员入朝拜见皇上或其他王公大臣，都得将马蹄袖弹下，两手伏地叩见，变为一种专门礼节。开衩最初是为了上下马方便，后来，到了皇太极时，变成了区分等级的标志。明令皇族宗室开四衩，官吏士庶开两衩。故以开衩之袍为官服、礼服。不开衩的袍，俗称"一裹圆"，为民服。另外，还有一种便服，也是不开衩，为官吏在家时的服装与一般平民所穿的服装。

女式旗袍基本和男子旗袍相同，只是多一些装饰而已。满族男女都穿直立式的宽襟大袖长袍，男旗袍下摆至踝、无纹饰；女旗袍下摆及骭（小腿），有绣花纹饰。满族妇女往往在衣襟、领口、袖边等处镶嵌几道花绦或彩牙儿，俗称"画道儿"或"狗牙儿"。民间常用的"大换袖式"旗袍，其袖过手，在袖的下半截刺绣各种与袖面不同的颜色花纹，然后将其挽上来，以显其别致、典雅。

此时的旗袍，大都为直筒状，由一整块衣料剪裁而成，上下连体，穿在身上，美观大方。根据气候变化，可分为单、夹、棉、皮等几种。根据其用途，又可分为常服袍与行服袍。常服袍为平常所穿袍子，行服袍则是外出所穿的袍子，比常服袍短1/10左右，并将袍的右襟裁下一块，1尺左右，故又称"缺襟袍"。所裁下的一块，可用纽扣扣上，长行或乘骑时解下，便于行走、骑马，因此又称为"行袍"。

随着社会的发展，男旗袍逐渐被废弃，女旗袍则不断演化，由宽腰身直筒式逐渐演变成紧身合体的曲线型、流线型旗袍，成为中华民族典型的具有代表性的一种女式服饰而享誉世界。

满族男人服饰特点的文化解读

在东北少数民族中，男人服饰最为复杂的当属满族。满族男人服饰之所以复杂，一是，承袭了女真人的服饰文化传统；二是，长期居住在高寒地带，兽皮是主要御寒衣料；三是，长期的马背上射猎和征战生活，需要与其生产生活相适应的服饰结构。

与汉族相比较，主要不同之处，其一，满洲富者缉为寒衣，贫者衣狍、鹿皮，不知布帛……貉子皮出鱼皮国者佳，犬与狐等，每皮四五钱，拔枪毛为帽，塞外御寒在貂上。有为被者，若为被则不拔枪毛。由此可见，当时满族衣、被、帽的主要原料是毛皮。其二，古代衣与裳分开，上为衣，下为裳。满族由于射猎生活所需，是"衣皆连裳"的服装，与汉族的上衣下裳的形制具有十分明显的区别。其三，在服装结构上，满族男女皆有"马蹄袖"，又称"箭袖"，平时挽起来，冷天出猎或作战时放下来，盖在手背上显得紧凑、利落，起到方便射猎、保护手背的双重作用。其四，满族还喜欢在旗袍外面套一件对襟短褂，骑在马上十分方便自如，还能抵御风寒。这种对襟马褂分带袖和不带袖的两种，带袖的称为"马褂儿"，不带袖的称为"马夹儿"。因为这种短褂最初是骑马征战或射猎时穿的一种服装，所以才称为"马褂儿"或"马夹儿"。清初，马褂曾是八旗兵的军装，到了清朝中期，演变成"礼服"的一种。

此外，满族人喜欢佩戴的饰物，是一个小荷包和囊。这种习俗是由女真人出猎时装食物的皮制袋子——法都，传承演变而来的。当初，满族起兵时将"法都"戴在马上储存食物，以备行军途中充饥之用。后来演变成小巧玲珑的荷包和囊。囊里常备小刀、匙、筷子、火镰、火石、火绒等小物件。小荷包里面装上香草带在身边，既清香，还有在野外驱赶蚊虻的作用。满族男女都有佩戴荷包的习惯，只是各自的佩戴方法不同。男子的挂在腰带两侧，女性则挂在大襟上。满族的老年人，特别是老年妇女，每逢过年节或家中有喜事时，都要亲自缝一些荷包送给自己的孙男弟女，以示亲情与关怀。年轻的姑娘们则偷偷地将自己亲手缝制的荷包作为信物送给情人。

传说，满族人特别是满族男人喜欢佩饰的习俗源于其先祖。在众多的佩饰物中，以骨饰品为最多，几乎涵盖东北地区所有野生动物的角、爪、牙及掌骨。而且，这些骨饰品几乎都是原形物，不进行任何人工加工，只是将其钻孔后，用线（多为细皮条）穿起来挂在腰间。既是其勇猛、富有的身份象征，也有区分氏族的标识，还有被神灵保护驱妖避邪、寓意长寿的心理暗示作用。只是随着社会的发展，这些骨饰物逐渐从男人腰间消失，但还有一部分挂在萨满服上，成为萨满的佩饰。这些佩戴骨饰的习俗，从历史和地域角度充分显示出满族崇武尚勇的民族性格。

如今，骨饰品除在鄂伦春人聚居区尚有少量散落在民间之外，市场上销售比较多的是从俄罗斯进口的狼牙等骨饰品，为个别少数民族青年或其他民族时尚青年喜爱并佩戴。

第五篇

婚育篇

"拉帮套"

这是一个不得不说的畸形的婚姻形态，因为这种婚姻习俗曾经在本地乡村存在过很长时间，社会影响也不太好。但它毕竟是客观存在过，也是社会学需要研究的课题之一。

如前所述，瑷珲是多民族聚集地区，民俗的多元化是其重要特征。这一点在婚姻形态方面表现得尤为突出，而且陋俗占有一定的比例。我们可以从两个方面作简要探讨。

一方面是从少数民族口头文学中，我们可以看到人类早期某些原始婚姻形态的影子。例如，《没脑袋神传说》讲述的是人类早期血缘群婚形态；《白天为啥比黑夜亮》讲述的也是人类早期的血缘兄妹婚姻形态；《达多联亲》则既是民间口头文学作品也是少数民族中客观存在的姊妹续嫁婚姻形态在民间文学中的再现。另一方面是历史上客观存在而又被社会扭曲的婚姻形态。诸如，指腹为亲的娃娃婚，不尊重双方当事人意愿的换亲婚，姊妹续嫁，弟娶其嫂，姑舅婚、两姨婚，早娶长妇，等等。特别是由于历史的经济的社会的等诸多方面因素造成的"拉帮套"婚姻形态，既是一种较长时间客观存在且又有一定负面影响的陋俗。

"拉帮套"，是民间的习惯称谓。其原意是指驾辕的马不顶事，拉不动车或拉起来不走正道，需要另外加一匹套马帮助，才能把车拉动，所以叫"拉帮套"。按现在的说法就是第三者插足，而且一直插进婚姻家庭内部，几乎可以取代原主人行使支配权。这既是一种畸形的婚姻形态，也无疑是一种陋俗。以笔者1983年田野调查笔记中的S村为例，一个仅有四五十户人家的小山村，竟然有三户典型的"拉帮套"式家庭，他们形成的时间都早于中华人民共和国成立前。三户基本上都沿袭至20世纪六七十年代。三户"男主人"都是汉族人，三位女主人中满族一人、汉族两人。三位"拉帮套"者均系汉族人，按当时的习惯称谓，均是关内的"跑腿子"。按年龄排序，先说例一，男主人身体强壮，农活基本都能干，只是说话不靠谱，干活不能单挑。"拉帮套"者，年龄稍长，高个儿、膀大腰圆，家里家外的活都能干。女主人是汉族，性格强势。由于她与丈夫是娃娃亲，始终对丈夫有些不满意，可又没有办法，便把第三者请回家，帮助掌管家务。就寝时，她把"拉帮套"者安排在炕头，丈夫安排在炕梢，自己睡中间。其丈夫稍有反抗，就会遭到妻子的责骂，有时"拉帮套"者也会出面，甚至动粗，以打骂威胁男主人。男主人只得忍气吞声继续睡炕梢。再说例二，男主人不但会理发还会扎针拔罐子，凡事有求必应，在村里人缘很好。女主人是个满族格格，年轻时曾在城里居住，讲吃讲穿讲玩，对丈夫既瞧不上眼又离不开他的照顾。而她家"拉帮套"者原来就是女主人在城里的老相好，能说书、会打算盘，还写得一手好毛笔字。他来到这个家，常年不干活，只是经常在晚间给人说书讲古。每当村里有红白事时，就被请去当记账先生。每到过年就为周围邻居家免费写对联，忙得不亦乐乎。他完全取代了男主人在这个家庭中的支配地位。村里有人形容男主人只能"睡觉睡炕梢，吃饭坐桌角，家里家外的活全他干，说话胆胆突突，就像只挺不起腰身的猫"，对自己妻子和情敌的话唯唯诺诺，从不反抗。最后说例三，三个人都是汉族，都智力健全，只是女主人身体稍有残疾，家里家外都需要人照顾，两个男人一老一中，相差二十来岁，同时担当起照顾女人的义务。偶尔，女主人趁丈夫不在家时也会同"拉帮套"者温存。家里家外各方全都知情，却相安无事，毫无怨言，皆因各有所需。

  产生"拉帮套"现象的重要原因，首先，瑷珲地处边远偏僻的山区，地广人稀，男女比例严重失调。按民国九年版的《黑龙江瑷珲县志》记载，该县人口统计数据表明，成年男性为7509人，女性为5681人，男女比例为57∶43。男女比例差别最大的第八派出所为60∶40，就是说在这个派出所管辖境内，每百人当中有20个光棍。极个别的村屯，男女比例仅为3∶1，就是说三个男人中有两个没有老婆。这是产生"拉帮套"陋俗的首要因素。其次，经济落后，凡是出现"拉帮套"现象的基本都在穷困山区。再次，娃娃亲、换亲等社会因素直接造成的恶果。复次，性生活不和谐，诸如例一、例二都有一定的此类原因。最后，社会不良风气的影响，一般都是以家庭生活需要为借口，组成"拉帮套"这种畸形的婚姻家庭，并在一定范围内产生连锁反应。

传说"拉帮套"习俗在民国时期就存在，自然消失于20世纪六七十年代，它从反面所提供的历史教训是深刻的，是社会学需要研究的一个课题。

端　盅

端盅习俗由来已久，各个时期、各个民族、各个地域称谓不尽相同。主要有过小礼、下小茶、放小定等不同称谓。但是，比较普遍的、时间最长的叫法还是"端盅"。实际上，端盅就是民间的一种订婚仪式。

男女双方经过见面"相亲"、测属相"合婚"等程序，双方均无异议后，由男方家长辈携带少量定礼送至女方家中，女方收纳并对来人以礼款待，即表示允婚。定礼一般为簪环首饰等。有的男方主妇还要把首饰直接给姑娘戴上，称为"插戴礼"。此为"放小定"或为"放小茶"。放小定之后，女方还要去装烟。这一天，姑娘要穿戴一新，去见男方家长辈，给他们的旱烟袋装烟，一一敬递，这种习俗称为"装烟"。被敬烟者要施以钱币，称为"装烟钱"。"装烟"习俗亦可与"放小定"习俗一并在女方家中进行。

"放小定"允婚数日后，由媒人同双方家长商定聘礼数目，选定吉日"端盅"，即正式"过大礼"。礼品无严格数目，一般都视双方经济状况而定。富有人家无非是如意、扁方、戒指、手镯等成套首饰和猪、羊、鞍马、酒类之物；贫穷者只能尽力而为。传说，清初也只是送女方家马鞍、弓矢，后来增加了金、银、布、酒、羊、饼等物品。

女方收纳聘礼后，要将礼物供于祖宗龛前，含有告知敬祭之意。端盅当然少不了吃"定亲饭"，以推杯换盏的形式表示两家正式定亲，结为"亲家"。也有的男女两家的男主人在"端盅"仪式上，以换盅的形式喝定亲酒，叫"换盅酒"，说明亲事是铁定下来了，绝对不能退亲。

还有的是在端盅时,就商定好了孩子们的结婚日期以及与结婚相关的一些大事。

迎亲喜车多红

过去,瑷珲区域内的婚礼,无论是在旗或不在旗的人家,几乎都是用车接亲,特别是在乡下。这可能也是区域性的差别或者是生活条件所限。

婚嫁是人生仪礼中最为重要的大事,一般都要扎彩车,称为迎亲喜车。喜车利用平日家里使用的花轱辘车,先用树条或竹劈儿搭成拱形架子,然后或用柳编,或用席编,或用毯子,或用毛毡覆盖,上面再用红布蒙上,里面要用红毡铺车。喜车前后都挂有红布门帘,前门帘上挂一面铜镜避邪,后门帘挂上一个筛箩,上面贴着红双囍字。

喜车要用双马驾车,以图吉利,马笼头要扎上红缨,脖子上要戴串铃,后鞘等处马具上都要扎上红缨,拴上响铃。就连赶车人使用的马鞭杆上也要扎上大红绸花,鞭座和鞭穗中上部也要扎上红绸条。

瑷珲迎亲,喜车多红,希冀一对新人婚后的日子过得红红火火。迎亲路上,喜车红,马铃响,鞭声脆,十分喜庆热闹。

接亲如同"过关"

婚礼当天,有的地方新郎要在天亮之前就把新娘接到家。接亲时新郎要在伴郎的陪同下,身穿长袍马褂,头戴礼帽,胸佩红花,由左肩向右胯部披单红,骑着马和一位儿女双全坐在喜车里的接亲奶奶,组成人员单数的接亲队伍,在吹鼓手演奏的鼓乐声中来到新娘家。

喜车来到新娘家大门外，门口聚集了很多看热闹的人，大门会紧闭着，怎么敲也敲不开，满族称这种习俗为"闭门礼"。这时有人上前拦住不让再敲，还不让进。看热闹的人起哄说："新郎官，娶媳妇那么容易呀，快拿出红包过关吧！"新郎只好照惯例掏出红包，包里装着红豆和硬币，院里有人问："一是什么？"能说会道的接亲奶奶赶忙上前答道："当朝一品！""二？""贺荷二仙！""三？""喜报三元！""四？""四时吉庆！""五？""五子登科！""六？""六子多媒！"一般最多问五六次，答对了，红包也收了，才开门。新郎和接亲的人长出一口气，进院进屋。

新娘家也备酒席，招待新姑爷和接亲的人。吃过饭，新娘要亲手把与新郎身上同样颜色、同样规格的另一条披红披在新郎右肩向左侧胯部。此时，新郎身上是十字披红，再次拜谢岳父岳母，带着新娘，在鞭炮声中启程回家。

瑷珲地区的接亲喜车无论是城里的还是乡下的，在回程中无论路途远近都讲究向里拐的习俗，而且这种习俗一直沿袭至今。

喜车过横垄沟地

看过电影《红高粱》的观众印象最深的画面是，正当新娘九儿美滋滋地坐在轿里，陶醉在新婚的喜悦之时，突然，轿儿稍停，轿夫们一边吼着"酒歌"，一边将轿子上下左右地摇来晃去，颠上颠下，让人觉得又好笑又心疼。笑的是轿夫们的狂野，疼的是新娘被轿夫们折磨得喘不过气。这种类似的颠轿习俗在很多区域、很多民族中都曾经流行过。虽然形式有别，但目的基本相同，都是源于一种故意而为，想杀一杀新娘的傲气和以取乐为目的的传统民俗心理。

瑷珲地区乡村也曾经盛行这种婚俗，但不是颠轿，而是赶着喜车过横垄沟地。

接亲喜车一般都是新郎家出的车，赶车的车夫年轻、技术好，肯定是婆家人信得过并且在私下安排好了的人。喜车刚离开新娘家时，赶车的小伙子会有一搭无一搭"嫂子长嫂子短"地同新娘子调侃套近乎，而一旦出了村，上了大车道，赶车小伙子便会诡秘地一笑，夏季择机把喜车岔到路边带垄沟的荒地里，冬季则把喜车岔到路边有垄沟的农田雪地上。在田野里喜车不是顺着垄沟赶，而是赶着喜车在横着垄沟的大地里一颠一颠地跑起来。如果垄沟浅还可以忍受得住，如果垄沟深那可就惨了。新娘同接、送亲婆等两人在喜车里，站是站不起来，坐又坐不住，颠得前仰后合喘不过气。不管新娘子怎样喊，赶车小伙子就是装作听不见。最后还是以新娘子好话说尽、服输告饶才总算是结束了这段刻骨铭心的"苦难历程"。

虽说赶喜车过横垄沟的习俗似乎有些荒谬，还有点恶作剧性质，但是却充满了惊险喜庆热闹的气氛，让新娘和接亲婆终生难忘。有的新娘在婚后很长时间还念念不忘地说："太可怕了，真是把'老肠老肚'都要颠出来见世面了！"

镜崇拜与射箭驱邪

镜崇拜，是北方民族的一种信仰民俗。视镜子为具有灵性之物，可避邪驱妖。例如常见民间门对门、门窗对大路或烟囱时，要在门楣上或窗框顶部正中挂一面小镜子，利用镜面反光的原理避邪祛灾，等等。

同样的禁忌民俗心理在婚俗中也有体现。新娘穿上结婚衣服，套上长及踝子骨被称为"拉扫衣"的大红袍，不沾地穿上绣花红鞋，戴上带坠儿的红方盖头，被娘家哥哥或叔叔抱上喜车。离开娘家前，娘家人要把新郎带来的离娘肉割下一半留下，另一半由新郎带回。在鞭炮声中，新娘同婆家的接亲奶奶、娘家的送亲奶奶三人同乘一辆迎亲喜车，离开娘家，驶往婆家的路上。一路上，除由送亲婆婆洒下长命水之外，遇有水井要用红布罩上，也是辟邪的一种方法，因为民间视井水与镜子功能相同，也能照出人影，唯恐邪气沾身，所以要用辟邪的红布遮盖。

喜车来到婆家大门外停住，但不能马上进院。天色若晚，大门中间，也要在大门左侧事先挂上一面镜子，这是婆家人为防止喜车带来邪气入婆家，要用镜子代替太阳照一下，以示避邪，这也是古老的日崇拜和镜崇拜习俗的沿袭。

本来新婚路途就很长，加上过横垄沟地新娘被颠得三魂出窍，好不容易到了婆家，按民间规矩还不让新娘下车，要让她在车里再等一会儿。说是憋憋新娘子的性子、扫扫威风，等到婆婆同意才能下车。这期间，新郎还要把事先准备好的一张弓三支箭从高桌上拿来，对着喜车下面象征性地连射三箭。据说这是古代满族抢婚习俗的遗风，也有人解释说，这仍是驱邪避灾的习俗，叫"射箭驱邪"。

不拜天地拜北斗

婆家人将两块红毡铺在喜车下，新娘穿着红绣鞋，在两位女亲友搀扶下走出喜车，直接脚踩红毡，随着有人将红毡不断向前倒动，新娘脚踩红毡一直走向天地桌，这叫"倒红毡"，寓意一路走红。院中摆放一张高桌，桌上摆放贴着大红喜字的大红香斗，一对新人男左女右向南跪拜天地。按萨满的吩咐行一跪三叩礼，就是跪一次磕三个头。但是，满族早期并不是拜天地而是盛行直接拜北斗的习俗。有学者解释，新人拜天地是汉族的规矩。满族习俗一直是一对新人直接面向北方，向北斗七星神三叩首。这种仪礼是满族老祖宗留下来的，就叫"拜北斗"，是星辰崇拜习俗的一种仪式，说是满族人不会忘记先人们在空旷的寒夜里生活，是北斗星给他们指明了方向和路径，保佑族人狩猎丰收、日子过得平安太平，这也是亘古遗风。后来，受汉族文化的影响，不再拜北斗七星神，而改成向南拜天地了。

萨满婚礼祝词

萨满在婚礼上用满语高声念诵的祝词，满语称为"阿察布密"，是满语"合婚之意"。

具体内容是：

> 选择吉日良辰，
> 摆下新婚宴席。
> 杀了自家养的肥猪，
> 供奉在天诸神。
>
> 请诸神保佑：
> 夫妻幸福。
> 六十无病，七十不衰老，
> 八十子孙繁衍，九十须发斑白，
> 百岁无灾。
>
> 子孙孝敬，兄弟施仁，
> 父宽宏，子善良，日后做官，
> 夫妻共享富贵生活。

神祝词三节组成，构不成曲拍连接的节奏，也无韵律，具有早期满族神词的特点。

需要说明的是不同地域、不同氏族、不同时期、不同萨满念诵的"阿察布密"，并不完全一致。

挑盖头不同用品的寓意

瑷珲区域内的达斡尔族、满族、汉民族婚俗中，都有挑盖头的习俗。这里的达斡尔族挑盖头习俗应该是受到满族的影响。

满族人婚礼规矩多。新人在院中天地桌前拜完天地，也有比这早一点的古俗是不拜天地，只拜北斗。拜完北斗或天地后，再用红毡将新人引入洞房，新郎在前，新娘随后跨过寓意平平安安的马鞍子，有的人家还会在马鞍上放一串铜钱，新郎迈过马鞍后，迎亲奶奶要把铜钱拾起来，搭在新郎的肩上。一般解释为迈火盆的寓意是小日子会红红火火，但是也有不同的解释，说迈过火盆的真正意思是过火去晦气，是一种远古时期火崇拜习俗的沿袭。当新娘一脚门里一脚门外，双脚尚未完完全全跨过门槛时，新郎用或马鞭，或称杆，或筷子，挑起新娘红布盖头，这是象征夫唱妇随，或象征新人婚姻称心如意，或象征快快生子等祈福的寓意。如新郎家里搭的是帐篷，新郎使用马鞭挑起盖头，还要用马鞭把盖头使劲扔在帐篷顶上。一对新人冲进帐篷抢枕头，寓意是谁抢到枕头，谁就会握有婚后生活的管理权。如果是婚房，新郎就把盖头放到屋檐高处，越高越好，寓意是新郎步步高升。

变异的撒五谷

婚礼中撒五谷习俗在瑷珲境内农村十分盛行，只不过是撒着撒着就逐渐变了味儿。

撒五谷本来的象征意义是驱邪，实际上是要刹刹新娘的威风，要让新娘心里明白事理，婆家亲戚中的小叔子小姑子们不是好惹的，与大小姑子和妯娌们好好相处。所以在新娘被揭下盖头迈进新房（撒五谷时间各地有所不同）那一刻，就把早已准备好的黑豆等五谷杂粮撒向新娘头上，有驱邪灭锐气之说，也有闹洞房取乐之说。可是，撒来撒去就变了味儿，五谷中竟然夹杂着苍耳，苍耳是学名，老百姓就叫苍子，撒在头上虽然一点不疼，然而苍耳上密密麻麻的刺毛会扎在头发上，很难把它摘下来，让新娘哭笑不得。"撒五谷"本来是民间的一种习俗，而这时的撒五谷，不是真正意义上的"撒五谷"，确实是有点恶作剧了。

如今是现代婚礼替代了传统婚礼，那些似乎变异的习俗只能成为记忆了。

满族婚炕放柳枝

满族传统婚俗讲究多，仅婚期就有三日婚、两日婚和当日婚的区别。实际上，能办三日婚、两日婚的，基本上都是大户人家，而一般人家大部分都是举办当日婚。但是，不管是几日婚，新人都得入洞房。

新娘进入洞房，撒"五谷"后，就撩开幔帐直接上炕，面朝里"憋性坐福"，也叫"坐财"。此时的新娘是面对窗户盘腿而坐，一不说，二不笑，三不动。过去习俗认为动了就没有存住财、不吉利。与其他民族不同的是，满族人结婚时，炕头上摆放着一把青枝绿叶的柳树枝。懂得规矩的新娘早在结婚前母亲就偷偷告诉过她，炕上放柳树枝的用意，还嘱咐她用手轻轻地抚摩一下。坐福的过程中，有调皮的小姑子抽空会把头伸进幔帐里，故意调皮地问一句："嫂子，炕上放柳树枝是啥意思，知道吗？给我们说说呗！"一般懂事理的新娘会微微一笑点点头，表示知道。若是碰到厉害的新娘，就不顾坐福期间要一不说、二不笑、三不动的规矩，眨着狡黠的眼睛反问道："小妹，看见哥哥成亲你着急了吧？没事，等你成亲时，嫂子一定会把柳树枝给你铺得满满一炕，让你生好多好多孩子，够意思不？"说完还"嘿嘿"一笑。因为满族人几乎都懂得本民族有崇柳、拜柳、祭柳的习俗。在满族口头文学中，就有柳叶象征着女阴和柳荫生育满族人的神话传说。所以崇柳的目的,就是希望新娘早生儿女,多生儿女,阖族人丁像柳树一样兴旺延续,而婚炕摆柳枝的寓意则十分明显的是满族崇柳拜柳习俗的再现和沿袭。

开脸滚鸡蛋

绞脸,当地人俗称"开脸",是当地人普遍使用的一种美容方法。但开脸一般都特指女性结婚时必须经历的婚俗过程。而被绞脸者未必都是结婚者,所以遇到年节时,结过婚的女性为了漂亮,也愿意找人给自己绞脸,而且绞脸的人不在少数。

绞脸的工具很普通,方法看似也简单,但实际操作起来却需要较高的手法和熟练的技巧,否则,被绞脸者会痛苦不安、难以忍受。过去,瑷珲区域内会绞脸并经常见到的都是打扮得利利索索的山东或者说是关内民装女性,她们带着一盒扑粉、一把镊子和一团韧性很足的细棉线来到准新娘家,盘腿坐在炕上,先把准新娘的脸蛋儿扑上一层扑粉,然后用嘴叼咬着绞线的一端,用叉开的双手指勾起来将棉线交叉绷成剪刀形。两只手的手指扯着绞线,一拉一扯准确快速地把新人脸上的汗毛、杂毛和角质物绞掉清除,手中的小镊子也"唰唰"快速地拔掉"出格"的眉毛。经过绞、拔后,两条原来还是杂乱无章的眉毛修整成有模有样的酷似两只弯月,脸蛋儿也变得十分平滑光洁。据说被绞者的脸当时又痒又疼,可是为了美还是会忍着。据会绞脸的女性说,把这些杂毛和小疙瘩硬给绞下来,虽然速度很快很快,但是哪有不疼的道理,只不过是手法越快,疼的时间越短些罢了。

新人被绞过的脸,已经很光滑,再由绞脸者用煮熟的、剥掉壳的鸡蛋,趁着蛋上的余温在脸上均匀地滚动,犹如被按摩一样,既消除了疼痛,又补充了蛋白,使被绞者像换了个人一样,脸蛋儿更加洁白光滑、鲜嫩漂亮。

新人绞完脸,再把头发散开,梳上"两把头"就正式成为新娘子了。

严格地说，绞脸和梳两把头的时间都不是十分固定的。但是结婚绞脸确实是满族人的规矩（习俗）。

如今这种绞脸美容的民间土法早已被诸多美容方法所取代，也被历史所遗忘。人们可能只记得"绞脸"与"滚鸡蛋"的名称了。

饮交杯酒习俗的演变

满族重礼节、讲究多，特别是传统婚俗。随着时代的进步，一些似乎是繁文缛节程序化的东西也在逐渐改进，满族饮交杯酒的习俗就出现这种简化的苗头。

过去，满族婚俗中，饮交杯酒是一项重要的程序，但各地饮交杯酒的地点、时间不尽一致，体现了"十里不同俗"的特点。比较典型的形式是：婚礼中的喜房地上要铺设红毡，放一张矮桌，上面还要放一个酒壶，并拴一条红绳，两头各拴连一个酒杯；同时在相近处另摆放一张矮桌，上面摆放一条煮熟的羊后腔连着的羊尾骨，再摆两碗熟肉丝面、两碗黄米黏饭。新郎新娘跪坐矮桌左右两侧，由娶亲婆和送亲婆为一对新人斟酒，新郎新娘相互换饮三次交杯酒。然后娶亲婆与男方家中老者各捧一碗肉丝面和黄米饭至索伦杆前，祝诵吉语，将面和饭抛于屋顶或四周，抛三次后，新郎新娘由娶亲婆喂尝黄米黏饭各三次，仪式方告结束。

1949年前，上述仪式，各家虽然有区别，然而，喝交杯酒和被喂食三次黄米黏饭的习俗沿袭下来。1949年后，才逐渐演变成只喝交杯酒、不吃黏米饭了。特别是男方老者于索伦杆前，向屋顶抛掷肉丝米饭和致诵，神秘的吉言祝词等规矩，统统都被简化了，取而代之的是一派热烈、轻松、吉庆的气氛。

瑷珲境内特有的撒宝瓶歌谣

新娘子在坐福中绞完脸，还得继续坐福。坐福时间长短是由几日婚的时间决定的，有大半天的，也有坐一会儿的，三日婚、两日婚的，坐福期间还要"绞脸滚鸡蛋"、梳"两把头"。当日婚的，一般是前一天就完成了这道"工序"。

到了晚上，把新娘做的新鞋袜装在木方盘里，放在西炕上供着。晚饭后睡觉前，新娘下地。地上放一个长条桌，桌上摆着点燃的蜡烛和一个"宝瓶"，瓶内装着五谷杂粮。一对新人各坐在长条桌一端，双手捧起长袍大襟，由一位女性长者，拿起宝瓶向一对新人身上和周围各处撒五谷杂粮，这时才是真正的"撒五谷"仪式，也有的是将五谷撒在幔帐东南角处，又称为"撒帐歌"。女性长者一边撒一边用满语唱着瑷珲乡下特有的民间新婚歌谣"一撒金，二撒银，三撒牛马一大群，生对小子打洋草，生对姑娘掐豆角"。女性长者边唱、边转、边倒。倒完宝，一对新人要查查各自得了多少宝，多者为胜，先抢到枕头。也有的地方，是老太婆拉着一对新人边唱、边跳、边倒宝，称其为"拉空齐"。撒五谷也叫撒帐歌，有城里人撒帐同乡下唱的歌词不一样，唱的是："撒帐东、撒帐东，撒的莲花朵朵红。今宵牛郎会织女，早生贵子做国公；撒帐南、撒帐南，撒的洞房喜连连。今宵牛郎会织女，早生贵子中状元。"

"拉空齐"结束，新郎端起方盘，新娘把方盘里自己做的鞋袜，分别送给小姑子、小叔子和各位亲人，所有亲人都得送，每人一份。小姑子们要称赞嫂子手工活好，还要当面称谢。

当一对新人吃完子孙饽饽，即子孙饺子后，由亲属中儿女双全的女性给新郎新娘铺被褥。那时的枕头是长方形大枕头，两端绣花，也是由娘家陪送的。据说，新婚之夜，只准新郎枕这个长方形枕头，不准新娘枕，新娘枕的是红毡包起来的木棒槌，其寓意自不必明说。

满族"落草"习俗

据考证，满族"落草"习俗在全国各地满族聚居地普遍存在，而且差别不大。

本地人讲究"落草"习俗，指的是满族孕妇临产前，先把炕席卷起来，炕面铺上谷草，孩子降生后落在谷草上，所以孩子降生被称为"落草"。还有一种"落草"不是落在炕面的谷草上，而是落在屋地上铺的谷草上，就是提前把谷草铺在屋地面上，还要在地面摞上两摞红砖，便于孕妇生产时用左右两只手拄着使劲，让孩子尽快生下来。其实两种方法基本相同，主要区别是谷草铺在炕面上还是铺在屋地面上。

妇女怀孕，是全家的一件喜事，为保护胎儿正常发育，对孕妇有许多清规戒律。不能坐锅台、窗台、磨台，不准进产房，不准听别人说难产，不准侍奉祖先，不准参加别人婚礼，不准大哭大笑，不准扭身坐着；孕妇禁止吃兔子肉，怕生下的孩子是三瓣嘴；不要过多吃盐和酱，唯恐孩子长大成"喉巴"（咽炎或气管炎）；不要多食用有刺激性的食物，以防难产，或胎儿长大性格急躁。由于规矩繁多，往往给初孕妇女在精神上带来很大压力。孕妇生产前，有的人家要请一位萨满在佛托妈妈神前祷告，保佑大人孩子平安。

孕妇家要提前给婴儿准备毛衫、毛裤等衣服，襁褓和产妇用的食品如米、蛋等送到孕妇家，这样做叫"催生"。

满族孕妇一般不准在西屋生产，也不准生在炕席上，所以才沿袭着生儿落草的习俗。孕妇分娩之后，由其丈夫负责把胎衣、胎盘等物深埋，防止被猫狗吃掉。孩子出生后，请老太太用死人出殡时没摔破的丧盆为孩子洗澡，当地人认为这种盆是聚宝盆，用它给新生儿洗澡可消灾辟邪不生病，长大会赚很多钱。

鄂伦春族传统催生方法

如前文所述，鄂伦春人经历了人类最为漫长的原始游猎社会生活，他们始终处于环境恶劣、条件艰苦、缺医少药、没有相应的卫生医疗机构和专业人员，特别是缺少科学健康文明的生活常识这样一种生存状态中，婴儿死亡率始终居高不下，据1993年调查统计，定居前，色尔滨河流域鄂伦春人的平均寿命仅为38岁左右。婴儿死亡率高达57%，造成鄂伦春族人口急剧下降。1953年定居时，全国鄂伦春族人口仅为2262人，而瑷珲区新生鄂伦春民族乡人口也仅为157人。

定居前，库马尔路鄂伦春族对孕妇传统催生方法有四种：一是烧香叩头或请萨满跳神法，以此希望求得神灵保佑；二是原木滚压法，即选择一棵粗壮又很弯的大树，把孕妇绑在树干上，或选择一处斜坡地让孕妇躺下，用原木在孕妇腹部反复由上向下按同一方向滚压，迫使婴儿在滚压推挤下出生；三是马背颠簸法，即让孕妇骑在马上或俯卧在马背上，将马赶着跑，希望孕妇在马背的颠簸中能够把孩子颠出来；四是鸣枪惊吓法，事先把枪藏好，不让孕妇看见而让其蹲在地上，脸朝前，趁其不备突然鸣枪，希望通过鸣枪惊吓使孕妇在一激灵的惊吓中把孩子吓出来。不仅催生方法原始残酷，孩子出生后，夏天还要用冷水洗浴，冬天则用雪水擦洗。

据1959年第3期《吉林师大学报》第99页刊载的《近代鄂伦春族大事记》中记载：从1951年10月1日至1953年夏，党和人民政府都要在瑷珲、逊克、呼玛县抽调人员，调拨专项经费，培训助产婆，解决鄂伦春族婴儿非正常死亡问题，深受鄂伦春族同胞的欢迎。

奶俗种种

在满族，选择采生人和开奶人是件很重要的事情。据说，选择采生人是关系到孩子一生相貌品行的大事；选择开奶人则是孩子能否健康成长的大事和要事。这两种讲究都是对孩子寄予厚望心理作用下产生的育儿习俗。实际生活中，除满族之外，其他民族也相应效仿。

采生人是谁？标准有哪些？所谓的采生人，就是指第一个见到婴儿的外人。据说，采生人对婴儿具有一种潜在影响力，而且这种影响力会直接影响到孩子一生的体貌特征、性格品行，等等。换句话说，就是孩子的相貌、气质、人品都会像采生人一样。出于对孩子一生负责的目的，在孩子出生之前就选定一位相貌周正俊俏、性情温和、知书达理、本事高强的人当采生人。事前有意安排采生人届时进入产房，并以厚礼相待。有的采生人还被认作婴儿的干亲，男的认作干爹，女的认作干妈。希望婴儿出生后能够得到他或她的关心，帮助孩子健康成长。

开奶人选谁，标准是什么？孩子出生后，要选择子女多、身体壮、奶水好、奶水足的妇女当开奶人。并请她给孩子喂第一次奶，这就是俗称"开奶"的习俗。这是因为众多人认为，子女多的妇女一定奶水也足，能够吃子女多的妇女的奶，孩子消灾灭病好养活。

婴儿出生第三天，按照民间习俗，亲戚朋友开始带着礼品登门"下奶"。礼品多为鸡蛋、红糖、花布、粉条四样。如果不送奶只是探访慰问者，一律不准进产房，以防奶水被带走。婴儿穿的毛衫毛裤，最好选用白色的魂幡布缝制，据说可以辟邪，防止孩子吓着掉魂。包男孩要用两道带卡子，第一道要将男孩双肩端平，防止溜肩，将来不利于拉弓射箭；第二道卡子要绑好双腿，把睾丸往上捋一捋，防止将来骑马磨着，也防出现罗圈腿、X形腿。

洗三和打聪明

洗三和打聪明都是满族育儿习俗的重要事项。无论是官宦人家还是平民百姓家里生儿育女，都流行洗三和打聪明这种传统做法。瑷珲境内其他民族也有效仿的。

洗三，说的是孩子出生第三天，把儿女双全的老太太请到家里，盘腿坐在炕上，在别人端来的一大铜盆或铁皮盆里给新生儿洗身。热水中有亲戚朋友街坊邻居送来的花生、鸡蛋、铜钱等贺喜礼品。老太太一边用棒槌搅动盆中之水降温，一边嘴里念叨着"一搅二搅连三搅，哥哥领弟跑"等吉利话。待水温合适，一边给孩子洗身，又一遍遍地念叨"洗洗头，做王侯。""洗洗腰，一辈要比一辈高。""洗洗脸，做知县；洗洗沟，做知州。"为孩子梳头发时说："三梳子、两拢子，长大要戴红顶子。"洗完孩子，用姜片艾团灸脑门和身上各个主要关节。据说，经过这样洗浴和艾灸之后，孩子体格健壮不得病。然后用一块新布蘸清茶水，用力擦擦孩子牙床，若是孩子大哭，便认为是大吉大利。据说，这样用清茶水擦小孩牙床子，是一种简单的清洁口腔的消毒方法，防止小孩长"大马牙子"，即民间俗称不敢张口吃奶的"奶疮"，有利于孩子健康。这种做法叫"响盆"。

洗三结束，还要紧接着进行打聪明。所谓的打聪明，无非借助大葱的谐音，讨个吉利话而已。还是由儿女双全的老太太用一根洗干净的大葱，在小孩身上轻轻地象征性地打三下，边打边说道："一打聪明，二打伶俐，三打明明白白地。"打完聪明，孩子父亲把大葱接过去扔到房顶上；扔完，亲友们一齐向孩子父母道喜。如果是女孩，此时还要用脂粉涂面、扎耳朵眼，留作长大方便戴耳饰。

当天，主家要用肉末打卤面条招待前来道喜的亲友，共同祝福孩子长命百岁。吃完喜面，主家要送给洗礼老太太浴儿钱，并将添盆的花生、铜钱、鸡蛋统统送给洗礼老太太，以表示谢意。

满族生育状况的实物档案

满族十分重视氏族繁衍、人丁兴旺，在其众多的婚育习俗中，子孙绳和子孙椽子十分具有代表性。

子孙绳，又称佛托妈妈或喜利妈妈绳子。子孙绳实际上就是通过一条绳子上的挂件，明了家主各代生育状况。可以说，子孙绳是家主一部无字的家谱，即各代生育状况档案。

子孙绳是由白、蓝、红三色棉线拧成的一条绳子。白色、蓝色象征子孙生活幸福，红色则表示子孙生活困苦艰难。因为满族以白色为贵，崇尚白色，而以红色为贱。每当家里添人进口，即孩子降生，如果是男孩，就在子孙绳上拴一张小弓箭；如果是女孩，就在子孙绳上拴一个嘎拉哈或红布条。从绳子上就可以看出这个家庭每一代有多少人，其中男人和女人各有多少。

子孙绳一头挂在西炕祖宗板子上，另一头系在门外东南方向的柳枝上。

子孙椽子，是满族家庭屋内必有的装备，即满族人家里天棚上挂摇车的横杆。它是固定在满族西屋北炕房梁或檩子上的一根约半米长的横木杆，横木杆上各绑有一根带铁挂钩的皮带，婴儿睡觉时，把摇车上的两个铁圈直接挂在钩上即可。也有的人家上圈下钩。平时，摇车就放在炕上。满族最忌讳悠空摇车，即摇车里没孩子还挂在子孙椽子上空悠，认为这种做法不吉利、对后代不利，甚至有"可能会招致以后断子绝孙"的恐吓说法。

抓　周

抓周是满族先民育儿习俗之一。在中国历史上，大约始于南北朝，直到今天，仍有沿袭者。

孩子到周岁之时，已初懂人事。据古人说在这一天通过抓周的形式，可以测试出孩子一生的情趣和志向，所以满族人在这一天一直沿袭"抓周"的习俗。

大约在婴儿周岁之日前，家人就开始张罗，将纸笔、书册、顶戴、弓箭、特制小锄头、马鞍、算盘、乐器、戏具以及烟酒、赌具等物品放入一大托盘内或散落于炕上，任婴儿随意抓取。据说，视其所抓之物，便可知其志向。如抓纸笔文册，意味着将来读书从文；抓弓箭，意味势必习武；抓算盘，意味将来做商人；抓鞭子，意味将来赶大车；抓小锄头，意味将来种田地……总之，以抓取读书用具最为欣慰，以抓取顶戴为大喜，以抓取赌具为最大之不幸。

亲友们以婴儿抓取之物向其父母祝词。抓周活动结束前，亲友们还要以赠送礼品形式进行鼓励。"抓周"这一习俗在古代名著中也有描述，例如，《红楼梦》第二回"贾夫子仙逝扬州城，冷子兴演说荣国府"中的描述是："那年周年时，政老爷试贾宝玉将来的志向，便将世上所有的东西摆了无数叫他抓，谁知他一概不取，伸手只把那些粉脂钗环抓来把玩。政老爷便不喜欢，说将来他不过是酒色之徒罢了，心中闷闷不乐，也不怎么爱惜重视。"

如今，抓周早已不局限于满族，好多民族都有此习俗。这种不分民族、不分城乡的婴儿抓周还在沿袭，不过所摆放的物品已经没有那么复杂，婴儿抓取何物或意味什么，也都不那么认真，权当是一场游戏，只不过寻个乐子罢了。

睡 扁 头

睡扁头是满族传统的育儿习俗之一，也是满族婴儿睡摇车的结果。

过去，在简陋的生活条件下，能够睡摇车，应该是对婴儿生长、健康均有利的一种良俗。

摇车里最底层铺着糠口袋，便于接尿液。由于尿液已被糠皮渗滤，也就不至于浸润婴儿皮肤。头身仰卧，前胸大腿小腿三处均用皮条或布条捆绑，使婴儿在摇车里不会乱动。特别是摇车周围吊挂着一些兽骨，说是避邪，实质上滴滴答答有节律的响声，起到的是镇静催眠作用，婴儿一般都睡得很实。

摇车，又叫悠车，其实叫悠车更为形象准确。"悠"像是小船在江面上平静地行驶。婴儿母亲或奶奶或姥姥，一边用脚上拴的绳扯动悠车，一边用双手纳鞋底子，嘴里还低声哼唱着《摇篮曲》。

> 悠悠喳，巴布喳，悠悠宝宝睡觉啦。
> 宝宝睡，盖花被，盖上花被好好睡。
> 悠悠喳，巴布喳，悠悠宝宝睡觉啦。
> 狼来啦，虎来啦，麻猴子跳墙过来啦。
> 悠悠喳，巴布喳，小阿哥，睡觉吧。
> 领银喳，上档喳，上了档子吊膀子。
> 吊膀子，拉硬弓，要拉硬弓得长大啊。
> 拉响弓，骑大马，阿玛随军要出发啦。
> 大花翎子亮白顶喳，挣下功劳是你们爷儿俩的啊。
> 悠悠喳，巴布喳，悠悠宝贝睡觉了。
> 宝贝睡，盖花被，盖上花被早早睡。

特别需要强调的是，婴儿小红枕头里装着小米，光滑细密凉爽，婴儿枕着十分舒服。由于长期仰睡，婴儿的后脑袋扁平，头型很好看，这与有的人不睡摇车，造成脑袋是"前奔娄，后脑勺"的头型形成鲜明对照。《满洲源流考》卷首载清高宗弘历语云："国朝旧俗，儿生数日，置卧具，令儿仰寝其中，久而脑骨自平，头型似扁。"后来就流行一句俗语叫"在旗不在旗，后脑勺看齐"。

第六篇

礼仪篇

瑷珲是个多民族的聚居地，达斡尔族、鄂伦春族、满族、蒙古族、回族等各民族兄弟同胞杂居一地，共同为开发建设保卫祖国东北部边疆作出贡献，并创造出具有边疆特色的民俗文化。其中礼仪文化就具有一定的典型性。历史在发展，社会在进步。如今，虽然很多民族的传统礼仪民俗已经不时兴了，但是作为一种传统的礼仪文化还是深深留在人们记忆中。

回族礼节

拿手礼。回族人十分重视节日集会，诸如伊斯兰教历的十月一日，是回民的"大开斋"节，在节日前五天夜晚，就有一次夜晚纪念活动，叫"盖德雷晚餐"。在灯火辉煌的气氛中，人们集中到清真寺做礼拜，在寺里聚餐庆祝。在这一天，人们要换上新衣服，沐浴集会做礼拜，互相祝贺。最为突出的是不分老幼尊卑、不计前嫌，轮班进行拿手礼。双方见面两手重叠相握，鞠躬赞圣。

见面问候。回民见面要互致问安，一方要道一声"色俩目"，另一方要说"安色俩目尔来坤"，对方回敬说"我尔来坤色俩目"，以此互祝平安。在礼节上以戴帽为恭敬，而不是脱帽。

敬礼。回民古老的敬礼方式是用右手抚胸鞠躬致礼，后来改随汉族作揖。现在社会上通行握手，但在回民集会时仍沿袭作揖。

由此可以看出，瑷珲境内的回族同胞在保留本民族文化习惯的同时，也受到满族和汉族文化的影响并有一定程度的交融。

满族礼俗

满族历来重视礼仪民俗。满族礼俗包括问安、打千儿、半蹲儿、抚鬓儿、叩头等礼节。

问安。是垂手站立问好，称请小安；"打千儿"、半蹲儿是请大安；抚鬓是同辈妇女相见请安；叩头则为大礼，多为新年请安的礼节。

打千儿。满族男子请大安礼俗，俗称"单腿跪"，或称手拱肩膀头。施礼者先敏捷地掸下左右袖头，左脚前进半步，左手心向下自然搭在左膝盖上，右腿屈膝点地，右手自然垂下，头与身略向前倾，口念"请某某大人安"，时间约一呼一吸之间，左腿收回立于原地即可。

半蹲儿。为满族女子请安礼节，俗称"蹲儿礼"。施礼者双脚平行站立，双手扶膝一躬腰，膝略屈如半蹲状，口念"请某某大安"。

拉拉礼。清代以来，满族妇女相见之礼，即手拉手。亦称满族拉拉礼。

抚鬓礼。满族同辈妇女相见请安礼节。同辈妇女平日相见，以右手抚额，点头为拜，俗称"抚鬓儿"。其礼为右手指从眉上额头至鬓角连抚三次，然后点头微微一笑，目视对方。

抱见礼。满族早期礼俗。凡至亲久别重逢，必行此礼，虽男女间亦然。长幼辈相见，幼辈以两手抱长者腰，长者用手抚其背，称"抱腰抚面大礼"，俗称"抱腰礼"。亦有晚辈抱长者膝，或马上行抱见礼。清初不久，认为这种礼俗不雅而改成执手礼，即长者垂手引之，幼者仰手以近，平辈则立掌相执。

磕头礼。主要是用于满族新年请安之大礼。每逢新年，即现在的春节，卑幼见尊长，必长跪叩头，尊长坐而受之，首必四叩，至三叩跪而昂首，尊长者以好语祝之，再一叩而起。满族人新年祭祖为三跪九叩首。拜父母为一跪三叩首。满族磕头与汉族连续磕头不同，跪后磕一个头后，将上身直起，再磕下一个头。忌讳乱磕头，特别是无缘无故一跪一叩首。因为一跪一叩首，是家中老人去世，晚辈给长辈人报信磕的"报丧头"。

告辞礼。到满族人家做客，临别时，主人送出大门，客人须返身退步，两手贴身横行一两步，表示施礼，又称退步打横，简称"打横"。据说"退步打横"礼起兴于元代蒙古族，明清乃至民国仍沿袭流行。

此外，满族尚有装烟礼、闭门礼、倒头礼等礼俗。

由于民俗具有民族性、地域性、变异性等特点，在传承沿袭的过程中，难免出现变异或失真现象，例如，满族男人"打千儿"，或女人"蹲礼儿"时，口中都要说满语问候的话"赛音"（意为好主意），而在中华人民共和国成立前后，瑷珲地区的有些满族人却把这句问候的话直接简化成"叁"，受此影响，境内一些达斡尔人也仿照满族人一边"打千儿"、一边口里把"赛音"直接误读成"叁"。

达斡尔族礼节

达斡尔族重礼仪，敬老是其核心。老人出远门前，儿女们将其携带的东西提前准备好，并将马备好或将车套好，等老人骑上马或上车坐稳后，才把缰绳交到老人手里，并送到院外。老人回来时，要出院门迎接，向老人请安。在路上遇见老人要躲道、让位，即使对不认识的老人也要这样做。老人在南炕吃饭，儿子儿媳在北炕吃饭。老人吃完饭，儿媳要给老人装烟敬烟。儿女们出门七天回来，必须先到西屋向老人请安。儿媳妇去娘家回来，哪怕是三天，也要向公婆请安。

外出串门时，进屋见到老人，不论认识不认识，都要向老人请安，然后坐南炕边上，给老人敬烟。送客人走时，要让年长者先出去，女主人送到住屋门外，男主人送到大门外。

平日里，对同辈年长者和长辈人行请安礼。在过年或办婚丧事时，给长辈人磕头。

请安，达斡尔语"萨音苏呗"。先伸左腿，将手放在左腿膝盖上，后弯右腿，眼看对方，向前弯腰。弯腰程度视对象不同而不一样。请安礼节实际上是仿照满族"打千儿"。对大两辈的人，弯腰要深些，请安后肃立。对大一辈的人，弯得稍深，请安后不肃立。对平辈年长者，弯一点就可以了。

妇女请安时，要屈膝下蹲，把手放在膝盖上，稍低头，即仿照满族妇女施蹲礼儿。

向神磕头时，要双腿跪在地上，把两手伸开，手心相对，放在胸前祷告，然后磕头。

婚宴上，要根据辈分和年龄大小由左向右顺序而坐。头桌，即长辈席，上"瓦其"肉，即猪脊骨肉；第二桌、第三桌上"达拉"肉，即猪肩胛骨肉。

敬下马酒

敬下马酒，也有喝"下马杯"的叫法。

鄂伦春是一个豪爽好客的民族，在下马石前请客人喝下马酒，是鄂伦春族的传统习俗，也是最为尊贵的民族礼仪之一。

历史上，鄂伦春族敬客要喝下马酒，一般都是喝白酒。当主人得知客人就要到来时，就会手端一桦皮碗白酒早早地在乌力楞外等候。客人下马后，主人就会迎上前，按辈分或地位行过礼，将斟满酒的桦皮碗献给客人，真诚地说："树上的喜鹊叫喳喳，就知道尊贵的客人到我家，先喝上一碗下马酒，暖暖身子解解乏。"

现在，敬下马酒的习俗仍在沿袭，但是敬客人一般都是斟上一碗红色的天然的蓝莓酒。蓝莓是兴安岭特产的一种野生浆果，本地人称其为"都柿"，鄂伦春语称其"吉厄特"，把用蓝莓酿制的酒称为"吉厄特阿拉嘿"，意为都柿酒。蓝莓富含类黄酮、叶酸，维C含量也十分丰富，具有显著的强身健体作用。当醇香的美酒已经斟满，鄂伦春族人会对远方客人说："真诚欢迎您，深情厚谊全在酒里。我将陪同您一起喝下。请朋友们随我一道，按照我们鄂伦春人的传统习俗，用左手端着酒杯，伸出您的右手无名指，象征性地在酒杯中轻轻一蘸，然后向上前方边弹边喊'错'；请再蘸一次酒，向左上方弹一次，再喊一次'错'；请朋友们最后蘸一次酒，向前方弹一次，最后喊一声'错'。感谢山神为我们鄂伦春人提供了衣食之源，更感谢远方的朋友到我们鄂家做客，请朋友们把杯中的酒一饮而尽，干！"有时敬完酒，还用手在前额抹一下。关于敬酒时先后向三个方向弹一次酒的含义，各地解释均有不同，有的解释是敬天、敬地、敬祖先；有的解释是敬山神、敬客人、敬所有的神。同饮这杯酒，同是一家人。衷心祝福朋友们在鄂乡玩得开心，玩得尽兴。

在鄂伦春族聚集地除有喝下马酒习俗外，还有在送朋友时敬送别酒的习俗，称为"上马酒"。就是主人要带着酒将客人一直送到城外或乌力楞外喝送别酒，形式和程序与喝下马酒相同。

我国北方地区的满族、达斡尔族、鄂温克族等民族也都有敬下马酒迎接客人的习俗。传说，喝下马酒习俗是成吉思汗传下来的。

敬 烟

瑷珲地处我国东北部边疆，地广人稀，山多林密，水草茂盛，蚊蠓颇多。为驱除蚊蠓、防止叮咬，为度过冬日里那寒冷难耐的长夜，居住在这里的各族人民，无论男女老少很早就有吸旱烟的习惯。《大金国志》卷三十九"饮食篇"中就有"士大夫，无不嗜吸旱烟习惯，乃至妇女孺子，亦手执一管，酒食可缺也，而烟不可缺少。宾至酬酢，先以烟为敬"的文献记载。《清稗类钞》亦有"北方女子吸烟者尤多，且有步行于世，而口衔烟管者"的记载，这是当时满族妇孺皆吸烟的真实写照。直到20世纪七八十年代，到满族或达斡尔族人家做客，仍保留主人先递过烟袋请客人抽，或是先递过烟笸箩请客人自己卷旱烟卷抽的习俗，以示敬重欢迎。

作为礼俗，敬烟更是必不可少的一种礼仪行为。满族结婚端盅时，未婚姑娘要郑重其事地给前来送礼的未来婆家长辈人行装烟礼，即一边将装好的烟袋递过去，一边施蹲礼请安问好。受礼遇的婆家长辈人接过烟袋后，要一边掏腰包赏给装烟钱，一边赞赏姑娘漂亮、懂礼节、有教养。在达斡尔族，结婚第二天，送亲的人走后，新媳妇要单独给公婆敬烟磕头。从这一天起，满族公婆早晨起床后和睡觉前，儿媳妇都要将装好的烟袋双手奉上。一日三餐，饭后儿媳妇也要先后为公婆送上漱口水、装好一袋烟，以示孝敬。家里来客人，不管男女亲疏，儿媳妇都要出面装烟倒水，因为这是约定俗成的民族礼仪习惯。

敬烟的习俗也同样体现在丧葬习俗中，就是老人过世后，在停床供桌上，也要放一支点着火的烟袋，请亡人继续享受儿女的孝心。

第七篇

节令篇

春节习俗漫议

"春节",即农历正月初一,是中华民族传统节日春节,过去称"过年"。古时,从夏代起就以正月初一为元旦。元旦是合成词,"元"是开始、第一的意思;"旦"是早晨的意思,旦又是象形字,"旦"上的"日"代表圆圆的太阳,下边的一横代表地平线,一轮红日从地平线上冉冉升起,象征一天的开始。元和旦合成一起,成为"新年"的专用名称。正月初一作为"元旦",经历过商、周、秦三代三次变动,直到汉武帝时,才将"元旦"的时间又恢复到农历的正月初一,并一直沿袭下来。辛亥革命后,我国改为公历,将阳历1月1日称为新年,农历正月初一称为春节。

1949年9月27日,中国人民政治协商会议第一届全体会议通过使用"公元纪年法",将阳历1月1日正式定为元旦,而将阴历正月初一改为农历春节。尽管农历正月初一改称春节已有百余年的历史,但是在人们心目中,却仍将春节视为"过年",区别在于过"阳历年"还是过"旧历年"。"年"的称谓并没有被过"掉"。因为过旧历年一直是人们一年365天中最为隆重的节日,每当旧历年(春节)临近,民间还在"忙年""赶年""过年""拜年"。

忙年。中华民族传统节日农历新年,在民间俗称"年初一"或"大年初一"。实际上,为了过好这个"农历新年",人们从很早就开始准备。第一项准备就是"杀年猪"。一般选择杀年猪的日子是在腊月期间,之所以选择这段时间,一是快临近年根,杀完猪该准备过年食物;二是腊月天气严寒,猪吃多少粮食也不爱长膘,年猪早点杀,不再继续喂,能省不少粮食;三是室外寒冷,能冻住猪肉了;四是过年时间长,又都有爱玩的休闲娱乐的习俗,习惯多包点冻饺子,免去过年做饭的麻烦。所以瑷珲地区早就有包冻饺子的习惯,多者能装几桶或几面袋子。由于忙年几乎是城乡一起忙,所以早就有关于忙年的不同歌谣,主要有:"二十三熬麻糖，灶王爷要上天；二十四扫房天，屋里屋外全扫遍；二十五做豆腐，洗净红豆用水煮；二十六去买肉，猪、牛、羊肉全凑够；二十七忙杀鸡，八碗头道是炖鸡；二十八把面发，打糕蒸馍贴花花；二十九做黏食，黄面饽饽上锡斗；年三十贴春联，穿上新衣过大年。"需要提示的是，过去满族曾有尚白贱红的习俗，初时贴春联为白色，死人时才挂红幡。后来受汉族文化影响，逐渐改贴红纸春联，而且讲究院门、房门、仓房门、牲口圈等处都要贴上讨吉利的春联。贴挂笺、贴窗花与贴春联一般都同时进行。挂笺和窗花的颜色不是随便选定的，祖宗板上的挂笺必须与本旗的旗色相同，绝对不准挂其他旗色的挂笺。其他位置的挂笺和窗花一般也应以本旗旗色为主，适当挂些其他旗色的挂笺和窗花。特别讲究和注重室内大小水缸都要装满水，寓意过日子啥都不缺。而处在山林里的鄂伦春族猎人，年前还要带着兽肉和兽皮下山，赶到达斡尔族等村屯，以物易物换回米面、糖酒和花布等过年用品。

赶年。其实就是家在外地的人，不论年纪大小、离家有多远，都要想方设法带着当地特产或时兴衣物赶在年三十前，特别是年三十晚上吃团圆饭前回到老家，同家里人一起吃个团圆饭，过个团圆年。过去，来瑷珲闯关东的人非常多，做买卖的、跑老客的、淘金的、放排的等，几乎什么行业都有，而且大部分都是山东人，少部分是河北或其他省份的人。一到年根底下，那些闯关东的人不管挣没挣到钱，都急着赶年赶回老家。山东是孔孟之乡，特别讲究孝道。在这一点上本地人是自愧不如。因为是急着走、忙着回，所以叫"赶年"。

过年的习俗传承这么久了，可是过年到底是过什么？过年为什么有这么大的吸引力或者叫凝聚力？大家一直都在探讨。咱们还是从过年有哪些习俗说起。

过年，主要指的是除夕，即年三十晚上的守岁和年夜饭。在这"一夜连双岁，五更分二年"全家人难得一聚的时刻，无论是哪一个民族都讲究的是"室内室外亮堂堂"，本地满族、达斡尔族、鄂伦春族三个少数民族的习俗都是在院外门口旁点燃一两堆火，但是各有其意。满族通过烧"包袱"，缅怀逝去的亲人；达斡尔族要在院门外烧一堆干牛粪，老人要向火堆洒酒扔肉块，意为迎接财神"吉雅其巴日肯"。鄂伦春族则向火堆洒酒和扔肉块，祭祀祖先和相关神灵。同时院内要高挂红灯笼，强化节日喜庆气氛，有的人家点亮用水桶冻制的冰灯，铺上预备"交子"时"踩碎（岁）"用的雪团。

夜将寒色去，年共晓光新。当天晚上，自古以来就有一个饶有趣味的习俗叫作"守岁"。据说，古时守岁最初是为了驱除还赖在家里不走的鬼，好让家里过个团圆年、平安年。到后来年深久远，再也没有把这项活动和驱鬼联系起来，而是成为一项节令中的习俗。守岁，顾名思义是守住岁月。但是，"月穷岁尽之日"，旧年很快就要过去，若让它无声无息地消失，未免可惜，因而守着它。时光的消失，在平时是不易觉察的，可是过年时对这一点特别敏感。过了年三十，人就长一岁。人生一世能过多少年，也是屈指可数的。光阴似箭，年华易逝，所以人们常常彻夜守着，力图守住岁月。当然守岁作为对时间的珍惜是可取的。但是岁月如何能守得住？时光不会因为我们留恋而等待着。人们还是趁着明灯高悬、灶上炉火正红，家人围坐在一起，一边嗑着瓜子、啃着冻梨，一边畅叙亲情。把往日的艰辛劳作，把对老人和亲人的思念之情，把心中的苦辣酸甜，把回忆往事和对未来的企盼，一股脑儿地相互倾诉。其实，守岁期间的酒也好、茶也罢，都不重要。重要的是亲人之间的亲情交融、心声的吐露与理解包容。为达到这个目的，各家的老辈人早就语重心长地嘱咐晚辈之间，要过年了，兄弟之间也好、妯娌之间也罢，平日里的磕磕绊绊都不要在意，更不要放在心里去记恨。心要善、话要慎、眼睛向远看。在温馨祥和的气氛中，进行中华民族传统美德教育。这里面所涵盖的团圆、喜庆、和睦等理念，是春节习俗产生并能够传承几千年的真谛之所在。

"冬尽今消促，年开明日长。"在叙旧畅新的过程中，不知不觉年时临近，一家人开始包"更岁交子"的饺子。这可是一次上讲究的活动，综合瑷珲地区各族民众的习惯，大体上有："更岁"饺子要新包，讲究吃新鲜；饺子包得要有皱褶，能够藏住财气，不能包成和尚头那样光光的。包好的饺子要整齐摆放在盖帘上，横竖成行，八面进财，不能摆成圈更不能随便乱摆，成为迷魂阵，挡住财气进不来；民间亦有摆"饺子"横竖成行、财路顺畅的俗语。饺子煮破了，不能说"破"，要说"挣了"，还要避免说饺子熟不熟，而且还要总重复说"生、生着呢！"反正是总生（升）不熟，一直说着讨吉利的话。

晚上零点，古称"半夜子时"，先是要放"高升"鞭炮，"驱鬼避邪"，"崩穷""讨吉利"的娱乐活动，然后是"踩岁"活动，与关内不同的是不踩芝麻秸，而是踩预先铺在地上的沙团雪，用雪团被踩碎的声音替代"岁"的谐音，以谓吉祥；"踩岁"的同时要烧香迎接财神，要从院内抱捆木桦进屋，边进屋边喊："柴（财）神来了，财进了！"

上述活动结束，趁着鞭炮余烟尚未散尽，全家人围坐餐桌旁，进行过年最重要的一项活动"吃年饭"。"打一千，骂一万，三十晚上吃顿饭。"这顿年夜饭是最重要的家庭宴会，叫"团圆饭"。讲究的是家人要全，菜肴要丰盛，气氛要喜庆祥和。这顿饭具有祝贺田园丰收和家人团圆的意思，也有"驱疫健身"、全家人平安健康的愿望。民谣说："吃了年饭旺，神鬼不敢撞。"不过这歌谣说的是民众的一种心声，是希冀、期盼。

瑷珲地区是多民族聚居地，过年的习俗也是多种多样。例如年夜饭的内容在不同民族不同时段就有所不同。满族、达斡尔族、鄂伦春族过去一直喜食"手把肉"，长期以来以"手把肉"作为主要菜肴。肉食烹调方法是喜欢煮食，很少炒菜。

拜年。拜年活动，各个民族大同小异，一般都是在初一早晨吃饺子前，以酒肉香烛祭拜神灵和祖先。进餐前，跪地磕头给老人拜年，老人们要给孩子们压岁钱，并说些吉利的祝福话。吃完饺子，晚辈人再到亲友家拜年。有趣的是，在鄂伦春族同胞有住房［民国四年（1915）之后，有些猎民曾有过10年左右的住房历史］后，过年时，部分流域的鄂伦春人进屋拜年还要先面对灶门口和炕面子跪地磕头拜祭，然后再给长辈和老年人磕头拜年，这是否是对火神崇拜习俗的沿袭呢？还是火炕给人们带来温暖的感激之情？需要进一步研究思考。

唱秧歌。唱秧歌是春节期间当地群众主要的娱乐活动。不过那时不像现在都叫扭秧歌，一般都叫唱秧歌，主要区别在于现在是光扭不唱，那时是又扭又唱。所以通常都叫"唱秧歌"，又称为"闹秧歌"。

瑷珲是粮食主产地，所以瑷珲境内的民俗活动几乎都与农事有关。在瑷珲上元节灯会和农村秧歌队中，队员们身穿翻毛皮袄、大花被单、新娘子花衣、肥大旗袍等秧歌服，哥哥手持彩灯，除猫、虎图案之外，皆为苞米、小麦穗等各种粮食图案的彩灯，寓意为五谷丰灯（登），这是农民在新的一年里最大的祈盼。为了热闹，秧歌队两个纵队之间，插有"傻柱子找媳妇""赶驴""辣椒老太婆追相好""老汉推车""跑旱船""老渔翁钓鱼""鹬蚌相争""白娘子与许仙断桥相会""师徒四人西游"等趣味表演，使得整个秧歌队气氛十分活跃热闹，成为真正的闹秧歌。

瑷珲闹秧歌，除在本城大街上扭之外，还要到衙门、商铺和大户人家扭或与外村串演。当秧歌队正在街上扭时，买卖人家和大户人家就会在大街上放鞭炮拦截，将秧歌队引进院内打开场子，有专门歌手以旧瓶装新酒的形式高唱："正月里来正月正，正月十五雪打灯；大雪飘飘铺满地，明年定是好收成"等吉利拜年词。扭唱一阵，院主人要摆上烟卷、糖果、花生、瓜子等吃食，请队员们品尝；特别讲究的人家在秧歌队离开前还要送上钱币、烟卷以示酬谢。因为秧歌队进不进院子、进院子时间长短，那都是脸面上的事，是有身份的象征，所以都争着抢着迎接秧歌队。

瑷珲上元节

按史料记载时间推算，瑷珲古城举办上元节灯会至今已有近三百年的历史。

农历正月十五，古称上元节，也叫元宵节，两个节日在同一天度过，又同属古老的节日。其实，这两个节日稍微有所不同。上元节本是道教名称和节日，源于道教三官中的上元天官——北极神的诞辰。汉朝在这一天"夜祀上元天官太一甘泉"，即这一夜要祭祀上元天官，太一甘泉是上元天官即北极神的别称。主要的不同之处在于，祭祀上元天官是朝廷的事，过元宵节则是民间的事。直到唐朝以后才逐渐演变成今天的元宵佳节。虽然称谓不同，但是内容却无多大差别。到北宋年间，元宵节由三夜扩展至五夜。即从正月十二上灯开始，以正月十五为中心，到正月十八落灯为止。全国城乡，民众倾城出动，观灯看秧歌，好不热闹。

瑷珲上元节的内容，主要由立灯官、布阵容、闹秧歌三部分组成。

立灯官：每年春节前后，封闭印信，停止办公。这期间要立灯官，一方之事由灯官做主。灯官外出，鸣锣开道，路人回避。

瑷珲上元节的灯官与其他地方的灯官在扮相和队列布阵上有许多不同之处，瑷珲上元节灯官是一种正面形象，而内地的灯官大部分都是演绎或戏剧化的扮相。有的灯官官衔竟然写的是"槽头一品"。也有的灯官乘坐的轿子竟然是一根扁担，坐在扁担上面可以前后左右戏耍，凸显其杂技功夫。有的地方，灯官轿子两侧，除妖艳的灯官娘子之外，还要加进一个奇丑无比的辣椒老太婆，与灯官娘子争风吃醋，极具表演性、戏剧性和趣味性。

布阵容：在秧歌队中，大旗领队，旗上书有"瑷珲上元节"字样，大旗后是红色挡牌，上书灯官姓名和头衔。随后灯官坐轿出场，左右两侧分别是身着黑红两色服装的左挎刀、右持棒的八名衙役。打扮妖艳的灯官夫人骑马紧随，其后是八旗秧歌队，每旗为一个队，领队打着本旗旗帜，十六名队员身着统一的秧歌彩服，腰系彩带，一手持灯、一手摇扇，尽情扭动。

闹秧歌：在《春节习俗漫议》中已有详细叙述，此不赘述。

值得一提的是瑷珲地处塞北极边，又是少数民族聚居的地方，而且这里的少数民族无论是满族、达斡尔族、鄂伦春族都分别入了满八旗、蒙八旗或汉八旗，都是在旗的人。除汉军八旗外，都信仰萨满教，而上元节却是内地民众信仰的道教节日，由此可见道教与萨满教在这里并不相互排斥。

还有一个趣味性很强的民俗活动，虽然不与上元节有关，却是元宵节期间民间普遍流行的一项民俗活动——"动荤（婚）"。即元宵节观完灯、看完秧歌回家后，那些还没嫁出去的大龄姑娘，要在父母的催促下，抱起荤油坛子晃动，民间称为动荤（婚），寓意十分清楚，利用这两个同音字，表达老人的心愿，希望并督促姑娘早点成婚。

关于瑷珲古城上元节民俗文化的情况，最初是由1986年版《瑷珲县志》记载，清雍正元年（1723），内阁大学士、礼部侍郎杨宣因故被流放瑷珲，其次子杨锡恒随父来瑷珲期间写下"艾河元夕竹枝词"，将"绝塞寒云冻不开"的瑷珲地区上元节期间"倾城鼎沸闹秧歌"的活动场面，以诗歌的形式记录下来。

2013年,爱辉镇(2015年恢复曾用名"瑷珲")恢复了"瑷珲上元节"的传统民俗文化活动,才使得这一失传多年的民俗活动得以保留传承,并于同年被批准为"省级非物质文化遗产保护项目"。

2013年以来,爱辉镇已连续举办四届"瑷珲上元节"民俗文化活动,在内容上,不仅增加"清始祖出世""黑龙撒金"等表演项目,还举办古城雪雕、满族剪纸、满族民俗绘画、古城摄影、满族民俗实物等多项展览,以及猜灯谜、抽冰尜、滚铁环、滑冰和滚冰健身等群众喜闻乐见的传统文化体育活动,成为本地乃至全市春节期间一大活动亮点。

坤河达斡尔族敖包节

敖包,是指达斡尔人在山岗或土包上面用石板(块)逐渐垒砌而成的一个底圆上尖呈宝塔状、上面栽有一棵树的建筑物,又称斡包,还有谐音"鄂博"的称谓和写法。敖包的原意是专指一个特定的祭神场所。但是按其功能划分,又可分为界标敖包与祭神敖包两种。

界标敖包,专指达斡尔族对清代中俄两国国界标志的称谓。按1689年《中俄尼布楚条约》规定,中俄两国以石勒喀河和外兴安岭为疆界。自达斡尔等原住民南迁之后,黑龙江北岸绝大部地区几乎是荒无人烟。为确保这一地区安全,按清廷规定,黑龙江将军分每年一次和三年一次派清兵到指定的敖包巡逻。每年巡逻的敖包四个,每三年巡逻的敖包也是四个。《清代黑龙江达斡尔等族八旗驻防巡察边境路线图》标明,分别是乌勒木迪河、乌勒木迪河岔、斡勒奇坎河顶、哲勒木迪河与音肯河交汇处、乌勒奇坎河、哲戈格达河、阿尔扎尔河和格尔必奇河共8个敖包。即格尔必齐河口敖包、音嘎里格达河源敖包、西拉木迪河同音肯河交汇处敖包、音肯河源敖包、乌拉木迪河岔敖包和乌拉木迪河源敖包。每次出巡前都要到将军衙门领取专用木牌,到达巡逻目的地,将所带木牌挂在敖包顶部的小庙上,再将上次出巡者所挂木牌取回交将军衙门查验。时任呼伦贝尔佐领、达斡尔族诗人敖长兴,会同时任黑龙江协领纯钢、佐领富明阿率领 96 名清兵，披荆斩棘来到巡查的目的地——音肯河源斡包，历时三个多月，完成了 1851 年的巡边任务，并留下不朽之作——著名的达斡尔族叙事诗《巡边歌》。

祭神敖包。过去，达斡尔族每个莫昆（氏族）都有自己的敖包，并举行祭祀活动。敖包实质上就是公众的祭坛。祭坛一般都设在大型集会的场所，分官方的旗祭、氏族的索木（类似乡）祭，后来又演变成以村落为主、杂居一村的各莫昆共同祭祀。祭祀的目的就是祈求风调雨顺，五谷丰登，家庭安康，牲畜兴旺。一般莫昆集会祭祀是以年为单位，一年一次。祭祀时，宰杀牛、羊、猪供祭，与萨满教其他祭祀活动相同。祭敖包同时又是民众的文化体育盛会，举行盛大的赛马、射箭、拉力、颈力、跳骆驼、顶羊角和摔跤等传统体育比赛和文艺演出活动。整个祭祀活动自始至终充满着庄重肃穆、喜庆祥和的气氛。

平时达斡尔族过路者遇到敖包时，要下车下马，捡些石块添加在石堆上，以示对敖包的崇敬之心。

1994 年，坤河达斡尔满族乡在隆重召开建乡 20 周年庆祝大会的同时，恢复举办坤河乡达斡尔族"敖包节"，使这一传统的节日活动得以传承。2014 年，为弘扬民族传统文化，坤河乡修建了一座我国北部最大的敖包，并举办了全国各地达斡尔族代表参加的"北方第一包"的敖包盛会。

鄂伦春族古伦木沓节

古伦木沓，鄂伦春语意为祭祀火神。古伦木沓节是将祭祀火神仪式与传统歌舞和体育活动融为一体，成为鄂伦春人祈福欢乐的重大民俗节日盛会。2007 年被列入国家级非物质文化遗产保护项目。

江河奔流，千年不息。在我国大小兴安岭山川、河流、大地上繁衍生息的鄂伦春人，用独特的风俗，在萨满教文化氛围中，不断演绎着亘古至今世代沿袭的生命传奇。

在"万物有灵"观念的影响下，鄂伦春族同胞与世界上许多古老民族的精神文化相同，在他们年轻时就从先祖那里承袭着对火神的敬仰崇拜，视火神为生命。在他们的理念中，是火神驱逐了严寒，给他们带来温暖；更是火神使他们学会熟食，摆脱茹毛饮血的荒蛮岁月。

出于对火神的虔诚崇拜、恐惧和敬畏，千百年来一直沿袭着不准向篝火洒水吐痰，更不准用刀尖扎、棍子捅火堆等禁忌民俗。时至今日他们一直坚持保留向篝火投入肉块、敬酒祭祀火神等宗教信仰民俗。祈求火神继续保佑鄂伦春人远离各种灾难，感谢火神世世代代赐给鄂伦春人平安幸福。

在鄂伦春族，祭祀火神活动早已有之。为保护民族传统文化，文化部于2007年就将古伦木沓节列入国家级非物质文化遗产保护名录。作为全国鄂伦春族主要聚居地之一的黑龙江省，于2012年决定在黑河市爱辉区新生乡举办黑龙江省首届鄂伦春族古伦木沓节，旨在推动古伦木沓节的传承活动。

2012年金秋时节，国家民委、省民委和市区主要领导，俄罗斯伊尔库茨克州腾达区区长，同黑龙江省鄂伦春人聚居地的五乡一村鄂伦春族代表齐聚色尔滨河，共同参加了这次省级的古伦木沓节的传承活动。

来宾车队在历史悠久的鄂伦春族马队护卫下，从5公里之外的一号桥驶向迎宾门。身穿节日盛装的鄂伦春族女青年为客人们隆重地献上"下马酒"，并为他们戴上象征吉祥幸运的彩虹花环。

黑龙江省首届鄂伦春族古伦木沓节在色尔滨河畔占地5000平方米的博奥韧民族文化广场举行。首先是一位身着节日盛装的鄂伦春族小伙子，跪地迎接一位年逾八旬的全国鄂伦春族唯一健在的女萨满。女萨满身着萨满服，左手端着桦树皮酒碗，用右手无名指不断向空中和四方洒酒，祈求神灵保佑族人平安幸福。接下来相继进行迁徙、射箭、颈力、拉力、摔跤、打布鲁等体育表演项目。

当夜幕降临时，人们按捺不住心中的激动与喜悦，纷纷涌入博奥韧文化广场。在一阵鞭炮声中，国家民委领导宣布：黑龙江省首届鄂伦春族古伦木沓节开幕。顿时，繁花似锦的礼花腾空炸响，博奥韧文化广场的夜空瞬间变得五彩缤纷，绚丽多姿。

在色尔滨河水的美妙和声中，在接近小兴安岭岭脊的"博奥韧民族文化广场高坡舞台"的盛情邀请下，三地鄂伦春人同台献艺，演出歌舞、说唱、民族服饰表演等节目，使节日舞台上的文艺演出激情四射、魅力无限。当激情狂野的《萨满之光》舞蹈赢得全场热烈掌声之时，也迎来本次活动最重要的一幕《祭拜火神，篝火狂欢》。

全场灯光熄灭，熊熊篝火瞬间燃起，它迅速向夜空中升腾，预示着全体参会人员与鄂伦春族同胞的心连在一起，犹如火焰一样迸发燃烧。

篝火中，八位鄂伦春族老人手擎桦皮酒杯，在知名鄂伦春族研究者的带领下，顺时针缓缓地绕篝火三周，虔诚地、不断地向篝火洒酒祭拜祈福，真诚地向火神追述吟唱着鄂伦春人的岁月之歌和对更加美好未来的希冀与憧憬。

节日的篝火越烧越旺，喜悦的心越跳越狂。

继本届盛会之后，爱辉区又连续举办四届深受鄂伦春族群众喜爱的非物质文化遗产保护项目的传承盛会，真正将国家级鄂伦春族古伦木沓节传承性的保护活动纳入常态化工作中。

瑷珲开江节

黑龙江是我国北方满族、达斡尔族、鄂伦春族等民族的母亲河。满语称其为"萨哈连乌拉"、蒙古语称"哈喇木连"、达斡尔语称"卡拉穆尔"，都是黑水之意。它本是我国的一条内河，由于历史原因，今已成为中俄两国界河。

瑷珲古城历史悠久，有深厚的文化内涵。流传着许许多多美丽诱人的地方风物传说和历史神话传说，而关于瑷珲开江节由来的神秘传说就发生在瑷珲龙王庙前的江面上。

民国九年（1920）版的《黑龙江瑷珲县志》是这样记载的："瑷珲江岸上设有龙王殿宇，正对此庙江底似有一山，每年立冬封江，则此处必先应时冻固。立夏开江或前或后三日内，不拘昼夜，必有一时江中雷动，即将中心数尺之厚冰划分各半。从此始见畅开，地方民众称为神异。"

这种由江中巨大礁石与冰凌冲撞而产生的奇异的自然现象，人们纷纷称奇，不断加以神化、敬畏、崇拜。不仅在江岸建起龙王殿，而且各族民众也相继以本民族固有的形式拜祭成俗。

祭江，一般都在江岸祭台正中位置摆放一个铜色烛台，两侧留有猪头、鲤鱼、酒坛的位置；中间空隙摆放三盘七星油炸黄米供饼。前来祭江的人中，打鱼的把鲤鱼、放排的把香烛、跑船的把酒坛、淘金的把猪头等物依次摆放在祭台上。

拜祭活动开始，先是满族、达斡尔族、鄂伦春族三个历史上的渔猎代表民族登台献供拜祭。据历史文献记载，在黑龙江中上游及其最大支流精奇里江上，杂居在这一区域内的满族、达斡尔族、鄂伦春族等族民众，最初都是以渔猎为生。为确保渔业丰收和江上作业安全，他们经常把新鲜鲤鱼作为供物献给神灵，祈求得到保佑。

然后是木排工人登台献供。从清末民初开始，在黑河万国商埠建设中，需要大量木材。而这些木材大都是"放排人"从黑龙江水上运来的。在千里运输线上，放排人躲过一个又一个险滩，冲过一处又一处急流，随时都有掉入江中死亡的危险，甚至可以说是用生命换来的。所以放排人在出发前和晚间停排后，都向江中险要处洒酒抛肉进行祭祀。

紧接着是帆船工献供。过去，黑河至呼玛至漠河之间，陆路交通条件很差，因此水上运输量很大。由于机械船很少，所以人力帆船数量猛增，最多时达到八十余艘。夏日，蓝天黑水之间，白帆点点，景色煞是好看。可这对于船工们来说，却充满着劳累、艰辛与风险。一艘小木船，几百吨货物，无风时，全靠船工们肩拉纤绳，赤脚在岸边水中拉行；遇有难走的水道，不得不爬行；大风天却因风向莫测，又有船翻或沉船的危险。所以他们也同放排人一样，在开船前、吃饭时，向江中洒酒抛食，进行祭拜活动。希望神灵保佑他们行船时风向对、水头好，一路安全。在瑷珲一带，还有一个特殊的祈求行船安全的民俗现象，就是每当帆船要离开停靠点前，船工们都要真诚地向岸上喊："有没有山东老乡上船？咱这条船有'秃尾巴老李'保佑，稳当、安全！"

最后是淘金工人登台献供。瑷珲县境内物产十分丰富，特别是盛产黄金。传说，黑龙江左岸有十八大金沟，而右岸则有十二架金葡萄。过去，黑龙江沿岸也有一些采金点，如四克金、小金厂等。采金点工人平时最怕的是枯水或洪水，或冬天在打出的深井里采金，一旦矿体坍塌按碃冒顶的方法行话叫"按碃"，不仅挣不着钱，还要搭上性命。于是就用三块板搭庙、挂块红布、宰黑毛公猪，供奉祭祀，没有小庙就站在江边把供品和酒直接抛洒进江中。

各位拜祭者登台后，统一转身、双手合十拜祭：
领头人大声喊道：

　　一拜星辰，
　　二拜山川江河，
　　三拜祖先，
　　拜祭完毕，退下。

这时，满族、达斡尔族两个少数民族头人手持青蒿杆香，鄂伦春族头人则手捧尚待吐蕾的达子香，依次登上祭台。满族、达斡尔族和鄂伦春族是瑷珲境内三个原住民族，他们不仅为开发保卫建设边疆作出重要贡献，而且创造出灿烂的民族文化。其中满族和达斡尔族两个民族以青蒿杆替代香烛，鄂伦春族则以达子香代替香烛，使敬神祭祀的民俗活动具有鲜明的区域性和民族性特点。

这时，领头人喊道："请各族头人集体点燃香烛！"手持青蒿香烛和达子香的人们走向岸边。
领头人再次喊道：

　　一拜星辰，
　　二拜山川江河，
　　三拜祖先，
　　祈求各位神灵赐福，保佑各族民众生活富庶康宁！
　　请走下祭台，把香烛轻轻摆放在水边，以示虔诚。
　　拜祭完毕，退下。

鼓声骤起，萨满同二神查利共同起舞，并依次走向各个人群洒酒祈福。

萨满教是世界性的原始宗教，其核心是"万物有灵"和"自然崇拜、动物图腾、祖先崇拜"。我国满族、达斡尔族、鄂伦春族等东北少数民族都曾经信奉过萨满教。萨满教中的萨满并不属于专职的神职人员，他们自称是人与神之间的使者，能够把民众的诉求转达给神灵，祈求神灵给予庇护保佑。

激奋的鼓声，（模拟某种动物的）狂野的舞步，似乎要把人们带入空灵之中，这就是萨满舞的特点。

作为一种宗教文化，随着社会进步，萨满教中的萨满舞已不再具有附加的原有功能，只是一种文化娱乐表演形式。

领头人引导主祭人走向人群，面对大江，高声宣读主祭词：

> 公元××××年春，选择大吉之日，瑷珲满族、达斡尔族、鄂伦春族等各族民众代表和江上作业的各行业代表相聚古城江畔，举行隆重的祭江仪式。

摆上自养的黑毛猪，摆上精心制作的油炸黄米面七星饼，斟上自酿的米儿酒，点燃先祖传下的青蒿杆香烛，一并供奉给天神阿布卡恩都力、幸运之神诺·巴尔肯、山神白那恰、火神透欧博如坎、龙神穆都里恩都力等各位神灵，感谢神灵昔日对瑷珲各族民众的恩赐。（合十躬身拜祭）

祈求各路神灵继续庇护保佑瑷珲各族民众家家和睦，人皆康泰；百事顺利，百业兴旺；民富庶，国强盛，共图早日实现民族兴盛之梦。

祭江仪式结束，民众自行在江岸架锅支灶，江水炖江鱼、划拳行令，开怀畅饮，好不热闹。

瑷珲节令民俗杂议

节令民俗包括纪庆节日、农祀节日、交游集会。是从正月初一直到腊月三十，一年当中活动范围最广泛、活动内容最丰富、活动时间最长的民俗事象。大体范围是，纪庆节日有元旦、春节、元宵节、正月十六（俗称抹花迷子）、二月二吃猪头、清明节扫墓、端午节踏青采艾蒿吃粽子、七夕、七月十五上坟烧纸祭拜先人、中秋节拜月吃月饼、重阳节以及冬腊（腊八）和过小年等民俗。农祀节日为立春，即民间习惯称为"打春吃春饼谓咬春"至大寒这二十四个节气。过去交游集会主要指曾经十分盛行的农历四月十八娘娘节庙会等。

坦诚地讲，瑷珲境内的节令民俗，历史上几乎都存在，由于各种社会因素，某些民俗事象或时有时无，或时而隆重时而淡漠；某些活动可能是全国性的，民俗具体活动内容程序可能有所差别，但是民俗心理基础还是基本一致的。例如，同样的清明节，内地的活动内容有扫墓、踏青、插柳戴花、寒食，由于气候等原因，瑷珲境内却只能扫墓、寒食。又如，端午节期间，依照传统习惯除插艾蒿、挂草编小扫帚、腰戴香包、腕缠五色线、吃粽子之外，瑷珲境内的人们还会早起，成群结队涌向郊外、涌向江边采艾蒿，用江水或露水洗脸和眼睛，将原属于清明节的某些"踏青"活动移到此时进行。民俗的地域性差别在此时此地有所显现。由于气候原因，瑷珲境内的节令民俗有串时现象。而八月十五中秋节并无什么突出的地方特点。因此，除对影响最大的春节瑷珲古城满族上元节、坤河达斡尔族敖包节、新生鄂伦春族古伦木沓节三个既具地方特色又具民族特色的纪庆节令作出重点介绍之外，本书对其他节令民俗不作专题赘述。

第八篇

文娱篇

早期儿童学习用品"萨木然"

清初,瑷珲境内的教育事业滞后,直到乾隆九年(1744),瑷珲才设置一所官学。

官学成立后,学生先学习满文,从背字母开始,待字母背熟后,开始学习满文译本《三字经》。由于当时条件艰苦,学校教室里没有黑板,也没有小石板,更很少有学习用纸。据史料记载,当时学生上课要自带"萨木然""水盘"及削尖的木棍。所谓的"萨木然"就是一块长宽各1尺的光滑木板,上面涂上油脂,再撒上一层草木灰,草木灰与油脂粘着,学生用削尖的木棍在上面练习写字,写满后用抹布擦掉重写。水盘大小与"萨木然"差不多,上面涂一层油脂使之光滑,用毛笔蘸水在上面练字,写满后用湿抹布擦掉重写即可。实际上,萨木然和水盘都是代替纸、墨的一种自制书写板。

据达斡尔族老人说:"在'萨木然'上练习写字很早就有,听说咱们这儿的满族人也用过,也不知道是哪个民族先使用的。"

鄂伦春族神话综述

鄂伦春人有本民族语言,却没有本民族文字。很难想象,在一个定居时只有两千余人的游猎民族中,仅靠口耳相传,竟然能够保存下来200多万字的口头文学,实在是人间奇迹。

神话传说是鄂伦春族口头文学的重要组成部分。从目前已整理或已经发表过的神话传说形式和题材分布情况粗略分析,可以比较清晰地看出,特定的自然环境、特定的生产生活方式、特定的思维方式是鄂伦春族神话传说产生的三个基本因素，也直接影响着不同地域的鄂伦春人口头文学形式和题材有所侧重。基本分布情况是：毕拉尔路必拉千鄂伦春人是以说唱文学形式、以倾诉型苦歌和赞美英雄的题材为主，这种边说边唱的形式还有个专用名称叫"摩苏昆"，是鄂伦春语边说边唱的意思，对研究鄂伦春族文学史具有重要价值；库马尔路瑷珲千鄂伦春人则是以反映鄂伦春人早期思维方式的《人是怎么来的》《白天为啥比黑夜亮》《男人和女人》《无头神》《达公射日》等解释性神话为代表的口头文学，对研究鄂伦春人早期思维方式具有重要价值；库马尔路库玛千鄂伦春人流传的口头文学主要是萨满神辞及有关萨满活动的口头文学。内蒙古阿里河鄂伦春人的口头文学与瑷珲地区流传的神话故事比较相近，同时生动形象的动物故事也比较多。

在国家进行的民间文学三套集成中，瑷珲地区搜集整理的神话几乎全部被收入到国家卷中，其中《无头神》等口头文学作品被纳入到《中国民间故事集成（黑龙江卷）》和《中国阿尔泰语系诸民族神故事集》《民族文化经典故事丛书》书刊。

鄂伦春人图腾文化简述

同东北地区其他少数民族一样，鄂伦春人信仰万物有灵的原始宗教——萨满教。它具有不稳定的神群，也很难统计出它到底有多少个图腾崇拜对象。我们在这里简要介绍部分自然崇拜和动物图腾崇拜。

日、月神。对日月的崇拜，是世界各地原始狩猎民族曾经普遍存在的一种原始文化现象。在鄂伦春人的心目中，太阳和月亮都是有灵性的神。太阳不仅给人带来光明和温暖，而且通人性。逢年过节人们要跪拜，心中有了委屈，也要向日月二神倾心诉说。还有的神话说太阳和月亮是一对鄂伦春族兄妹成神后变的。鄂伦春人认为月神也能够给猎人指路，防止迷山。打不到野兽时，晚上要把一个清水盆放在斜仁柱前，摆上供物，对月跪拜祷告。第二天早上，看看水盆里有无动物毛，以此结果预兆狩猎结果。

虎神。对一个长期从事狩猎的民族来说，将动物作为民族或氏族的标志是必然的反应。其中，鄂伦春人曾视虎为自己的祖先之一，不准直呼其名，要称呼其为"大老爷"或"老祖宗"。关于虎的图腾传说有很多，其中一个故事说的是有一位鄂伦春妇女，给一只受伤的老虎拔下扎在屁股上的一根刺儿后，老虎感恩，经常把抓来的野兽放在斜仁柱门口，还给这个妇女托梦，说吃老虎口里的食没罪，老祖宗不会生气。在众多的传说中，也有直接讲述人虎相交繁衍后代的故事。

鹿神。鹿同鄂伦春人的生产生活有着最为密切的关系。在鄂伦春民族中，鹿崇拜习俗的事项很多，仅次于熊神。第一，在萨满的神帽上，用鹿角杈的多少表示该萨满级别的高低。第二，在民间传说中，神鹿的角长被视为天梯，可以一直伸到天上，人们攀着鹿角就可以来到天上，找天神恩都力办事，寻求美好的生活。第三，也有的部落直接称呼其为"鹿奶奶"。

大力战神，又可称为英雄神、祖先神。这种以英雄为崇拜对象的民俗活动不仅存在于鄂伦春民族，在与其相邻的少数民族中也普遍存在。崇拜的偶像往往是能骑善射的英雄，或是力大无比的好汉，或是能够力挽狂澜、带领氏族冲出险境或困境的酋长，等等。英雄崇拜往往与祖先崇拜融为一体。

鄂伦春人熊图腾

在东北亚地区的古代民族中，以熊为图腾的民族或者认为自己的祖先与熊有血缘联系的民族，除我国鄂伦春、鄂温克、赫哲等民族外，还有俄罗斯库页岛上曾被称为"苦夷"的人、日本北海道的阿依努人、部分朝鲜族的先民，以及由北亚迁徙到北极地区的因纽特人。

关于鄂伦春族以熊为图腾的情况，我们简要归纳以下十一个方面：

第一，在传统观念上，鄂伦春人认为人熊一家，人与熊有着血缘联系。在《小伙子与黑母熊》传说中，被母亲带走的孩子成了熊，被父亲带回来的孩子成了鄂伦春人。

第二，在称谓上，不同地区的鄂伦春人对熊分别有"伯父""伯母""舅父""舅母"等不同的称呼。

第三，在很早以前，鄂伦春人是不捕猎熊的。遇到熊的脚印或熊吃过东西的地方，要跪拜，以示敬意。

第四，猎到熊时，不准说熊死了，而要说"舅父或舅母睡着了"。刺尔滨河流域的鄂伦春人要说"伯父伯母睡着了"。

第五，在吃熊肉时，要一边吃一边学乌鸦"嘎、嘎、嘎"地叫，意思是说，不是我们在吃你的肉，是乌鸦在吃你的肉。

第六，猎熊以后，熊肉可以平均分配，熊头不能参与分配，要煮熟后，全乌力楞的人一起吃。

第七，吃完熊肉后，要对熊头忏悔说："我们的弓箭不准，刀也钝了，是×××族人误杀了你，请你不要怪罪我们。"

第八，吃过的熊骨要用柳条或草仔细包好。熊嘴巴用一根小木棍支开，怕下辈子人哑巴，也有的说是怕下代熊咬人。包好的熊头、熊骨要放在一棵活树杈上，举行风葬仪式。边唱边祷告："伯父、伯母，请你们不要回头吓唬我们，让我们平平安安地过上好日子。"条件允许时，还要请萨满主祭风葬仪式。

第九，用熊皮制作的皮褥子，必须放在斜仁柱正中的位置，即神位下面。妇女是绝对禁止坐卧或脚踩熊皮褥子，认为其身体不洁，会亵渎神灵。

第十，有的人家还把一公一母的小熊像作为图腾物缝在皮挎包上，保佑佩戴者时时平安。

第十一，鄂伦春人对熊的图腾不是某个氏族而是全民族的信仰行为。

除上述所介绍的之外，鄂伦春人对熊的图腾崇拜事象还有许多。

为什么鄂伦春人对熊的图腾崇拜如此强烈？在鄂伦春族民间广泛流传着《红手镯》等讲述人与熊有血缘关系的神话传说。其中《黑母熊和小伙子》就是一例，故事的梗概是：

从前，有个鄂伦春族小伙子进山里打猎时，被一只黑母熊逮住扛进山洞里。白天，黑母熊出去打食前，用大石头把山洞口堵住，不让小伙子出去。晚上打食回来和小伙子一块吃。夜里，和小伙子一块睡。后来，黑母熊给小伙子生了个小孩。有一天，黑母熊出去打食时，忘记用石头堵住门口，小伙子就跑了出去。因为小伙子在山洞里待的时间太长了，总不见阳光，眼睛不好使，身子也发虚，好不容易才跑到一条河边，爬上一张木排。刚要离开，黑母熊夹着小孩追了上来，哭着喊着让小伙子跟她回去，小伙子没答应，黑母熊就把小孩一撕两半，一半扔给小伙子，一半自己留下。黑母熊留下的一半小孩仍是熊，扔给小伙子的那一半就成了鄂伦春人。

鄂伦春族人类起源的神话传说

在鄂伦春族诸多的口头文学中，"人类起源神话"保存得最为完整，内容最为丰富，大概有六种，在全国所有少数民族中也是最突出最典型的。下面简要介绍四种。

第一种是扎老桦树皮成人说。传说，从前地上没有人，只有野兽满地乱跑。天神恩都力就用老桦树皮扎成最早的人，让人管着这些野兽。直到20世纪80年代初，仍有部分鄂伦春族老人认为"老桦树是有灵性的，老桦树像额妮（母亲）一样用奶水养育了鄂伦春人"。

第二种是捏泥成人说，这是和汉族泥人说十分相近的传说，所不同的是它更鲜活、更动人。说的是恩都力用泥捏成的人因为水放多了一点，只好一边拍打一边晒干，所以泥人两侧才留下五个手指印，人们管这叫肋骨。因为人是用泥捏的，所以不论是男人还是女人，脸总也洗不干净。女人因为吃了果子才长得水灵，脑子变得聪明，才能领着男人过日子。似乎是以自己的思维方式向人们解释人身上为啥长肋骨和脸总也洗不净的原因。

第三种是刻石成人说，传说很早以前，地上一个人都没有。恩都力搬来五块石头，刻成人的模样，可各个器官都不会动。恩都力用手摸摸石头人的眼睛，石头人的眼皮就会眨了，眼珠就会转了。恩都力用手摸摸石头人的鼻子，石头人的鼻子就会喘气了。接着恩都力又连着摸了石头人的耳朵、嘴巴、脖子和胳膊、腿，该动的该转的会动会转了。可恩都力摸来摸去就是没摸肚脐眼，所以肚脐眼就不会动、不会转，也没啥作用了。

第四种是动物进化说。这个神话传说是在扎鸟毛鸟肉成人说的基础上形成的一说。传说从前地上的人和野兽数量差不多，浑身毛，跑得特别快。恩都力就想，这人和野兽总得分开呀，还得让人管着这些活蹦乱跳的野兽。恩都力就在天上向人群吹了一口热气，把人身上的毛除了下巴、腋窝里等个别之处的毛发没被烫着外，其余的地方都烫没了。恩都力看到人脑袋都是光秃秃的，夏天怕晒冬天怕冷，就抓把野兽毛随意摁在人的头皮上。从这之后，摁着的人便有了头发，没摁着的就秃光光的；人的头发也有了直的和卷的区别；在颜色上还有了黑、白、黄、灰之分。

男人和女人（鄂伦春神话传说）

从前，地上没有人，尽是野兽。恩都力天神心里想：地上的野兽一天比一天多了，有的野兽（鸟）还能飞起来，说不定哪一天会搅闹到天上来，这怎么能行呢？一定得想个法子治治它们。

恩都力把两只手握的锤子往一块这么一碰，一下震死了不少在天上飞着的野兽（鸟）。恩都力把这些野兽（鸟）的肉和毛捡到一起，先扎成了10个男人，又想扎10个女人，可是野兽（鸟）的肉和毛都用光了。恩都力就用泥又做了10个女人。这10个用土捏成的女人软绵绵的，一点劲儿也没有，啥活都不能干。恩都力就摘来野果子，给每个女人的嘴里塞一颗。女人们一下子就变得水灵了，脑袋瓜也聪明了，身板也灵巧了，力气也大多了。干啥活男人都不是女人的对手。男人不服气啊，就向恩都力告状。恩都力就赏给每一个男人一支弓箭，让他们专门打野兽。从这以后，男人就比女人多个技能，说话也硬气了。

白天为啥比黑夜亮
（鄂伦春神话传说）

听老人们说，从前，地上比现在亮多了，也没有黑天（夜）白天之分。那时候，德依勒阿恰（太阳）和别亚（月亮）两人都还在地上，也是靠打围过日子的人。

德依勒阿恰和别亚是一个额妮（鄂语：母亲）生养的亲兄妹，都长得又高又壮，真是哥哥帅气，妹妹漂亮。

兄妹两个人在一块过日子，格外地近乎，谁也离不开谁。两人一块出去打围，一块烧肉吃。别亚做弓箭的时候，德依勒阿恰就坐在河边梳洗打扮，用桦皮粉擦脸，打扮得像天上的仙女一样漂亮。后来两人日久生情，决定到天上办喜事吧！兄妹两个就一起飞上了天。

恩都力在天上早知道他们的事了。兄妹俩刚飞到天上，恩都力就堵着他们说："你们都上天了，地上没亮咋办？"德依勒阿恰听恩都力的意思是不让他们在一起，就伤心地哭了起来。别亚劝德依勒阿恰说："好妹妹，别哭了，再哭就把脸上的粉都冲掉了。"恩都力看到他们难舍难离的样子，就说："你们两个实在要成亲也行，可不能总在一块儿，要有时有晌才行。"说完，用手在天上划了一条道，让他们两个在这条小道上，一前一后地分开走。不到一定的时辰，不能住在一起。

从这时起，德依勒阿恰路过地上的时候就是白天，别亚路过地上的时候就是黑天（夜）。有时候，他俩住在一起的时候，天就会黑了（日食）。

达公射太阳(鄂伦春神话传说)

传说,从前天上有12个太阳。12个太阳像12团大火球,把河水快要烤干了,把树叶快要烤枯了,把地面快要烤裂了,什么庄稼都不能生长。人没粮吃,又缺水喝,怎么能活下去呢?

这期间,出现了一个为民除害的英雄好汉,名叫达公。他长得膀大腰圆,浑身力气。达公拔下一棵依奇松,做了一张大弓。又拔掉12棵白桦树,做成12支长箭,箭头削得比锥子还尖。

达公把弓箭做好后,吃了一顿饱饭,这一顿饭,他吃了一只虎、三只熊、十二只狍子,还喝了一条小河的水。

吃饱喝足,达公开弓箭,一箭一个,一口气连射掉11个太阳。那11团大火球掉在地上,把地砸成11个深坑,地下的水顺着坑"滋滋"往上冒,流出坑外就成了河,没流出去的就成了大水泡子。

达公射掉11个太阳后,力气就不足了。那么远的目标,要用弓把箭射上去,那得费多大力气啊!达公为了除害,还是拼着命把最后一支箭射上去,可是劲头太小了,光射中,没扎透,这第12个太阳在天上左摇右摆,晃荡了半天,就是没有掉下来。时间一长,用白桦树做的箭杆就被烧成白灰飘了下来,变成白茫茫的一片大雾了。

天上剩下一个太阳,就不那么烤人了。地上又长出了庄稼,人们也就又有活路了。

没脑袋神(鄂伦春神话传说)

很久以前,有个没脑袋的神。他不但没眼睛也没有耳朵,可是他能用"屋混"（鄂伦春语，汉语意为一对乳房）看东西听声音。就是隔着十座八座山，他也能说出那地方都有些什么野物和野物的喘气声。没脑袋神还没有嘴，从来也不吃饭，光喝酒就行。他喝酒的时候，只要用手把端着装满酒的桦皮篓举起来往"穷固鲁儿"里（鄂伦春语，汉语意为肚脐眼）一倒，就流进肚里了。他的两只脚前后左右，四下都能走。他能上天入地，力气特别大，谁都打不过他。

没脑袋神有16个女儿，长得一个比一个漂亮，神仙的女儿哪能不漂亮呢！来求亲的人不断，谁也没成上亲，也走不了。因为只要到这来求亲的人，非得和没脑袋神比武不可。要是谁能把他打败了，谁就能和他的女儿成亲。要是让他打死了，没脑袋神就同自己的女儿成亲。后来，有15个求亲的人都被他打死了，骨头一堆一堆的，血都淌成了流儿。没脑袋神也就让自己的15个女儿做了媳妇。

有一天，没脑袋神正坐在仙人柱里和媳妇们一块喝酒呢，又来了一个求亲的人。这个人是年轻小伙，叫米里于哥恩。没脑袋神客客气气地把小伙子拉到自己身边坐下，让第16个女儿给小伙子倒上酒，就对米里于哥恩说："你来求亲可以，我就剩下这么一个女儿没成亲了。只要你能打过我，你就可以把她领走。"

第二天一大早，没脑袋神就对米里于哥恩说："小伙子，咱俩比武吧！"米里于哥恩说："比什么呢？"没脑袋神说："咱们比摔跤吧！"米里于哥恩心想："我年轻力壮，腿脚也灵便，还怕你这个老头！"上前就抱住没脑袋神的后腰，抡了起来。他往左边抡，没脑袋神就往左边走；他往右边抡，没脑袋神就往右边走。米里于哥恩生气了，一使劲儿把没脑袋神抱起来想扔在地上，可是没脑袋神一使劲，反倒把他压倒在地上，把地砸个深坑。

米里于哥恩输了，可他没服气，拍了拍身上的土，对没脑袋神说："咱们比射'激格达'（汉语意为没头的箭）吧？"没脑袋神说："行啊。"两个人于是你射我，我射你，没黑白地射了三天三夜，把一片桦树林都拔光了，也没分出个输赢，打了个平手。

这天晚上，喝完酒之后，第16个女儿偷偷地把米里于哥恩拉到斜仁柱旁边，悄悄地说："你这样射，无论力气怎么大，也是打不赢的。"米里于哥恩问："那你说该怎么办呢？"姑娘说："你只要把桦树上的喜鹊窝射掉就行,那里面装着他的心呢!"米里于哥恩记住了姑娘的话。

没脑袋神白天和小伙子虽然打了个平手,心里却满不在乎。第五天早上,他喝足了酒,对米里于哥恩说:"射没头的箭没意思,今天咱们比射带尖的箭怎么样?"米里于哥恩说:"行啊,你年纪大,先射吧!"没脑袋神还是满不在乎地说:"那怎么能行呢?你是来求亲的客人,还是你先射吧!"米里于哥恩说:"那我可就不客气了!"

米里于哥恩说完,拉开弓冲着没脑袋神的肩膀头上就是一箭,"嗖"地一家伙过去了。没脑袋神笑了笑说:"小伙儿,你的弓拉得挺满,可就是不准,你阿曼也没好好教过你?"米里于哥恩又朝对方胸脯上猛射一箭,没脑袋神一跺脚,钻进地里,只露个肩膀头。没脑袋神从地里拔出身子后对米里于哥恩说:"伙计,这可是最后一箭了!"米里于哥恩没出声,仍旧冲对方的胸脯瞄准,没等弦响,没脑袋神"腾"地一下飞到半天空。米里于哥恩趁这个机会,把箭射向桦树上的喜鹊窝,那箭扎着一颗活蹦乱跳的心从树上掉下来,没脑袋神也"扑通"一声从半空摔倒在地上,变成一只大鸟飞走了。因为他的心没了,就再也不能变成人在地上过日子了。

米里于哥恩打败了没脑袋神,从此以后,他领着这16个媳妇坐地打围过日子。

狍子屁股为啥是白的

从前,有一对小哥俩出去打围,一连几天什么也没打着。饿得够呛,就坐在河边上打小宿。

天快黑的时候,来了个老太太,头发花白的,身板倒挺硬实,就是牙都掉没了。老太太问小哥儿俩说:"你们两个干啥长出短气的呀?"小哥俩说:"怎么不愁呢?山这么多,河这么长,野兽又会没边没沿地跑。谁知道往哪边走能打着野兽?有时候碰巧,打多了又吃不完,肉都臭了;有的时候,不知跑完了多少山沟,连个野兽的影子都看不见。打不着野兽，孩子老婆都得跟着挨饿。"老太太把手往西一指说："别愁，那不是有个野兽吗？"小哥儿俩顺着老太太手指的方向一看，果不其然，有个黄毛野兽正瞅着他们呢！小哥儿俩赶忙起身，一起用箭射去，把野兽射死了。小哥俩把野兽背回来，扒了皮，把脑袋放进吊锅子里面煮，用刀子把肉割成一条一条的，插在小木棍上，放在火里烤，不一会儿就烤好了。哥俩把烤好的肉条和煮熟的狍脑袋拿出来，恭恭敬敬地送给老太太。老太太说自己牙口不好，说什么也不吃。

老太太看小哥儿俩吃饱了，就让他们把哈拉巴骨递给她。老太太把这块骨头扔进火堆里，等烧白了之后拿在手上，把小哥俩招呼到跟前，告诉他们说："以后你们打围之前，就烧烧这样的骨头，这上边会告诉你们什么时候能打着野兽和能打着什么野兽。"小哥儿俩一边听着，一边心里琢磨，这老太太的手怎么不怕热呢？刚想问，老太太整理了一下衣袍，一纵身，就没影了。只见从地面连到天上有一道白光。小哥俩这才明白过来，原来老太太不是人，是恩都力。

小哥儿俩照着恩都力说的话一试，还真灵。可是并不是所有的野兽都有哈拉巴骨头。

后来，这事被恩都力知道了。她领着各种各样的野兽找到小哥俩，对他们说："不是什么野兽都有哈拉巴骨，也不是什么野兽的哈拉巴骨都能烧，只有狍子的才行。"小哥俩也实在，指着恩都力领来的野兽说："你看这么多的野兽，谁知道哪个是狍子呀？"恩都力说："这好办。"她站起来，伸手摸了身旁的一棵白桦树，把手上粘的桦皮粉往狍子屁股上抹了一把，狍子的屁股就变成白色的了。

从这以后，狍子的屁股上就总有那么一小块白色的毛，不管离它有多远，只要搭个影，就能认出来。

马鞍山传说（地方风物传说）

从前，脑温江（今嫩江）上有个石头鱼亮子，至今，还有很多大石头堆在那里。江东有一座孤山，叫马鞍山。脑温江和马鞍山相隔一百多公里。

传说，很早以前，有一对獴猊，是夫妻俩，就在这一带祸害人。獴猊站起来，个子比那最高的依奇松（特指落叶松）还要高出半头。身子有多粗呢？把四五个撮罗子拼在一块，恐怕也没有它粗。

过去打鱼，不单是网挂、叉扎，主要是靠挡亮子。选小河花哨处，用石头压住柳条子，一层压一层，形成一条坝，直到把大流截住。坝中间留个缺口，缺口下面放个用柳条编成的口小底大、像筐一样的大蓄笼。鱼从上水游过来，被坝挡住，只能从缺口往下游，可是一出缺口，就掉进下面的蓄笼里，再也出不来，只好乖乖地等着被人活捉。

脑温江上的石头亮子，是这对獴猊挡的，可他们不是为了捕鱼，是为了吃人。放排的人却不知道。所以，少则三五个人，多则七八个人放着一张木排，顺流而下，一至这里，就会被亮子卡住，獴猊趁人下河推排的工夫，把人捉住吃掉。然后，再把木排放过去，不留一点蛛丝马迹。就这样，隔个三五天，上边又把串好的木排放下来，时间一久獴猊也就又饱餐一顿人肉。

时间一久，獴猊挡亮子吃人的事，方圆百八十里的人都知道了，可是都无能为力！

一天，两个獴猊又祸害了几个人，吃饱喝足，正坐在大山的背阴坡上打瞌睡。冷不丁听见一声大喊："害人魔怪快出来！"獴猊吓了一跳，耳朵差点没震聋。睁眼一看，喝！面前站着一个身背大弓长箭的浓眉大眼汉子。獴猊瞧，心想："别看你嗓门儿大，论力气你行吗？"一边想着，一边带搭不理地说："你是谁？敢来管我？"来人说："我是恩都力，你们俩祸害了世间那么多的人，也该受到惩罚了。"说着，獴猊和恩都力就打起来，把一座山踩得高一块、低一块，坑坑洼洼的。

打了半天，不分胜败，獴猊说："这样乱打一气，看不出真本事，咱们比射箭吧！"恩都力解下背上的弓箭，对獴猊说："比吧，你先射，就射对面那座石砬子。"獴猊接过恩都力的大弓，接连三次，把吃奶的劲头都使了出来，才拉个大半弓，箭一离弦，撞在石砬子上，射出个小豁口。

恩都力拿过弓，一回身，就拉个满弓，那箭带着响，"嗖"地一下射在石砬中间，穿个窟窿透了过去，又把山排子穿出一条沟。

獏猊一见恩都力的力气和箭术比自己强得多,就吓坏了,忙说:"我服了,咱们折腾了半天,怪累的,就在这躺下睡觉吧。"獏猊趁恩都力睡觉的工夫,领着老婆跑得无影无踪了。

恩都力一觉醒来,发现獏猊逃跑了,就站在山顶上一望,这两个獏猊跑到脑温江江东的一座孤山上,正坐在那里下棋呢!于是,恩都力拉开大弓、搭上长箭,一箭射去,从小孤山山顶穿过,把两个獏猊从中间分开。两个獏猊做梦也没想到逃出这么远,还是被恩都力看见并射中了,连怕带气就坐在那里死了。

小孤山就是这样变成马鞍山的。如今这座隶属于爱辉区罕达气镇的马鞍山顶上还有一块特别大、特别平滑的青石板。据说,这就是当年獏猊下棋用过的棋盘。

妮雅岛传说(满族民间故事)

萨哈连乌拉,是满语对黑龙江的称谓,意思是黑色的江。在这条江中上游接合处,有一条叫精奇里江的支流汇入萨哈连乌拉。在靠近江岸的地方有一座由精奇里江出口处泥沙冲积出来的小岛,叫妮雅岛。

据老辈人讲,那还是在金兀术当皇上时。黑龙江边上住着一个小伙子,以打鱼为生。他看这个岛山清水秀,决定到此定居。他过了江,在岛上砍了几棵树,搭建了一个窝棚便住了下来。

小岛本就景色秀丽,如今搭建了窝棚,就显得有生气了。

有一天,小伙子打完鱼后正往家里走,半路上听见一阵女孩儿的哭声。小伙子的心里觉得很疑惑这个岛上除了他以外并没有别人,哪儿里来的女孩哭得这么伤心呢?他放下鱼篓,放眼望去,只有一行大雁,在他的头顶上来回地盘旋。小伙子暗想:也许是自己听错了,把鸟叫当成是人的哭声了。于是,他又背起鱼篓朝前走。还没走出去几步,就听见草窠里"扑棱"一声,把他吓了一跳。只见一只大雁一瘸一拐的,正往树窠子里边钻呢。小伙子拨开树丛,把大雁捧起来。仔细一看,那只大雁的腿受伤了。大雁的眼睛还在"吧嗒吧嗒"地掉眼泪。小伙子从衣襟上撕下来布条给大雁把腿包好捧着大雁,送它飞上天。可是大雁伤得太重了,怎么也飞不起来。

小伙子看着这只大雁,看着它眨眨眼皮儿,又扑簌簌地淌下了眼泪。小伙子心想:这只大雁长得秀气俊俏,好像懂人事似的,越瞅越喜欢,真不忍心把它扔在荒野甸子上不管,就把大雁搂在怀里带回家了。

回到了家里,小伙子把那只大雁放在屋子里养着。一天三顿,喂鱼喂虾,自己却连饭都顾不上吃。冬天里没有鲜鱼了,他就冒着风雪凿冰窟窿下挂子,挂活鱼给它吃。

一天一天地过去了,大雁腿上的伤也养好了。它整天在屋里屋外"哏啊嘎啊"或"妮雅妮雅"地叫着,又飞又跳的。小伙子就感觉到屋里像是多了一个人似的,特别有生气,也不再孤单了。

不知不觉的,大江开了,树叶绿了,南飞的大雁和各样的鸟都飞回来了,岛上又热闹起来。

小伙子望着半空中的雁群,心里想:自己养的大雁伤也好了,也能飞了,应该放它飞上天了。

小伙子就把大雁捧在手心里,对它说:"雁儿雁儿,你走吧!去找你的玛玛和讷讷去吧!"那大雁好像听懂了他的话,就冲着他点了点头。小伙子把大雁往半空中一抛,那只大雁张开翅膀,一下子就飞走了。

大雁飞走了,小伙子又和往常一样,过着一个人的孤单日子。

转眼又是一年。望着江水解冻不断裂开,青草发芽露头,小伙子心里话:该补网了,等到冰排跑尽了,又该下江打鱼了。

有一天,小伙子刚一出门就看见门前有一位白白净净长着一双秀眉秀眼的大姑娘,穿着一身青灰色布褂,正坐在地上补网呢。

小伙子愣住了,结结巴巴地问:"你、你是哪家的姑娘?为、为什么帮我补渔网?"

补渔网的姑娘笑一笑,丢下手里的网梭子,大大方方地告诉他:"我叫妮雅,是玛玛和讷讷让我来找你成亲的。"

小伙子仔细地端量着那姑娘又白又秀气的鸭蛋脸、俊俏的眼睛和眉毛,又是惊又是喜。可是,这姑娘到底是什么来历呢?他想问又感觉到不好开口。

妮雅姑娘看透了他的心思，笑眯眯地说："看你的记性！我去年贪玩，跌伤了腿，不是你给我治好的吗？"

小伙子是一个忠厚的人，皱着眉头想了又想，就是想不起来。

妮雅姑娘见他不相信，就挽起裤腿给他看。可不是嘛，雪白的大腿上真就有一道伤疤。

小伙子说："可、可是，我除了两只手，一条小威乎（小独木船）、一张破渔网之外，什么都没有，你、你不嫌弃我吗？"

妮雅姑娘说："你有天，有地，有这条河，还，还有我呢！"说完话，妮雅姑娘害羞了，小伙子也脸红了。就这样，他们成了亲。小两口的日子过得快快乐乐、开开心心。

一转眼就过去了三年，到了秋季，天渐渐冷了。也不知道为什么，妮雅的脾气突然变了，也不蹦也不跳，也不说也不笑了，整天躲在窝棚里唉声叹气。

有一天太阳快要落山时，小伙子打鱼回来看见一只黑老鹰正在自己窝棚前空中扇乎着翅膀直转悠，就捡起来一根木棒子，把老鹰撵跑了。刚一进屋，就看见妮雅正在哭呢。小伙子问她："妮雅妹妹你怎么了？"妮雅没回答，反倒是搂着他的脖子哭得更厉害了。小伙子急得在地上直跺脚。

妮雅哭了一阵子，才拉起小伙子的手说道："唉，我们两个相处了这么多日子，你别怪我没跟你说实话。现在我告诉你吧，我不是人哪！"

小伙子用手揉了揉眼睛，把妮雅从头到脚看一遍，笑着摇头。

妮雅接着说："你是看不出来的。我本来是东海龙王的三孙女，那年变成一只大雁在这里玩，一不小心跌伤了腿，幸亏你好心救了我。为了报答你，我才变成姑娘来和你成亲。哪知道，这件事情让爷爷知道了，他让一条小龙变成一只老鹰来追我，逼着我回去。如果不回去它们就要啄死我。可是，我宁可死也不会离开你！"

小伙子听得心酸，他说："不管你是龙还是雁，有我就有你。谁也拆不开我们。"

妮雅不哭了，让小伙子把门关严，把窗户打开，挂上一张渔网，自己手里拎根木棒天天守在窝棚前。那只老鹰接连好几天，转啊转啊，就是不敢靠前，生怕渔网套住它，更怕小伙用手里的木棒打死它。

过了几天，老鹰不再来了。可是妮雅也被折磨得黄皮蜡瘦的，小伙子心疼得要命。他就想打一点鱼，给她补身子。于是就插上门、摘下网，悄悄地到江边打鱼去了。那一天，他左一网右一网，网网不空，一连气打了好多鱼，背着满满一篓鱼就回家了。

小伙子进屋一看，饭菜还热着呢。可是，妮雅不见了。他也顾不上吃饭了，连忙跑出去找。从河湾跑到河滩，又从河滩跑到柳条沟，后来在水边找到了妮雅。她的一半身子在水里，一半身子在岸上，让老鹰给啄死了。

小伙子像是心口窝插上了一把刀，难过极了。他背起妮雅的尸体回到窝棚，在紧挨着窝棚的地方埋下自己的妻子。他不吃也不喝，只是一个劲地哭哇哭哇，嗓子哭哑了，眼泪哭没了。后来，就死在妮雅的坟前了。

妮雅死了以后，她的姐妹们也都很伤心。每年的春天一到，她们就飞到岛上，围着妮雅的坟头转，衔泥叼土，给她添坟。

后来，那个岛就叫妮雅岛了，意思是大雁岛。直到如今，每年夏天一到，就会不时地传来大雁"妮雅——妮雅——妮雅"的叫声。

妮雅岛，是本地民间称谓，地名办公布的名称是"女雅岛"或"女雅通岛"，皆源于妮雅的谐音。该岛位于爱辉区幸福乡长发村对面黑龙江主航道中方一侧，曾是边境争议岛，现属中方国土。《妮雅岛传说》是笔者听幸福乡长发村食堂炊事员吴维斌老人于1968年元宵节晚间讲述的。1980年首次发表在《中国民间故事》中，后相继由《黑龙江民间故事》和辽宁春风出版社《满族民间故事》等书刊转载。

三仙女传说（满族民间传说）

咱们对面这条江就是黑龙江，满语叫萨哈连乌拉，意思是黑色的江。从咱们古城顺江南下，也就是六七十里的路程，江右侧是三座平地拔起的大山叫布库里山，江左侧是座连环湖叫博和里湖。传说满族爱新觉罗氏老祖宗布库里雍顺就是在这儿出生的。你别不信，据说连《满文老档》都是这么记的。白纸黑字，没啥说的。

那是很早以前的事了。说天上有三个仙女，老大叫恩古伦，老二叫正古伦，老三叫佛库伦。

有一天，三个仙女听说布库里山清水秀的，就飞到这里游玩。三个仙女玩着玩着觉得很累，就来到博和里湖，脱下神衣放在湖边光滑的石头上，一起跳进湖里洗澡。博和里湖的景色特别的美，湖边的柳树和白桦树正在放青，白白的树干、绿绿的叶子，湖水又清得见底，湖底也全是光滑的石头，没有一点泥沙，只有一拨拨小鱼游来游去。洗着洗着，就看见空中有一只喜鹊飞过来，嘴上还叼着一颗红果，喜鹊直接落在石头旁边，把红果轻轻放在佛库伦的神衣上，小嘴冲着佛库伦叽叽喳喳叫了几句，一仰脖飞走了。佛库伦看见红果透亮鲜嫩，就过去捡起来，她先拿在手上看一看，那红果晶莹剔透；她又拿到鼻子前闻一闻，啊，真是香气扑鼻！佛库伦拿起红果含在嘴唇上，准备穿上神衣飞回家。正在这时，晴天白日里的空中打了一个响雷，佛库伦一哆嗦，红果咽到肚子里，满腹的清香瞬间从口鼻里冲出来。佛库伦就觉得肚子发胀，一边用手揉摸肚子，一边冲着老大老二说："两位姐姐，我好像怀上孩子了，你们先飞回去吧。"两个姐姐飞走了，佛库伦只觉得肚子越来越大，不一会儿，就生下一个胖小子。说来真是玄乎，那孩子生下来就会说话叫娘，没多大工夫，就长成半大小伙子了。佛库伦把孩子搂在怀里，对他说：我是你的额娘，你要记住，你生在布库里山下，就叫布库里雍顺，是爱新觉罗氏族，你是天神生的，应该有出息，顺着这条江往南走，去干大事吧！

三仙女飞回天上，布库里雍顺留在人间。他做好一只桦皮船，驾船顺江漂到一个叫斡朵里的地方，在那里他被推选为部落首领。后来布库里雍顺成为满族爱新觉罗氏的始祖。

布库里山因为三座山连着，老百姓习惯叫它三架山，山下容易藏船，首任瑷珲将军萨布素就把清军水师营安扎在这里。

《三仙女传说》始见天聪九年《满文老档》。2001 年首次以美术形式出现于《黑河大岛中植旅游艺术馆》展厅第三部分《三仙女传说》，为隧洞浮雕壁画形式展出。2013 年，首次以舞蹈形式出现在瑷珲上元节舞台，由黑河人民艺术剧院邱丹等人编舞演出。2014年首次以论文形式登上《瑷珲历史文化论坛》，宣讲人是黑河市地方史学专家齐学俊、刘成。

金葡萄的传说（地方风物传说）

瑷珲古城是个富庶的地方，那真是"天上彩云飘，地下出元宝，生娃龙凤胎，打鱼用瓢舀"。

传说，自打"秃尾巴老李"撵跑小白龙以后，黑龙江两岸就太平多了。种地是年年风调雨顺，淘金总不断出狗头金。啥是狗头金呢？就是金块。为什么金子这么多呢？让我们来听听罕达气河西金矿老矿工乔宽1985年5月所讲述的《13架金葡萄的故事》吧！

话说"秃尾巴老李"打败了小白龙，为民除了害，龙王爷特别高兴，赏给他31架金葡萄，又恩准他常住黑龙江，确保一方百姓平安。

"秃尾巴老李"用两个肩膀扛着31架金葡萄，晃晃悠悠地从海里往黑龙江赶。他性子急呀，游着游着就觉得太慢了，于是腾空而起，一边下着雨，一边沿着黑龙江往北飞。他一路琢磨："我一不愁吃，二不愁穿，你说我要这31架金葡萄干啥呀？我把这31架金葡萄埋撒在黑龙江两岸的山沟里，让这两岸的人可劲儿享用该多好啊！"他一高兴，肩膀一抖，金葡萄就从肩膀两边"噼里啪啦"地往下掉，砸进土里。从右肩掉下去的在右岸砸出18个深坑，成为18道金沟；从左肩掉下去的砸在左岸成为埋在山里的13架金葡萄。所以凡是在黑龙江沿岸采金的人都说，这江左江右的金葡萄不管是18大金沟也好，13架金葡萄也罢，都是"秃尾巴老李"赏的。等到31架金葡萄全都掉完了，"秃尾巴老李"就往回飞。飞着飞着，他想起龙王爷让他常住黑龙江的话，可这两岸不是沟沟坎坎，就是大山和树林子，自己在哪儿安身呢？他一边琢磨着一边往下看，透过云层，冷不丁地看见下面有一大块空地，一马平川，一条大江从中间穿过。他乐坏了，心想："我为啥不变成一条土龙卧在这里，再为百姓办点儿好事呢？"于是他按下云头，头南尾北地降落在黑龙江右岸，四只龙爪顺江摁在江西岸一块平地上，变成一条土龙卧在这里。

从那时候起，这个地方就逐渐人丁兴旺起来，后来竟被一位满族皇上相中建起将军衙门，就叫萨哈连霍通，也叫瑷珲霍通，当然这是满语，汉语就是黑龙江城或瑷珲城。那四个龙爪落地的地方就是瑷珲古城东、西、南、北四个城角。因为是龙王爷让"秃尾巴老李"住在这儿的，所以"秃尾巴老李"非要在"爱浑"两字前都加上"王"字旁，使其变成"瑷珲"，意思是说："这不是我的功劳，是龙王爷赏的。"

大马哈鱼传说（达斡尔族民间传说）

在瑷珲境内各原住民族中，都流传着大马哈鱼的传说。其中，讲述比较全、流传时间又最长的当属达斡尔族。

清朝康熙年间，皇帝派萨布素带八旗兵从宁古塔来到瑷珲城驻防。萨布素把将军衙门建好后，就忙着造船到雅克萨征讨"罗刹"（指清代入侵黑龙江的沙俄侵略军）。等船造好了，他就率领大队人马出发，或乘船，或骑马，前往黑龙江上游的雅克萨。由于天气不好，总下大雨，行程耽搁了许多，人马刚到呼玛河口，粮草就不足了。人缺粮，马缺草，萨布素这下可犯难了："往回撤吧，罗刹在上游闹得凶，皇帝下的征讨罗刹的御旨又是说啥也不能违抗；往上游接着走吧，人没粮，马没草，打不了仗，那还能行？"无奈之下萨布素写了一封奏折，飞马报到北京。皇帝见到奏折，心急火燎。北京距雅克萨上几千里远，就是最近的瑷珲城距雅克萨也是上千里。皇帝无奈，只得求助于玉皇大帝，玉帝又传谕东海龙王即刻办理。东海龙王不一会儿就弄来很多木片，盖上龙王大印扔到大海里，立刻变成许多红肚囊的大马哈鱼。大马哈鱼奉命前往解救，昼夜逆水上行，一路不停，一直游到呼玛河口。大军驻扎在呼玛河口岸边，正苦于无粮可食之际，大马哈鱼见此情景，一个个全部跳到岸上，解了军队燃眉之急。这些鱼不仅可供人吃，还可以用来喂马。人马吃不完，将军下令把大马哈鱼晒干，作为口粮、马料。这样大军才得以赶到雅克萨，赶跑了"罗刹"。大马哈鱼在这场战争中立了大功。

原来，萨布素打"罗刹"是天意，玉帝把解救萨布素的任务交给了东海龙王，东海龙王性子急，就砍倒了龙宫前一排柞树，又把柞树砍成许许多多的木片，盖上龙王府的朱红大印，木片瞬间就变成了腹部有红斑的大马哈鱼，即刻赶往呼玛河口，这才解救了清军之危。萨布素为了感谢大马哈鱼的解救之恩，命令全体将士，只在每年秋分时节才能品尝大马哈鱼，平时谁吃了就把谁就地斩首。

从那时起，黑龙江沿岸的客栈就挂出带大马哈鱼的罗圈幌，意思是说，这里的客栈是人吃的、马喂的都有。大马哈鱼也只在秋分空中飞有白色衔子时节才到黑龙江亮相。

我国最早的鄂伦春族风情诗产生于瑷珲

我国有一句俗语，叫作"身在宝山不识宝"。百年之后人们才惊奇地发现，我国最早的鄂伦春族风情诗作，竟然产生于瑷珲境内的深山密林——瑷辉区西部山区宏湖图河畔。

"山南山北绿重重，家住凌霄第一峰。十五女儿能试马，柳荫深处打飞龙。"这是一首脍炙人口且流传很广的赞美鄂伦春族姑娘能骑善射本领的诗词，是民国九年（1920）《黑龙江瑷珲县志》卷十二·艺文篇刊载的32行"鄂伦春竹枝词"的节选。该卷刊载的鄂伦春族风情诗作共3首，1962字，除正文158句、854字之外，尚有自注84处1108字。写作时间应该在民国七年至民国八年（1918—1919）之间，是我国最早出版发行的关于鄂伦春族题材的诗歌作品。作者边瑾，河北安丘人，民国五年（1916）被黑龙江镇安右将军朱庆澜聘为省立库马尔路鄂伦春第一小学校长，校址在宏湖图河畔，即现锦河农场一分场41队深山老林里。从目前所掌握的史料看，应该说边瑾是迄今为止我国鄂伦春族题材诗歌创作的第一人。

按《黑河晚刊》《边瑾孤本〈龙沙吟〉回归瑷珲》一文介绍，边瑾一生留有诗作遗稿32首，6364字。翻开民国九年（1920）《黑龙江瑷珲县志》，里面收入他的诗作依次是《鄂伦春纪事诗三十二韵》《鄂伦春竹枝词》《鄂伦春纪事诗三十韵》和《龙江吟》四首。其中前三首皆为鄂伦春族风情诗。他以浪漫与纪实相结合的创作方法，将自己对瑷珲山水风光爱恋之情，对鄂伦春族同胞淳朴善良认同之感受，对国殇愤懑之遗憾，以及对亲朋好友眷恋之心绪，跃然纸上，栩栩如生。特别是通过与鄂伦春族同胞朝夕相处并调查，以格律诗形式比较完整、准确地记录下我国未曾有人涉猎过的鄂伦春民族风情。

边瑾创作的鄂伦春族风情诗作，其主要特点如下：

首先是全面。几乎涵盖了鄂伦春族生产生活的全部内容。如，"御冷茅为屋，充饥肉作粮"，仅仅10个字，就将鄂伦春人以桦皮为屋、兽肉为粮的生活场景勾画得淋漓尽致。诸如此类民俗记述事象粗略统计竟达70项之多。按民俗分类可划分为生产、衣、食、住、行、礼仪、婚俗、丧葬、占卜、宗教等各大类别，实为难能可贵之史料。

其次是翔实。他对每个民俗事象，几乎都有自注的详解说明，如"追风飞赤兔"（鄂伦春人善骑），"饮血觅黄羊"（每得黄羊，即生擒饮其血，云：能医喘）；"冰雪婴儿孽"（小儿出生即用冰雪擦洗周身），"蓬高孕妇床"（孕妇将产时，每于野外或山中，择避风处，弄以火旁，积蓬高褥，孕妇卧于其上，以诞生小儿）；"纳尸分燕翼"（人死先以桦皮包裹架于树上，逾一二载，始兴取下，置诸槽内，埋于地下。彼时，会葬亲友，分立两行，如燕翼然），"悬儿为避狼"（猎时将小儿置摇车内，悬于树上，以免为狼所食）；"休说移房妇"（兄死后，弟娶其嫂，曰：移房），"争夸入赘郎"（鄂俗招赘者多）；"酒马订婚仪"（两姓结盟时，男家携猪酒至女家，约亲朋故旧聚饮，复纳马匹以带禽仪，曰：吃察离），"儿生未嫁时"（吃察离后即许夫妇同羁，唯婿常住岳家，待完婚时恒有子女者，故余常吟竹枝词以记其事。云：察离吃后两无猜，新婿新娘任往来。待得良辰来大礼，小儿小女绕妆台是也），等等。

再次是古朴。他对各种民俗事象如实记述，既不修饰夸张，也不作猎奇贬低描述，十分难能可贵。例如，在描述鄂伦春族妇女爱美之心时，坦然写道"不施脂粉不梳妆，闲采野花插鬓旁"，这短短的14个字让读者眼前豁然一亮，一个爱美、又有点野性美的鄂伦春族女性形象，显得那样自然古朴原始可信。又如"室有皮千束，窗无纸半张"的诗句，同样既具有文采，又不失真实古朴的特点。

遗憾的是《黑龙江瑷珲县志》可能因为篇幅有限，还有那么多的诗作没能收入。如在《过盘山沟》的诗作中，作者以轻盈的笔触写道："绕过盘山一径斜，小桥西畔有人家。层峦直接栖林（旧时，外人对鄂伦春人的贬称）地，红粉映坡芍药花。"令人惊奇的是，在《观猎》诗作中竟然记述了如下史实："桦岭秋高野兽肥，匆匆猎马去如飞。半山红树斜阳外，喜见双童搏虎归（鄂校学生白连珠，年方十二，暨其内弟莫姓者出猎，共搏一虎）。"12岁就能和小伙伴一起猎虎，不要说在中国，就是在世界上可能也是罕见的。此事如真，足见鄂伦春人少年时期就骁勇能战，狩猎本领极强。

民国四年，即1915年边瑾带着岳父和两个弟弟到瑷珲供职，距今已有100多年。边瑾在瑷珲的10年中，以真爱之心，真情实作，根据民俗调查，以诗歌形式记述下来极具历史、民族、民俗等多学科研究价值的文史资料留给后人，还在开展鄂伦春民族教育中做出贡献，深得鄂伦春族同胞爱戴，得到地方政要的肯定。

边瑾供职期间，由于身患中风，发妻过世，步履艰难，不得不于1925年返回原籍，10年后离世，年仅50岁。

当边瑾离开瑷珲90年之际，黑河历史文化研究者们通过大量深入调查研究后发现，边瑾不仅仅是"瑷珲境内"鄂伦春族儿童的启蒙老师，一位抛家舍业、为鄂伦春族教育事业甘于奉献青春年华的教育家，更是一位具有血性男儿气质的爱国诗人，是中国首位鄂伦春族风情诗作的文学家。

瑷珲的桦皮文化

我国东北地区的赫哲族、鄂伦春族、鄂温克族、达斡尔族和满族等少数民族都曾有过使用桦树皮制成各种生活器皿的历史。从过去的简陋住所用桦树皮斜仁柱"塔洛"到近代的用桦皮编织的凉帽；从渡河轻舟桦皮船"木鲁沁"到吃饭喝酒用的桦树皮碗"阿参"；从古代桦皮图腾面具到当代用桦树皮创作加工的各种工艺美术品等，形成一部完整的桦树皮文化史。从20世纪80年代末，瑷珲境内的艺术家们在以往用桦树皮为原料制作各种生活用品的基础上，开始并兴起制作桦树皮工艺品、艺术品的热潮，他们一改过去以生产民间生活用品为主的思路，陆续创作与生产出具有地方特色的桦皮工艺品。如刘玉圃先生率先将桦皮剪贴画制作成价值不菲的旅游纪念品，成功打入省城旅游市场；达斡尔族郜金花紧接着建起桦皮画工艺品商店；鄂伦春族美术家莫鸿苇将传统的兽皮镶嵌艺术引入桦树皮镶嵌画的创作之中，成为我国桦树皮镶嵌画的首创；2003年，年仅25岁的满族姑娘陶丹丹辟建黑河第一家"桦艺工作室"，在瑷珲区劳动局支持下，她接连举办多期"下岗工人桦艺技能培训班"，因创作桦树皮纹理画参加国家级比赛时获金奖，被评为"全国十佳民间艺人"，并成为"黑龙江省桦树皮纹理画传承人"。在他们的带动下，涌现出数十位桦树皮工艺品的制作者，形成爱辉区新兴文化产业桦皮文化创作生产的骨干队伍。爱辉区的桦树皮艺术品相继在内地大中城市和香港、台湾地区展出，并多次获奖。

　　目前，瑷珲境内以桦皮为原料作画，可分为桦树皮烫画、桦树皮剪贴画、桦树皮纹理画、桦树皮叠加画、桦树皮与外物重叠画等多种形式，成为桦树皮艺术品的生产基地。

　　鄂伦春族是来自白桦林中的民族，他们利用桦树皮搭斜仁柱、造桦皮船，做各种桦皮箱、篓、碗、罐等生活用品乃至各种桦皮画的时间已很久远，作品琳琅满目。但是几乎查遍所有资料，都查不到有关鄂伦春族桦树皮镶嵌画的文字记载。而创作者最初的想法，就是要把自己所构思的具体反映鄂伦春民族生产、生活的画面放进一个桦树皮画框里，把鄂伦春民族传统兽皮的镶嵌法融入桦树皮画中，利用粘贴、叠加、原始桦树皮纹理勾勒加工等形式制作出桦树皮镶嵌画。这种艺术形式是把鄂伦春族兽皮文化中传统的镶嵌艺术引入、延伸到桦皮画中，使古老的镶嵌艺术思路更开阔，镶嵌艺术作品更具有神奇的魅力。

　　桦树皮镶嵌画作为一种新的艺术形式，相继在北京、上海、香港、台湾等各大城市展出，被列入黑龙江省级非物质文化遗产保护名录，在全国非物质文化遗产博览会上荣获银奖。美国哥伦比亚大学一位教授感慨地说："这个画种，我在埃及见过，但埃及的作品没有莫拉呼尔·鸿苇的细致，设计也略逊一筹。"日本出版的《广岛星雷》散文集中说："鸿苇君倾一腔热情，调动久练内功和天赋的灵气，妙用这珍异质料的自然色彩和纹理，大破天荒，独出心裁，镶嵌成一幅又一幅鄂伦春族风情浓郁、文化底蕴厚重、神话故事生动的名画，惶惶然装点艺术圣堂，长久博得世人赞扬喝彩。"

桦树皮镶嵌画的成功问世，宛如兴安岭上又绽放一朵艳丽的奇葩。

从1991年黑河市区创作第一幅桦树皮画起，经过十几年来的辛勤努力，爱辉区境内已有三个专业公司从事桦树皮纹理画、桦树皮镶嵌画和桦树皮工艺品的创作和生产制作，仅陶丹丹桦艺公司就有三处集产、展、销于一体的分公司。我们相信并企盼桦树皮镶嵌画的首创者莫拉呼尔·鸿苇有更多的作品问世；我们更加深信，瑷珲区的桦树皮艺术品创作与发展事业，在陶丹丹、莫鸿苇等新生艺术家们的共同努力下，必将有一个新的突破。

猪毛皮滑雪板

滑雪板，鄂伦春语称"克一那"，古代文献称"骑木而行"或直呼"踏板"，北美印第安人称为"雪鞋"。

历史上，满族、鄂温克族、蒙古族、达斡尔族、赫哲族等北方少数民族同鄂伦春族一样，都曾经有使用滑雪板进行狩猎的历史。《北史·室韦传》九十四载："地广积雪，惧陷阱，骑木而行，嗒即止。""赫哲人雪其则施板于足下，宽4寸，长约四五尺，底铺鹿皮或堪达轧（原文如此，应为犴），令毛尖向后，以钉固之，持木篙行雪上不陷，上下尤速。"《黑龙江志稿·地理》更有进一步的描述："瞬息可出十余里，雪中乏食，刚觅野兽往来求食之迹，捕而食之，凡逐捕貂鼠各物，十无一脱，运转自如，虽飞鸟有不及也。"

古代鄂伦春族滑雪板与现代雪场上通用的滑雪板相比，稍显宽短，特别与众不同之处是鄂伦春族滑雪板底部镶嵌着带毛的野猪皮。这种滑雪板用松木板或桦木板制作，前后两端都向上翘，前端翘得高一些，顶端呈三角形，后端翘头比较矮小。前端翘头目的是滑雪板前行，遇到石头或树根等障碍物时，可防止与障碍物碰撞且可以从小的障碍物旁划过，避免滑雪者受到伤害，又不至于影响速度。滑雪板中段两侧边缘上有对称的4—6个孔眼，可将皮绳穿过孔眼绑在脚面上。当然，滑雪板底部可以是光滑的板面，也可镶嵌各种兽皮。诸如马鹿或犴达罕腿皮，因为这两种野兽腿的皮毛坚硬光滑，不易磨损，使用时间更长。但是瑷珲境内鄂伦春人更愿意使用带毛的野猪皮，问其原因，答案十分统一，野猪皮资源丰富，容易得到，用起来方便。

如今刺尔滨河流域的鄂伦春人狩猎，不仅使用马，而且不少猎人已驾驶汽车了，使用野猪皮滑雪板狩猎的场景只能留在记忆中了，带野猪毛的滑雪板的实物只能在博物馆里见到。

满族妇女轱辘冰和卖病

满族冰雪活动曾被视为"国俗"而带入关内。由于冰雪活动受制于体力的限制，滑冰、冰球、冰上摔跤、踢行头、打陀螺、打冰尜等活动基本限定在青少年中进行。而瑷珲境内中老年妇女中的滚冰卖病习俗却一直沿袭到现在。

滚冰、卖病，是两个活动项目。滚冰，民间又称轱辘冰。每年正月十五那一天，特别是晚上月亮升起的时候，满族的中老年妇女，尤其是身体有病的人，三五成群结队来到江沿缓坡上打滑出溜，或选择干净透明的冰面躺下来回轱辘，也就是来回翻滚的意思。一边轱辘一边念诵："轱辘轱辘冰，腰不痛腿不疼；轱辘轱辘冰，浑身好轻松。"有的妇女病重，不能打滑出溜或轱辘冰，就备些铜钱装在兜里，走一步撒几枚。谓之"丢铜钱,脱晦气,祛百病"。虽然带有迷信色彩,但是走出户外,进行户外冰雪活动,确实是一项有益于身体健康的活动,具有一定的传承价值。

轱辘冰活动是在娱乐中进行的健身活动,很受民众的欢迎,目前已不局限于满族中老年妇女参加,许多达斡尔族和汉族女性也积极参加这项活动。特别是小孩子们玩得兴趣更浓。

满族儿童游戏"跑马城"

满族儿童游戏项目有很多种,其中"跑马城"最早歌谣应为"跑满城","跑马城"是在瑷珲地方流行传承过程中,以其谐音将错就错地流行下来,深受瑷珲境内儿童喜欢,并沿袭至20世纪50年代中期。

"跑马城"是满族儿童喜欢的分阵营对垒的竞赛性游戏。参赛的两个队各组成人数相等的阵容,手拉手组成"铜墙铁壁",双方对喊歌谣《鸡鸡翎》(公野鸡彩色长尾数根,插在队头后脖梗子里,有山大王之意)。

甲队:鸡鸡翎,

乙队:跑马城;

甲队:马城开,

乙队:打发姑娘小子送马来!

甲队:要哪个?

乙队:要红樱,

甲队:红樱没在家;

乙队:要格萨,

甲队:格萨做买卖,

乙队:要你家东头小奶奶!(或西头,或中间随意指一个)

这时由要方一人急跑过去,猛冲对方横排阵营,如对方铜墙铁壁被冲破，将领回被冲破人群中一个俘虏，这个俘虏就是被冲破的那个人。如果冲不破对方的铜墙铁壁，就被留在对方当俘虏。双方反复多次，最终以人多者为取胜队。

据说，"跑马城"是追溯、模拟满族先人当年部落战争或是跑马占荒时的情景。

达斡尔族跳骆驼

跳骆驼活动盛行于达斡尔族和满族民众中，如果说在瑷珲境内，跳骆驼活动传承范围较广，传承时间最久者当属达斡尔族。

据说跳骆驼源于满族，原来是清军传统的军事训练项目。清代八旗军操练时，要求满、蒙、汉八旗兵丁一律掌握在骆驼奔跑时从其背后跃过去的技术，以训练提高八旗兵在战场上短兵相接时能够擒拿敌人的本领，后来逐渐演变成一种锻炼跳跃技巧和胆量的传统体育比赛项目。

比赛时，可在两个以上纵队之间进行，每队人数相等，队员全部屈背弯腰，双手扶膝，从最后一名队员起身冲向前，从前面队员腰身上腾起跃过去，在前队员后面再屈背弯腰，双手扶膝，等待后人跃过去，如此反复，每队先跳完者为胜，以跳完的顺序排列名次。

以往民间跳骆驼活动都被小学生当作游戏随时进行直到1994年初秋，在坤河乡举办的10周年乡庆暨首届敖包会上，正式组织两个队参加表演赛，使这项几乎濒临消失的满族和达斡尔族同胞都喜爱的传统体育项目得到肯定和传承。在绿茵茵的草地上，两队队员身着醒目的民族服装，不断模拟骆驼伏地、奔跑、跳跃进行激烈对抗，在场的各族观众摇旗呐喊助威，气氛十分活跃，展示出满族达斡尔族两个民族传统文化的魅力和勇敢强悍的民族精神。从此这成为每年固定举办的活动。

玩嘎拉哈

玩嘎拉哈，真正的名称是欻（chuǎ）嘎拉哈。瑷珲境内的满族、达斡尔族、鄂伦春族等少数民族无论大人小孩都特别喜欢欻嘎拉哈。

嘎拉哈，为猪、羊、狍子两条前腿膝关节上的髌骨，鄂伦春语称为"阿尤汗"，其玩法也称"阿尤汗"；满族称这些髌骨为"子儿"，从什么动物腿上取下来的就称什么"子儿"，如"猪子儿""羊子儿""狍子儿"等，其玩法称为"罗罗"，但大部分都直接叫"欻嘎拉哈"；达斡尔人则称其为"嘎什哈"。

嘎拉哈每个子儿有四个不同的面，满语分别称为耳、轮、暴、挣，有的称其为马、驴、坑、背；鄂伦春语称为"木切"（背）、"初克"（坑）、"它阿"（轮）、"贰卷"（抢）。

嘎拉哈的玩法有四五种之多。各民族都通行的玩法是：先把平分到手的嘎拉哈摊摆在手心上，扔向空中，用手背接，接的多者为先，少者为后；然后把各人的嘎拉哈合在一起，领先者把嘎拉哈掷向空中，用手背接，如果接住三个，就把其中一个掷向空中，同时用同一只手拾下面三个嘎拉哈于手心（必须与手背接住的数量相同），同时把空中落下来的嘎拉哈接入手心。各人依次这样做，直到将嘎拉哈拾完为止，拾多者为胜。

满族人玩嘎拉哈的历史较长，《柳边纪略》卷四就曾记载满族男孩玩嘎拉哈的情景："童子相戏，多剔獐、狍、麇、鹿前腿前骨，以锡灌其窍，名嘎什哈（即嘎拉哈），或三或五，堆地上，击之中者，尽取所堆，不中者与堆者一枚。多者千、少者十百，各盛于囊。"这是有关小男孩在室外玩嘎拉哈的记载，证明满族男孩也曾经玩过嘎拉哈。

此外，嘎拉哈预测生男生女的玩法也会令人笑逐颜开。其玩法如下：玩者取若干嘎拉哈向空中抛撒，落地（炕）后，看嘎拉哈的平面，"背"和"坑"各是多少，"背"代表男性，"坑"代表女性；"背"多，意为生小子多,"坑"多,意为生姑娘多。

赛威乎

赛威乎,就是满族民间盛行的陆地上模拟的划船比赛。这是个集体比赛的传统体育运动项目,一般都是在青少年中进行。

赛威乎活动多少人参加都可以,可分成若干队,每队象征一只小威乎,每只威乎至少要在四人或四人以上,各个威乎人数均等,并必备两根长5米左右的竹(柳)杆作为道具,象征小威乎。参赛队伍的队员纵向倒背站成一队,每人左右两只手同时握住同一根竹竿,表示已准备好驾船,每队最后一人为舵工,正面站立,面向前方,准备用"左"或"右"的指令,指挥威乎的航向。参赛各队队员除舵手之外均背向,各队第一名背向队员背插"号旗",站在同一条起跑线上待命。

比赛开始,指挥员吹响三声螺号,前两声为准备阶段,第三声是比赛开始的命令,各队队员在舵手准确而有节奏的"左""右"口令指挥下,有节奏地航行,行至前方中转线标志时,集体转回,按航行到终点的时间确定胜负,先到达者为胜,后到达者为负。

雪 地 行

1994年麦收前,坤河村西北的草地,除本乡七个村外,附近十里八乡的人都前来看热闹。坤河满族达斡尔族乡在这里举行隆重的首届敖包会。在参会各族同胞欢歌劲舞中,由黄旗营子村和另外一个满族村妇女演出的满族传统体育项目——雪地行,十分引人注目。

只见两队身穿艳丽的旗装——短袖旗袍,戴着旗头——大拉翅板头,脚穿旗鞋——木底高跟花盆鞋，一手摇着满族传统乐器——太平鼓，一手拿着手帕，摇摇摆摆地在草地上行走，观众报以热烈的掌声。

表演尚在进行，大会邀请的贵宾——布拉戈维申斯克市代表团一位女团员突然尖叫起来，只见她指指点点地说着什么。全场观众顿时都安静下来。通过翻译，大家才明白，她在说："这些人穿的漂亮衣服，是中国的旗袍，可她们头上戴的那个大花的东西叫什么？太好看了！她们脚上穿得那么高的木头鞋也从来没见过，穿这样的鞋也能走路，太令人不可思议了！"

看见俄罗斯女团员兴奋不止，观众也都跟着兴奋起来，纷纷评论道："这就是中华民族传统文化的魅力。"

打"贝依阔"

打"贝依阔"，是达斡尔族最具特色的传统体育活动之一，民间俗称打"火龙球"。实际上，贝依阔简称"贝阔"，特指一种用带疙瘩、下端有一定弯度的柞树干做成的原始球杆，球则被称为"朴列"。用这种球杆打球的活动，后来被称为打曲棍球，所以说达斡尔族打贝依阔应该算作我国曲棍球运动的前身。

打贝依阔的器材很容易取得，球杆和球都可以自己动手做。附近的山上，小柞树有的是，找1米多长、带弯头的像样的细杆砍回几十根，修理一下就能用。球也好做，用拳头大小的树根，去掉枝杈，砍成圆形球状即可，或将里面掏空装入小块松明或易燃的毛毡就是火龙球。打贝依阔活动不分季节，有块空地就可以进行。一般情况下，多数选择农历正月和二月农闲时玩。这时节，春节刚过，吃饱喝足闲着没事，正好借此机会玩一阵子。玩时选择村内比较宽阔的街道，两侧有障子就更好。分成距离相等的两段，设东西或南北两队，两队在末端各量出一个宽度相等的球门，立两个木墩作为大门标志。球队的大门，达斡尔语称"阿纳格"，据说意为"营地"。但这个称谓与达斡尔族狩猎小组的叫法相同。

还有人把大门叫作"耶热",是洞口的意思。无论是营地,还是洞口,或是狩猎小组的解释,反正都与狩猎生产相关,由此推断,打贝依阔可能源于该民族早期的狩猎生产。

球队的人数和规则由两队商定共同执行。赢球的标准是哪个队进球多即为赢。两个队的队员都用球杆拼命抢球击球,抢夺得异常激烈。倘若是傍晚进行,木球里面的松明或点燃的毛毡被击来击去,球在空中宛如流星飞来飞去,十分美丽。

打贝依阔,不仅能强健体魄,强化体能训练,增加生活中的乐趣,同时也是围观人群中姑娘们暗中择偶的良机。那些在场上打球的小伙们嘴上不说,心里却暗想借此机会显示一下自己的机智和勇敢,希望能得到姑娘的青睐,让她们早一天把定情信物——烟荷包系在自己的腰带上。

下 斑 碟

"斑碟"为鄂伦春语,俗称"围獴棋",是鄂伦春人所喜爱的一项古老的棋类娱乐活动。

獴猊,在我国东北地区的几个少数民族中统称为满盖,是虚幻出来的一种高大凶残的魔鬼,在民间对其还有生殖崇拜的传说,说它曾经是鄂伦春人的朋友,男女都有具体的特大的生殖器官和生殖能力,后来因为其特别贪婪和残忍的本性,鄂伦春人才与其决裂。

鄂伦春人在漫长而又原始的游猎生产中,为了增强智力、战胜凶恶猛兽和增加乐趣、解除疲劳,经常在游猎途中或斜仁柱里,用炭黑在一张较大的桦皮上画出一个35个格的菱形棋盘。棱形两端代表獴猊的住处,称其为獴猊山或獴猊洞。每个獴猊洞里有5个格,猎人不准进洞。棋盘正中有25个交叉点,是猎人和獴猊行走的落脚点。画好棋盘,对弈双方分别代表猎人和獴猊。代表猎人的一方取24根小木棍中的8根,摆放在棋盘正中的8个交叉点上,表示先派出8个猎手出击;代表獴猊的一方将 2 个土块摆在獠猊洞前，表示男女獠猊各把守一个洞口。对弈规则，一是双方每次只准向前或向后走一步，而獠猊遇见行进路线上连着有两个猎人时，则可隔着一个猎手跳过去，将落脚踩到的猎人吃掉。二是獠猊只吃不围，而猎人正与其相反，是只围不吃。对弈开始，獠猊可以按行进路线走，遇到单个猎人，去路被堵住，此时可以折回或用另一个獠猊走；猎人一方暂不能行走，待陆续摆上 15 个猎人时方能行走，可用手中的 9 个棋子陆续接替被獠猊吃掉的棋子。对弈中，獠猊设法吃掉猎人而又不被猎人围住；猎人设法围住獠猊而又不被獠猊吃掉。对弈结果是以猎人围住獠猊或是猎人被獠猊吃掉而决定胜负。下斑碟，不仅反映了鄂伦春人的游猎生活，具有鲜明的民族特点，而且为在空旷山林中游猎的鄂伦春人增加了生活乐趣。

围獠棋属鄂伦春族传统文化与科学项目之一，极具古老、传奇的民族特点，反映出我国北方游猎民族鄂伦春人的智慧，是其游猎生产生活的折射，具有重要的学术价值，应该收入国家非物质文化遗产保护名录。

民间乐器口弦琴

青山下，小河畔，雪地上，篝火旁，能歌善舞的鄂伦春族同胞在欢歌劲舞。他们用欢乐的歌声，尽情赞颂如今美好的生活，他们用惟妙惟肖的舞姿模仿着与野兽搏斗的游猎场景，他们也用口弦琴旋律抒发出对大自然的感激与爱恋。

口弦琴，一种比较原始的民族乐器，鄂伦春语称其为"朋奴化"。口弦琴一般全长 10 厘米左右。书前展示的这件实物全长 14 厘米，分琴库与琴簧两部分。琴库总长 11 厘米，由铁条或铜条打制而成，呈横放长欧姆形，而库根部呈欧姆形，内径 4 厘米，簧片宽端于长度 1.5—2 厘米一段被牢固镶嵌在琴库里，否则簧片有一点点松动，都会使口弦琴产生杂音。护库 6 厘米，两侧护条均为菱形，棱角相对，易于簧片共鸣。琴簧则是由一条14厘米长的钢片打制成，由宽渐细，宽处为0.6厘米，最细处仅为0.1厘米，12厘米处有一个40度角的折弯，尖端有0.2厘米卷曲。由于钢片琴簧硬度大、弹性好、振动频率快，因而发出的音量要比铁片琴簧音量要大些，音质也比较纯正。

演奏时，演奏者用左手握住琴库根部，将琴簧部分放在口与唇之间，右手食指抵住琴簧尾部，用大拇指拨动琴簧。簧片振动，发出"嗡嗡"的声音，随着演奏者拨动的力度和气流大小不同，声音也发生着细微变化。整个口腔也起到共鸣的作用，将"嗡嗡"的声音转换成"哇哇"的声音，给人一种似乎悠远、空旷，乃至悲伤、苍凉的感觉。

口弦琴音域狭窄、音量微弱，一般只能弹奏极为简单的旋律，供演奏者自我欣赏，即使用口弦琴伴奏，也只能起到节拍器作用。目前，虽然使用现代扩声设备，但效果仍不能令人满意。

口弦琴不是鄂伦春族独有，而为北方几个少数民族共有。满族称其为"莫库尼"，达斡尔族称"木库连"，赫哲族称"空康吉"或"空木含吉"。目前，俄罗斯远东地区雅库特共和国的少数民族也有制作和演奏更为精致漂亮的铜质口弦琴在瑷珲演出的实例。

不过由于口弦琴自身的不足，会演奏的人越来越少，几乎濒临失传。

草木灰水洗头发

碱性物质能够除掉油泥，所以各种洗涤清洁用品大都含有碱性成分。然而20世纪50年代前，用于洗涤的香皂、肥皂乃至食用碱在市场都很少见。农村妇女洗头发或洗带颜色衣服时用草木灰水的现象比较普遍。

用草木灰水洗头，需在前一天晚上把用于喂马的洋草烧成灰放在大盆里，添满水，用棍子搅匀沉淀，使其碱性充分溶解在水中。第二天早上把清水倒出留用，把沉积的草灰泥弃掉，即可用于洗发或刷碗、洗抹布，然后再用清水投一遍。有的人家嫌洋草碱性小，就改用荞麦秆烧灰，确实碱性大，水都变得特别滑。为了防止荞麦秆灰水"烧头发"，人们通常按1∶1的比例加水,使其水碱性减少。

用草木灰水洗过的长发,十分干净、清爽、飘逸,还会散发出淡淡的草味,给人留下深刻的记忆。实际上,这种洗头水的制作是人们在物质极度匮乏年代的一种无奈而又积极的选择。

第九篇

宗教篇

聊聊萨满教

瑷珲境内的满族、达斡尔族、鄂伦春族三个原住民族及相邻的鄂温克族、赫哲族等人口极少的民族，都曾经信奉萨满教这个人类社会发展史早前阶段的精神文化产物。

萨满教是一个世界性的研究课题，国内外许多学者对萨满教做过长期的考察研究，发表过大量的专著和文章，有许多精辟之见，却又似乎迷雾重重。关于萨满教是不是宗教这一核心问题各执一词，争论的结果仍处在持肯定态度与持否定态度相互对立阶段，需要继续考察研究、深入探讨。但是，国内外大多数学者认为，萨满教是存在于母系社会的有相对独立内容、独立思维观念和独立表现方式的原始宗教。

萨满教的原始宗教性质，是在人与大自然作斗争、求生存的过程中产生的。原始初民认为天体日月星辰、动植物甚至是石头都附有人的灵魂，因而加以神化。进而产生万物有灵的泛神理念和自然崇拜、动物图腾崇拜和祖先崇拜等几个主要内容。

萨满教的神职人员称"萨满"，是通古斯语，意为"精神狂乱的人"。萨满是在宗教活动中不索取报酬的非专职神职人员，其代神行事，是氏族的保护人，以祛灾驱魔、繁衍人类、祈求天下太平为职责。既是侍神者、人与神之间沟通的使者、氏族宗教的权威，也是一个普通的氏族成员。萨满分为家神萨满和野神萨满两种，家神萨满是为氏族或家族主持祭祀活动的人，通常称为穆昆萨满或本姓萨满，也就是氏族萨满。家神萨满只负责家庭祭祀等神事活动，没有医病的义务。偶尔有为之者，那只是他个人的事情。野神萨满又被称为流浪萨满，问病医病是他分内的事。他靠神灵附体昏迷术问卜病因、驱邪祛灾。萨满知识丰富，待人诚恳，勤劳无私，办事公道，同时还具有多方面的技能，没有这些与神权配合，他就没有威望，族人就会不满意。在族人心目中，萨满生来就是为氏族服务的，他是族人生活的导师、族体利益的维护者和代言人。

萨满教作为原始宗教，有家祭、野祭和卜验的宗教仪式活动，没有固定的宗教活动场所；萨满作为萨满教神职人员，却不索取报酬，只是氏族的普通成员之一。

萨满教神偶的分布具有广泛性，而且是各姓独奉。《满族社会调查》中公布的爱辉地区祖宗神像，其中有骑于马上的"七八马"神像，同子孙绳藏于一处的佛伦妈妈神，反映的是一个姓的祖先崇拜，儿子由此繁衍而来。该书还记述："爱辉徐姓以两圆石为祖，放于祖匣之中。该姓原住黑龙江北结雅河一带，后迁入瑷珲，该姓从祖地捡两块石头祀为祖，每次祭祖祀之。"神偶的作用是：守护宇宙安宁，保佑风调雨顺，物丰人盛；保佑儿孙幸福、富足；护身防患；保佑生产劳作顺利；护宅驱邪；育婴佑婴；保佑战事平安；替身偶；吉兆偶；勉励族人，等等。

神谕是萨满教的精神核心，是宗教信仰的集中体现，是萨满教世界观的展示，也是萨满教的实质，没有神谕就无法认识萨满教。

神谕分为两种，一种是文字记载的，满语称谓是"渥车库乌勒奔"，意为"神龛上的传说"，一般称其为"神本子"或神谕或古谕。另外一种是无文字记载，完全靠口耳相传，可称为"口传经文"。诸如，达斡尔族、鄂伦春族、鄂温克族、赫哲族等少数民族都属于口传神谕。实际上，在没有文字之前，满族亦是靠口耳相传萨满教神谕的。《满族历史调查》记载："在日伪时期，黑河地区的一位叫富希勒的农村小学教员，十分热爱民族文化，与本族萨满结成至交，长期聆听萨满讲述神谕传说，并熟记心中。据他回忆介绍，在该萨满住所的西墙壁上，有许许多多的凹陷处，上面摆放着形状、大小、数目不一的石头，无论是祭祈还是平时秘密讲授时，他总是摆弄石头，每一处凹陷处的石头都代表着一段宗教故事或规法，只有老萨满自己清楚。他摆一块石头，就能讲出一个故事，有长有短，至死还有一些石头没有摆。富希勒曾表示要用文字记下来，老萨满不准，说这是神规、古法，违反了要受到神的惩罚。该萨满去世前，自己把所有的石头送到了河里。"

萨满教神谕的主要内容有两个方面，一方面记述了萨满教各种祭祀活动的过程、礼仪、祈祷规程、咒语等；另一方面记述萨满教对自然、宇宙、人类社会自身的看法。按文学分类包括宇宙神话、族源族史、萨满故事、惠人惠事的动植物故事，等等。

萨满教是宗教文化的重要组成部分，它除了具有人类学、宗教学、历史学、民俗学等多学科重要价值之外，也具有重要的文艺学价值。诸如神谕中大气的诗词，神偶中奇特的艺术造型和雕刻与绘画技艺，萨满舞蹈中惟妙惟肖的模仿术，萨满调中变化多端的节奏和山林民族特点的曲调等都具有珍贵的艺术研究借鉴价值。真诚祈盼瑷珲地区的萨满文化研究更上一层楼，特别是萨满文化艺术研究之树常青。

努尔哈赤采参传说

努尔哈赤一生留下"脚掌心有七星红痣""大青马"等很多离奇古怪的传说。据说满族庭院里的索伦杆、影壁墙、三块石的来历都与他采参的传说有关。

满族院落的文化内涵十分丰富，除四合院、口袋房、拉哈墙、蔓枝炕、西山墙外的烟囱、东西厢房、大门和"蛮爷炕"之外，最为典型的设置是带有满族萨满教宗教色彩的索伦杆、影壁墙和三块石。关于它们的来历众说纷纭。

索伦杆，直称神树，又称索罗杆、索摩杆、索洛杆，汉语皆称满族祭祀用的神杆。《满洲祭神祭天典礼》标定"神杆长13尺，斗圆径0.7尺、高0.6尺、柱长5尺、方0.5尺"，杆下有一石磴，有孔承之，两侧用两木桩固杆，杆安锡斗，每祭必放米谷碎肉，以饲乌鸦或喜鹊等。

满语"索木"或索莫，意为神杆。用山最高处采得树木制成，树以九枝为上，以此代表通天之意，并达"九天"，即天之最高层。祭时以猪血蘸杆头，意谓天神享食，并扎草把，内夹猪身诸部位之一部分，绑于杆上，以享天穹。祭后，将神杆送到高山清洁处，或送江中漂走，也有的存放在院中西南方立的石柱上，待来年祭时换新杆，把旧杆送走。

满族民间祭祀时，无索伦杆人家，可立一木杆，上绑用四道绳勒成的一草把替代。还有传说认为，索伦杆在很早以前是男性生殖崇拜物。

影壁，因其形式上酷似一堵墙，民间故有"影壁墙"或"影背墙"的称谓。是满族传统建筑之一，位置一般多在一进院门处，亦有少量在院门外者。形式上有一字形和八字形，瑷珲境内满族住宅中的影壁均为一字形。无论是官宦人家还是富有人家均未见八字形及建在院门外者。影壁有石、砖、板、土四种材质之分，瑷珲境内除少量石座砖壁瓦顶者外，均为木板制成。影壁既是一种装饰文化，又可以起到分割院内空间和遮蔽从院外向院内直视的作用。

三块石，满族祭祀煮肉立锅之石，又称神石。

关于索伦杆、影壁墙和三块石的由来，民间有几个版本的说法。例如，关于索伦杆，有史料说自金代就存在，也有专家断定索伦杆是早期的男根崇拜，等等。民间普遍流传，且又被多数满族人认可的说法是：当年努尔哈赤进山采参时，用的拨草棍就是后来的索伦杆，也称神杆；用的背夹子后来演变成影壁墙；三块石是努尔哈赤采参煮饭支锅用的三块石头，后来成为满族祭祀时支锅用的三块神石。不过传说是口传文艺作品，并不一定等同于历史。

鄂伦春人与篝火

人类的进化、发展，得益于火，所以才产生许多关于火的神话故事，产生并传承着许多祭火的习俗，其中，鄂伦春族的古伦木沓节就是鄂伦春人具有代表性的祭火活动。

在鄂伦春族广泛流传着两则关于亵渎火神受到惩罚的神话故事。一个是因用刀捅咕火，扎瞎火神眼睛而受到处罚。另一个是因为用尿熄灭火堆，亵渎了红发火神老人，受到火神惩罚教育。两则神话故事都在警示人们，火神的地位是神圣不可侵犯的。

平日鄂伦春人进餐时，都要向火堆里扔进一块肉，以示对火神的敬仰。在表示对火神敬仰的同时，出于敬畏心理，还有许多禁忌习俗：不准从火堆上跨越；不准往火堆上泼水或倒入不干净的东西；不准用刀子和木棍扎、捅篝火；也不准烧进出火星的柴火；不准把没有熄灭的烟头和火柴头及火堆留在驻地，而是要扒开地皮，用湿润的土将它们埋在里面，用脚踩实才能离开。

在节日里，对火神敬仰的心理表现得更为虔诚。每年腊月二十三日送火神上天时，相当于汉族灶王爷上天那天夜晚，要在供奉麻糖的同时供祭酒肉。除夕夜，各家门前都要点燃一堆篝火，看谁家的篝火旺，预示谁家的日子就兴旺。守岁至子夜正时，家中主妇拿出全家的新靴鞋从火堆上过火洁净后，发给每个人，全家所有人穿上新靴鞋踏地欢呼雀跃，祈求来年全家安康。初一清早，经验丰富的老人会对燃尽的篝火进行印迹查勘，如篝火上有某种动物脚印，则预示这一年会捕获很多这种野生动物。如有人的脚印，脚尖冲着斜仁柱，预示家里要添人进口，如果脚尖是相反方向，预示可能有人要离世。

鄂伦春人对火的敬仰还融入礼仪民俗中，每当有贵客到来，热情好客的鄂伦春人会点起篝火，拿出酒和肉，围着篝火烤肉喝酒唱歌，客人兴之所至，会立刻与主人一同围着篝火翩翩起舞。

据鄂伦春族老人介绍，在篝火旁迎接客人，烤肉喝酒唱歌跳舞，是鄂伦春人待客的最高礼节。鄂伦春人把火文化、饮食文化、礼仪文化集中体现在对火的情感中，成为他们生活中不可或缺的组成部分，并一直传承至今。

达格拉耶哈嘿

"达格拉耶哈嘿"是鄂伦春人烧烤狍子肩胛骨（俗称哈拉巴骨）进行占卜之意。

耶哈嘿，有的地区称耶撒嘿，皆指狍子的肩胛骨。耶哈嘿归猎获者所有，谁猎获的就只能为谁占卜。占卜时间有三种说法：第一种是在太阳刚出山、猎手上马之前进行；第二种是在猎手出围打到第一只狍子后进行；第三种说法是什么时候进行都可以。三种说法以前两种居多。除此之外，还有一种特殊的占卜时间，即猎人成亲后打到第一只狍子时，可以进行有关生育状况的占卜。

占卜前，占卜者先用手指甲将耶哈嘿上的残肉刮净，以免烧烤时冒烟。然后从马背上取下神盒，恭恭敬敬地挂在树杈上。如果没带神盒，占卜者可用猎刀将桦树干上的皮刮掉一块，用炭黑画上一个人面神像，代替山神白依那恰。神像下面还需供上狍头及其四条腿。一切准备就绪，占卜者面对神像，一边祷告预先要占卜的事，一边将耶哈嘿放入火炭中烧烤，待其烧红之后，用小木棍夹出，放在一边降温，然后拿在手上观察。根据耶哈嘿烧炼出现的"麻印"——刻、"阿涅勒恩"——线状裂痕、"柏印"——舌状裂痕、"乌拉罕"——胫上裂痕和"依鹤"——肩胛骨臼窠凹陷处的深浅，以及其他各部位裂痕的走向与交叉情况，对本次出围需要多长时间、能否打到野兽、能打到什么野兽、有没有口福、路上太平不太平、能否同朋友相见、老婆的脾气怎样以及亲属或"阿玛哈"——熊能否死去等诸事作出判断。占卜生育状况，不必将耶哈嘿烧烤，只需新郎细心观察其成亲后打到的第一只狍子的耶哈嘿的颊侧面，根据这个部位上有无小坑和小坑数量的多寡作出判断。

除此之外，有的占卜者还把耶哈嘿再向前方扔出去，根据耶哈嘿落地后臼窠凹陷处所指的方向，作出最后的判断。如其凹陷处正指向占卜者，被称为"玛也那玛"——吉兆。反之，则预示着吊锅子空空，啥也打不到，是将要挨饿的凶兆。

占卜者确信无疑地认为，耶哈嘿本身具有同人相似的"莽格亚"——额头、"希恩"——耳朵、"额翁格克特沃"——鼻子和"英格"——舌头等器官，它是山神白依那恰与人之间传递信息的媒介物。在鄂伦春族《狍子屁股为啥是白的》民间传说中，也进一步解释说，是天神恩都力可怜鄂伦春人，为了让猎人能够多打野兽，她变成一位白发老人来到地上，传授了达格拉耶哈嘿占卜术。

时至今日，在黑龙江中上游右岸的鄂伦春族猎民中，仍然有人在狩猎过程中进行"达格拉耶哈嘿"占卜活动。

抬 枪 卜

抬枪占卜术，鄂伦春语称为"阿嘎钦"，也有"阿嘎旦"之称。

抬枪占卜，通常由成年男性承担，因为小孩和妇女们力气小，举不动枪。猎民如果生病，常常通过抬枪的办法看看得罪了哪位神。问准了，或是许愿上供或是请萨满跳神治病。也有个别的猎手通过抬枪占卜的形式，向山神询问出猎的方向和收获情况。

占卜前，占卜者取一支枪、一把小斧子和一根细皮条，将细皮条的一头拴在斧头上，一头拴在枪管上。在"斜仁柱"内占卜时，需将拴好了的枪和斧子平放在病人的枕头或衣服上；在"斜仁柱"外占卜时，把枪和斧子放在干净的平地上就可以了。

占卜时，占卜者坐在地上，用右手握紧枪柄，口中逐个祷告各位神的名字，每念到一个神名，就把枪向上试着举一次。据说念对了，手中的枪就会连同斧子一起轻轻地举起来。对这种偶然举起的现象，占卜者认为这是神的意思和神的力量，否则，枪和斧子那么重，哪能举起来呢。占卜者根据占卜的结果，当即对被触犯的神灵许下愿，请求宽恕，保佑病人早日康复。

占卜后，病人家里要给被触犯的神上供。一般人家都是供狍子，也有的是许下什么愿就供什么野物。一边摆供，一边还要祷告说"×××神，是我们对不起你，冒犯了你，我们许下的愿已经还了，求您保佑病人的病早点好吧。"

猎手占卜，一般都是在出猎前进行。占卜者嘴里在念着出猎方位的同时，一边试举。说到哪个方位枪能举起时，认为是吉兆，就决定奔赴那个方位打猎。打到猎物后，一般就地选一棵较粗的树干，用刀刮掉一块树皮，用炭黑画一个人面形的山神像，将整个猎物放在神像下面，或是将猎物的血在神像嘴上抹一点，以示报答山神的指点之恩。

笊篱姑姑汗卜

笊篱姑姑亦称笊篱姑姑汗，即笊篱姑姑神之意。这种占卜形式在鄂伦春族妇女中颇为盛行。它与满族"背灯祭"中所跳的笊篱姑姑舞十分相似。所不同的是满族"背灯祭"中的笊篱姑姑舞是通过载歌载舞的祭祀形式（也有巫术的成分）来表达祭者对其先人的崇敬、缅怀之情，而鄂伦春族的笊篱姑姑舞既是一种娱乐形式，更主要是一种占卜形式。

占卜前，先用数根细嫩柳条编成一把高约40厘米的笊篱，用白纸或白布糊在笊篱头上，并在白纸或白布上画出鼻子、眼睛、耳朵和嘴（也有个别的人家连笊篱把也糊上）。经过包扎、绘制后的笊篱酷似一位少女。再将两根线分别拴在笊篱头与笊篱把交界处的两侧，既意味着是笊篱姑姑的两只胳膊，可以起到牵动作用，又是笊篱姑姑神的偶像。

占卜时，由两位女性分别牵拉一根线，使这个偶像随着不同牵拉力度而左右前后摇摆跳动。占卜者将所要占卜的事情一边告诉给笊篱姑姑神，一边询问吉凶祸福。如问到吉兆时，正巧赶上笊篱姑姑神向前俯下，就认为吉兆已被笊篱姑姑神肯定，如这个偶像向后仰或左右摆动，则意味着这个兆头被笊篱姑姑神否定。以此判定被占卜事情的吉凶祸福。这种占卜形式一般都在女性中进行。

妞妞摆鞋卜

鄂伦春人经历了人类最为漫长的原始游猎社会生活，为了全家妻儿老小的生存，他们在极为恶劣的自然环境下，使用简陋的生产工具，去同野兽搏斗，随时都有冻死、饿死的可能，或被野兽伤害的危险。他们的家人时时都在担心猎手的安危，都在盼望猎手早一点安全归来。在鄂伦春人诸多占卜习俗中，绝大部分都与猎手的安危和归来时间有关。

"妞妞"是鄂伦春人对小男孩的称谓。猎民们认为：3岁左右的小孩，特别是男孩，身子干净，心和父母连得紧，算起来特别灵验。占卜时，让妞妞随便拿双猎手平常穿的鞋或其哈密（狍腿皮矮靿靴子）放在"斜仁柱"门口，以鞋尖所自然摆下的位置、方向作出判断。两只鞋尖都冲门外，表示猎手还没打着或没打着多少猎物，不能马上回来；如果两只鞋尖都朝里，表示猎手很快就能到家了；如果一只鞋尖朝里另一只鞋尖朝外，表示猎手正准备回家；如果两只鞋跟相对，鞋尖一只朝左一只朝右横着放则是凶兆，意味着猎手可能出什么不幸的事，回不来了。

扣吊锅子听声音卜

扣吊锅子听声音卜是一种简单易行的占卜形式。

狩猎曾是鄂伦春人的主要生产方式。由于恶劣的自然环境，落后的生产工具，为了生活，猎民们不论春夏秋冬，严寒酷暑，都要出去打围。而最危险的是猎民们为了猎获到赖以充饥的野生动物，不得不跟着野兽奔跑，有时还需要跟野兽搏斗，甚至还有生命危险。因此，猎民家里常常是一个人出去打围，全家人提心吊胆地等候，盼着打围的人能平平安安地早点回来。扣吊锅子听声音这种占卜术就是出于预知打围的人能否平安早归这一个目的。

占卜前，取一条较大的狍皮被和一口吊锅，在夜深人静之时，把吊锅子扣在"斜仁柱"外面的平地上，上面蒙上狍皮被。占卜者钻进狍皮被里，耳朵贴近吊锅子，嘴里念叨着："山神爷，求求你，告诉我，××出去打围多少天了，是不是该回来了？是从东边回来还是从西边回来？是从南边回来还是从北边回来？"每说出一个方向，就静心听一会儿，没有声音就换一个方向。据说方向说准时，如果是骑马出去的，吊锅子里就会响起嗒嗒的马蹄声，如果步行出去的，吊锅子里就会响起嚓嚓的脚步声。若是四面都叫了还没声,不是打围的人走远了,不能马上回来,就是遇上什么困难了。

镜子照水卜

用镜子照水的占卜术,是在干净的桦树皮盆里盛上水,放在"斜仁柱"旁边,待月亮升起之时,占卜者跪在水盆旁边,先向"别亚布坎"(月亮神)叩头,然后面对月亮神述说自己所要占卜的事情。接着用镜子将月亮光影反射在水盆里,以水的清浊程度和水面波纹整齐与否,确定吉凶祸福。水质清和波纹匀称被视为吉兆,水质浑浊和波纹不规则被视为凶兆。

水鸭子骨卜

水鸭子骨卜指的是鄂伦春人用天上飞的野鸭子翅膀或鸭跖蹼或胸骨(各种说法、观察法不尽一致)进行预测,认为野鸭子虽是天上飞的,但是野鸭子长期生活在水中,特别识水性。骨卜前,把野鸭毛褪干净,对着太阳举起来观察,看翅膀各个部位的透明程度,特别是整个部位的透明程度,进而判断出全年(或上半年或下半年)有无水灾或旱灾。

篝火灰烬卜

火神是鄂伦春人自然崇拜主要对象之一。火神同山神一样,在鄂伦春人的心中，时刻需要依赖的神灵，祈求它们恩赐食物、衣物和保佑平安。特别需要这两位神灵了解鄂伦春人的需求、愿望和心理，不时给他们指点迷津。通过篝火灰烬观测判断吉凶祸福的方法仍属于鄂伦春人古老的占卜形式，是他们原始游猎文化的组成部分。

每年农历三十晚上，鄂伦春人都要在自家斜仁柱前点一堆篝火，先给火神敬酒、敬肉进行祷告，感激火神对全家人的恩赐照顾，请火神接受他们虔诚感情的表达之意。然后在篝火旁点燃松香，使火堆更加明亮，同时把松香迷人的气味飘散弥漫在空中。人们再次跪拜祈求火神保佑新的一年狩猎丰收、猎手们平安、儿女们健康。当天晚上的篝火要彻夜不熄，燃烧一个通宵。清晨天刚蒙蒙亮时，主人起身洗净脸和手后，赶到火堆旁，观看篝火的灰烬会出现什么样的印迹，如果有孩子脚印且脚印向里，说明家中要添人进口；如果有动物脚印，说明人畜兴旺，生活将富有平安，生活日日好，打猎次次都不会空手而归；倘若脚印向外，则预示家里有人要去世。

在这一天半夜里，猎人还要从篝火里取出一定数量的木灰，堆出 12 个小堆，用 12 个小桦皮碗扣上，到初一早晨再把扣着的桦皮碗翻过来，仔细观察这 12 个小灰堆，堆堆都像小圆球，有的很湿，有的很干，有的半湿半干。通过木灰堆的干湿程度，猎手们预测这一年中哪个月是雨季，哪个月是风季。

正月初一早晨，各家都要在斜仁柱内点燃篝火，向火堆再次投肉敬酒，跪拜祈祷。

满族喜庆日子的说道

说道，在民间具有规矩、做法、讲究或不准等多种含义。喜庆日子的说道是满族禁忌民俗的重要组成部分。喜庆日子一般特指年、节、婚、嫁和怀孕生子等时期。主要内容是逢人必说吉利话，民间俗称"讨吉利"。忌讳说丧气话、倒霉话、让人听了生气或讨厌的话。特别重视汉语的谐音,很多时候都因汉语的谐音而惹出灾祸。比如过年了,从古到今都流行贴大"福",认为大福字兆头好,喜庆祥和,要倒过来贴,会说话的讨吉祥的人就会赞颂说:"恭喜发财,你家的大福倒了!"主人听后就会眉开眼笑答道:"发财发财,我家福运到了!"主人特别忌恨别人说:"你家的福字贴反了。"在年、节、婚、嫁等喜庆日子里,如果失手打碎了器皿,忌讳直言说"碎"字,应赶快补说"岁岁(碎)平安"。

满族结婚忌讳选单日子,认为不吉利,新郎与新娘在一起会过不长,不会白头到老;忌讳男女结婚同属相,民间有句俗语——"同属相是针尖对麦芒,总打仗也过不长";忌讳结婚时买同属相的纪念物,和忌讳属相相克的人参加婚礼,等等。

过去在年节禁忌中,有满族姑娘出嫁后,不准看娘家灯的习俗。即正月十五元宵节期间,嫁出去的女儿不准看娘家的彩灯;也有的地方是这期间,儿媳妇不准看婆家的彩灯,要躲到姑母或姨母家去住,否则就会不吉利,看灯者的父母或公公将死去。不过这种习俗早已消失。

妇女怀孕期间,禁止在西炕坐卧,其实平日也不准坐卧西炕以及锅台、磨台、窗台等处,不准参加别人家的婚礼或进入别人家的产房,不许听别人讲难产、也不准耻笑别人难产,不准进入马棚,等等。生孩子时,要夫妻健在、儿女双全的妇女照料产妇和婴儿,最忌讳寡妇和孕妇进产房。

满族烧香跳神

满族烧香是萨满主持的祭祀活动,是一种庆典的祭祀活动。

满族的烧香仪式是隆重的。一般来说,在下述三种情况下烧香,一是风调雨顺,种地有了好收成,或是狩猎顺利,猎获的野物多,要烧太平香。二是平时闹个病,有个小灾什么的,祈盼病好灾消,许个愿,或是求神保佑生个孩子,或保佑儿女婚事有个好结果而许个愿,待病愈灾消，生了孩子、儿子娶个好媳妇，要烧还愿香。三是一个姓氏家族共同举办的烧官香。大户和富户人家烧太平香或还愿香的要烧三天三夜。一般人家烧一天一夜就结束了，至于烧官香的天数要由氏族成员共同商定，有的氏族要烧七天七夜。

在萨满祭祀活动中，烧香跳神是满族的大礼，都要遵照祖训祖规，烧香跳神作为其民族信仰的根基，被当作精神支柱传承下来。

满族不是所有的人家都能烧香的。要烧香必须具备一个前提条件，那就是家中必须供有祖爷，也就是供有祖宗板或祖宗匣，如果西山墙上没有供奉祖宗板或祖宗匣，这样的人家是不能烧香的，这样的人家烧香，会被别人耻笑为磕哑巴头。

要烧香，必须先立祖爷，有祖宗板才行。至于烧香的时间，多数人家都选择在冬季农闲时进行。

满族的烧香跳神不是一般的萨满跳神，而是满族的庆典仪式。满族人把烧香作为喜事、红事来办，因此，在烧香仪式达到高潮时，族人都要行打千礼、互相道喜，洋溢着欢乐、庄重、热烈的气氛。在烧香跳神过程中，鼓、舞、歌等艺术形式汇集在一起，具有很强的艺术性。尤其是跳大神时，萨满模拟那些野神的舞蹈动作，如鹰神空中盘旋、虎神下山小憩、蟒神蠕动前行、野猪神贪吃扑食等都具是相当丰富的想象力和富有魅力的表演。

祭天求雨

黑龙江沿岸多为江水冲积平原，土壤结构沙性土比例大，易渗水，土壤中水分容易渗出，极易发生旱灾。过去民众也没有什么办法抗灾，只好祭天求雨，恳请天神、龙神、河神发慈悲，下些雨缓解旱情。

祭天求雨活动都是以村或屯为单位集体进行的一场宗教活动。天旱时，由族长或屯长通知全屯各户、老少爷们儿，在大家约定好的时间内准时来到龙王庙，或杀黑毛猪献供，或摆数十条大鲤鱼献供，也有的村为表示虔诚，将黑毛猪和鲤鱼一起献供，这也应了"礼多神（人）也不怪""心诚则灵"的俗语。祭天开始，主持人带领全屯民众上香跪拜。屯长致祭词，无非说些××屯民众祈求各路神仙体恤民众疾苦，早降多降雨水，解除庄稼饥渴，保我一方良田丰收，百业兴旺，民众安康。为表示全屯民众对各路神仙感激之情，特供奉黑毛整猪一口，肥硕鲤鱼数尾，请神仙笑纳，等等。致完祭词，全村老少爷们儿再次跪拜叩头。

接下来，参加祭拜的民众抬着两条事先用柳枝扎成的龙，在村屯大街上沿街舞动，各家门口都备有盛满水的缸，人们争相泼水浇龙，或民众间互相泼水取乐，以示兴雨。祭毕，全村人聚在一起吃鸡肉喝酒庆贺。

在达斡尔族村屯，女人是不能参加这种祭天求雨活动的，她们有自己单独求雨的活动方式，那就是泼水祈雨。她们为自家园田庄稼求雨而来到河边，选择有大柳树的地方，每家妇女拿一只活鸡，在岸边宰杀以供奉天（龙）神，然后站在水中，相互泼水嬉戏，直到全身湿透开心为止，以达到兴雨的目的。

孙进已先生所著《东北民族源流》一书中记载：契丹人用相互泼水的方法来求雨，在历史上除契丹族外，还没有别族有这种习俗，只有达斡尔人至今尚沿袭这些习俗。还说这种习俗是他们祖上世代相传的。由此可见，作为契丹人后裔的达斡尔人泼水求雨习俗是从古代契丹人那里传承下来的说法是可信的。

然而，瑷珲达斡尔族扎龙走街泼水示兴雨的习俗与满族扎龙泼水求雨的形式十分相近，差别之处是达斡尔族扎龙泼水求雨的民众全部是男性，而满族扎龙求雨的民众是女性，而且全部是裸体并在水中进行。龙体骨架均为柳条，满族的扎龙中还有鲤鱼的造型。

从上述民俗事象中，我们可以看出，民俗具有强烈的民族性特点。但是两个临近民族习俗虽然具有明显的民族个性，但文化融汇现象也是明显的，尤其是两个相邻民族之间民俗文化的交融更是显而易见的。

鄂伦春人心目中的龙神

鄂伦春人称龙神为"穆都利恩都力",是其民族共同信奉的神灵之一。在鄂伦春人心目中龙是专门做善事的神灵,专门主管雨,哪里缺雨就会到哪里送雨水,为人民造福。与其他民族不同之处是,鄂伦春人认为龙身上的鳞片不是从左到右横排长的,而是上下长的。运水也不是用嘴猛吸存在肚子里,而是沉进江河中,把身上的鳞片自上而下一层层向外张开,装满水后飞上天,哪里需要雨水就飞到那里上空,一抖落龙身,雨水就会落在地上了。在鄂伦春人制作的神偶中,龙神有用小条木板刻制的。长约10厘米,宽约2厘米,除头爪尾之外,全部是线条网状鱼鳞,十分精致生动。还有一种是用洋草条状把扎制的,比草条蛇神偶粗一些,与木板条神偶相比较,就显得粗糙一些。

鄂伦春族射领路箭

射领路箭,鄂伦春语是"鲁嘿勃勒尔"。死者入殓前,由帮忙的人,一般是上了年纪的人砍一粗三细或一粗七细,长约一尺半的四或八根柳条,先将稍粗的柳条弯成半月形,用一根犴筋系住柳条的两端,扎成一张小木弓。再用刀分别将另外三根或七根柳条细的一端削尖,做成三支或七支象征性的箭。尸体入殓时,死者舅家主动推出一人,男女不限,拿着弓和箭,站在棺前,先东后西各射一支箭或五支箭,然后连同弓一齐放入棺内,置于死者脚下。这种仪式被称为射领路箭。认为先射出去的一支或五支箭,表明死者走完了阳间的路,已经向阴间报了信,死者将会顺顺当当走向阴间。而装入棺内的弓和箭表示这些狩猎生产工具将随着死者在阴间骑马打猎时继续使用。否则，死者吃完小布口袋里的米和面后不能打猎，就断了食物。也有个别人家将最后剩下的箭折断后一起放入棺内。认为阴阳两间，一切事物都相反，在阳间被折断的箭，到了阴间就是完整的箭。如果死者没有舅家人，也可以从前来吊丧的人群中请一位女性代替射领路箭，可以看出，在丧葬习俗中仍然保留着某些母系社会的遗俗。

吊　棺　葬

鄂伦春人死后多行露天葬，亦称树葬或风葬。在露天葬中，又有卡尸、吊棺和架棺等葬式之分。还有个别刊物提出船棺之说。卡尸葬，通行于我国东北地区的很多民族，20世纪70年代末，刺尔滨流域仍有这种葬式的遗存。1982年春，据过去曾当过萨满的莫庆云老人讲述："头几年前，×××家的老人去世就是在后山选了一处林子密的地方夹在一棵大树杈上的。老人活着时候总念叨自己一辈子家境不好，死尸不要埋地下，一定要葬在树上。卡尸葬通常适用于小孩，尤其婴幼儿死后，将尸体简单地用草包裹一下，选择树高林密处，将其放在树杈上卡住即可，葬老人还是罕见的。"

吊棺葬，曾流行于库玛尔路鄂伦春族。死者的尸体并非如秋浦先生所说的"桦皮裹尸"，而是装入被鄂伦春语称为"巴克萨"的一种用桦皮或柳条编织成的重量极轻的原始棺材中。抬到林中，选四棵活树，每两棵树的上端用树皮条或兽皮条扎在一起，在两个皮条的交叉处上放一横木，制成一座近似秋千的吊棺架，鄂伦春人称其为"依拉罕"即"吊棺架"之意。再用四根树皮条或兽皮条将"巴克萨"吊在横木上，任其风吹日晒雨淋。三年后，死者家属再约集亲友前来"捡尸骨"。

架棺葬，是在汉族文化影响下，在卡尸和吊棺葬式基础上发展演变形成的一种葬式。其主要特点一是木板制棺已取代了原始的"巴克萨"。二是由原来用树皮条或兽皮条扎制吊棺架，发展到用锯斧将林中呈正方形的四棵树在距地面约两米处锯或砍断,每两棵树的V形断面上搭上一根横木,然后把木棺放在两根横木上架起。死者有亲属的,待两三年后殓骨土葬。无亲属的死者木棺也就弃之不管、任其腐烂了。需要说明的是,架棺葬式是近代出现和使用铁器生产工具后才产生的。至于"船棺"之说,据鄂伦春族老人说,并无此一说,因为没有那么先进的生产工具,无法造船。说船棺那是指鄂伦春人捡用汉人喂马的木头槽子或烂芯子独木舟当棺材使,也不能叫"船棺"。

1986年,在吉林市举办的东北古代民俗研讨会上,日本民俗专家植松名石教授在黑龙江省朝语研究所李东源研究员的协助下,就"库玛尔路吊棺葬和日本山野县的吊骨葬俗"现象同笔者进行了比较研究,后经两年时间的书信交流,共同得出两国两地"两种相近的葬俗是东北亚地区两个少数民族共有的一种丧葬文化现象"的结论。

满族敬犬

满族敬犬习俗由来已久。不准杀狗,不吃狗肉,不准戴狗皮帽子,不铺狗皮褥子,更不准外人打自家的狗,如果谁打了自己家的狗,就会被认为是对主人最大的不尊重,所以民间才有"打狗还得看主人"的俗语。对于年老体弱,或因伤残不能继续出猎的狗,也不得歧视慢待,更要继续精心喂养。狗死了还要埋葬,不准把狗尸体随意丢弃。

满族之所以敬犬,主要是因为犬在骑射民族的生产生活中占有重要地位。看家护院、进山围猎,乃至雪地拉橇都离不开犬。吴桭臣在《宁古塔纪略》中记载:"猎犬最猛,有能捉虎豹者。"

关于满族敬犬习俗有很多版本和说法,但"义犬救主"的传说影响最大。传说努尔哈赤给明朝辽东总兵李成良当勤务兵的时候,努尔哈赤伺候李成良洗脚,李成良突然发现努尔哈赤脚下竟然长着七颗红痣,而自己脚下才长三颗黑痣。认为这是"脚踏七星、七星落地",真龙天子就要下凡出世,恐怕他将来要夺取明朝江山。于是起了杀心,非要立即杀死努尔哈赤。李成良有个爱妾听说后就给努尔哈赤报信，让他赶快逃命。努尔哈赤偷了一匹大青马，领着他平时喂养的一条大黄狗连夜出逃。李成良发现努尔哈赤已出逃，就带兵追赶。追赶途中，大青马不幸中箭倒地身亡，努尔哈赤躲进一个荒草甸子里，追兵没有找到他，撤兵前四处放火，执意烧死他。眼看着努尔哈赤就有被烧死的危险，这时跟随努尔哈赤多年的大黄犬跑进河里，浸湿了全身的毛，回到努尔哈赤身边打滚，以湿身灭火，使努尔哈赤得救，黄犬却累死了。为报"黄犬救主"之恩，满族人敬犬习俗一直沿袭至今，据说，为答谢大青马救主而死的情谊，还将国号定为大清。当然，这些都是民间传说。也有的版本说被救的人不是努尔哈赤，而是凡察。

敬 山 神

山神在瑷珲境内被称为"白那恰"或"白那查"。民众敬山神的习俗比较普遍，有鄂伦春族信奉的主管狩猎丰歉的在大树根部刮掉树皮、用炭黑画成男性老者形象的山神白那恰；或用水粉画成的被称为恩神和富裕之神的白那恰；有达斡尔族信奉的白那查；有满族供奉在小庙里的山神白那查，有采金工人用三块板搭挂红布门帘的山神爷老把头；有修路工人立石为偶像的山神爷老把头；还有伐木工人以孤树为偶像的山神爷老把头及传说中采参工人信奉的山神爷老把头，等等。民间传说中，流传着采参人信奉的山神爷老把头是来东北进山采参的山东人孙良，有一首民谣是"家住山东叫孙良，漂洋过海来采参；三天才吃一个蝲蝲蛄，你说寒心不寒心……"整个民谣诉说的是孙良采参的艰难之路和最后成为山神爷老把头的经历。

这些不同民族、不同行业的信奉者们一般都笃信山林里的一切飞禽走兽动植物都归山神豢养管理；人们在林中从事狩猎、采集野菜和中药材、采集山珍、采伐山林、采集人参等各项劳动生产中的丰歉和安全，都是由山神爷的意愿决定的。所以进山人时时处处都对山神爷虔诚地敬畏跪拜，生怕得罪山神爷，对自己不利或遭受惩罚。所以民间才产生并流传着一句歇后语，叫"得罪山神爷，养不活小猪"。

山神爷一般无具体的偶像，鄂伦春族民间神话《狍子屁股为啥是白色的》中提到的是一位慈祥的白发老太太，同一民族的动物传说中却是某种体大威严、凶猛且又慈祥的野生动物，而鄂伦春族在山林里刻画在树干上的山神爷却又是一位白胡须很长的男性老者。

山神信奉者一般都十分虔诚。鄂伦春族猎手出围途中，路遇山神像必须下马跪拜，没有猎物时也要采一束达紫香或扯几根马尾恭恭敬敬地放在石板供桌上，乞求山神谅解和保佑，表示一旦打到野物马上敬献供奉。他们说到做到，一旦真的打着野生动物会整体供奉给山神，并将野生动物的血直接抹在山神像的口唇上，表示自己对山神的敬意和感激之情。满族人每到逢年过节都要在山神爷小庙里供奉宰杀的鸡、馒头，并跪拜叩头祷告祭祀。采金工人、筑路工人、伐木工人在拜祭山神时，会选全身无杂毛的黑猪，宰杀后整体供奉。在信奉者心理上认为山神是恩神、慈祥之神，所以有时他们把面慈心善的人比喻为"山神爷"一样的好人。

"得罪山神爷，养不活小猪"，这句歇后语在当代仍被老百姓使用。主要是鞭挞那些当官不作为或乱作为的官员。说是对当官的不能得罪，得罪他们就会啥事都办不成。

达斡尔族供奉主司命运之神

在黑龙江省民族博物馆馆藏文物中，有一套珍贵的达斡尔族宗教文物——吉雅其巴尔肯神偶，是从爱辉区坤河达斡尔族、满族乡富拉尔基村征集的。这部分神偶是由布贴画、木刻画和用于珍藏的桦皮神盒三部分构成。布贴画分黄、蓝、红三种颜色布料，内容一致，技法相同。画布第一层：左为金箔太阳，右是银箔月亮；第二层是左男右女稍显富态的两位长者人形神偶；第三层是由白布剪贴的左五右四、九人联手的人形神偶，下面是用黑墨线画的两条头相对的龙。木刻画是在两块长13厘米，宽约3厘米的木板上刻画着两条龙，龙头在中间相对，龙体鳞片纹络清晰，龙呈腾云状，栩栩如生。

吉雅其，达斡尔语，词根吉雅，汉语为"命运"之意，吉雅其巴尔肯系主司命运的神，达斡尔语又有"吉雅其带拉勒"之称，是主管人畜财富兴旺安宁特别是畜牧兴旺的神。《达斡尔族社会历史调查》（内蒙古出版社1985年版）一书中记载着相关祭词，其中一段为"位据在西面，有双龙祭祀，有对龙宝座，有九个童子欢跳，有九个童女舞蹈，祀立祖神吉雅其，坐在西边墙角，有黄马乘骑……"瑷珲达斡尔族称吉雅其巴尔肯为"诺巴尔肯"，意为房角的神，因将其挂在房屋西北角而得名。《中国少数民族宗教概览》（中央民族学院出版社1982年版）概述为"吉雅其巴尔汗（肯）神，是达斡尔族每个人家必供的神。据说它对人不作祟加害，不叫人闹病，专管家畜和财物，因此，敬奉甚为虔诚……这种偶像是由白布剪成人形，粘在蓝色或黄色的布上"。

传说，神像中的日、月，寓意吉雅其巴尔肯日日夜夜都在守护着人畜财富的安宁。在通古斯语族的各民族中，几乎都把日月视为天的眼睛，加以崇拜信赖，折射出他们对众多神灵的企盼，蕴含着大量的文化信息，极具民族学、民俗学和美学研究价值。

达斡尔族禁忌民俗

一、大年初一早上，要自己主动起来，不能让别人叫醒，否则自己会懒一年，不爱干活，还会生很多虱子。

二、大年初一到初五，要把屋内所有垃圾都积攒起来，不准扔出去，怕财气被扔、福气跑掉。

三、三十晚上是鬼日，天黑前要把门窗缝隙封好，不许窗外人向屋里招呼人的名字，怕被魔鬼听见把鬼魂附在被招呼人的身上，或者摄走被招呼人的心灵。

四、忌讳把自己的东西放在别人家过年。

五、过年期间，有的人家是整个正月期间，都不能把钱借出去。只收别人的还账，不借给别人要供的钱，讲究"口袋有底，兜不空，有钱"。

六、姑娘结婚讲究年龄，禁止在十八、二十、二十二等偶数年龄结婚，认为偶数年龄结婚成家不吉利。

七、三日婚或两日婚时，送亲喜车要在日落前赶到婆家，一旦日落后到达，要在婆家大门口西侧挂一面镜子，代替太阳，否则婚后日子会浑浑噩噩一辈子不顺心，也火不起来。

八、送亲喜车要套经过割断或结扎输精管被去势的马，避免路上发生意外，喜事不太平。

九、仓房里粮囤中的囤底不能漏，囤尖不能空，也不能把囤底和囤尖的粮食给（借）别人，否则囤底漏、囤尖空，一年之内都受穷。日落之后也不能把粮食运出大门。

十、禁止在鼠日和火日开犁播种，这两个日子开犁播种不是粮食被偷，就是总有火险，日子不会太平。

十一、猎人打猎期间，不说出熊或虎的名字，要把熊称作老头儿"额特尔肯"，把虎称作兽王"诺颜故热斯"，避免对熊、虎不敬重，会被它们忌恨、祸害。

十二、在渔场，不论是打鱼的人还是外来办事的人，都不许拿着鞭子走，认为那样做会把鱼赶走而捕不到鱼。

十三、萨满、戴孝的人都不许进入渔场，认为他们去渔场会把鱼吓跑，打鱼本来是喜事，他们去不吉利。

十四、女人是不洁净的人，女人到渔场会把鱼冲走，渔民会捕不到鱼。一旦女人进入渔场，网达（打鱼的领头人）会亲自上前求情，并答应她们回家后，渔场会派人给她们送鱼。

十五、和金场习俗相似，渔场是不准许倒背手的人进入的，理由是怕渔网不明不白地被拖进江里，亦有怕点儿背、打不着鱼的解释。

十六、不许用白桦木和榆木盖房子，也不准用白桦木做放木排时的"舵"，在房木上用刀划出痕迹、钉铁钉子、敲打房梁都属于不吉利的行为而被禁止。

十七、不许砍倒祭祀用过的树木，不许烧"珠尔登"（祭祀用过的）树。

十八、不许在别人家里结婚或生小孩。

十九、妇女生小孩后忌门，要在门前横放一根车轴，外人不能进入屋内。如非进不可时，在屋外边放一铲子火，让进来人从火上跨过。忌门期间，外地来的车马或出汗的马，都不许牵入院内。

二十、不许孕妇铺熊皮褥子，怕流产。不许吃驴肉，怕生出小孩脾气不好，驴性霸道。孕妇不坐驴车，怕误产期。

二十一、产妇一个月内不许出大门，怕污染了门神；不许到屋内西北角，怕亵渎吉雅其巴尔肯这位主管达斡尔族人畜命运的神。不许到井边，怕污染了井水。

二十二、产后三天内，夫妇都不许上烟筒脖子；院内不许进来驴、不许推碾子、不许移动室内缸罐等物品。

二十三、不许妇女从车后边上车，不许妇女坐套"温古"马的车，即被吉雅其巴尔肯看中的马。通过一定的宗教仪式，在马鬃和马尾上拴挂一条红、黄、绿、白四色布条，这样的马被称为"温古"马。

二十四、不许妇女上房顶，不许妇女睡在西炕上，因为西炕为贵，西炕上方是敬神的地方。

二十五、不许妇女面对灶坑坐着，不许孕妇往灶坑里看，怕亵渎神灵。

二十六、夜晚不许小孩在炕上顺炕睡觉。小孩不许坐在门槛上，或站着或走着吃饭，怕长粗脖子即甲状腺肿大，怕牛难产，立着下犊。

二十七、儿媳妇不准进上屋（西屋）和老公公一个桌吃饭，要等老人吃完饭，给他敬上点着火的烟袋、收拾完桌子，才能坐在外屋厨房灶旁的"蛮爷炕"上吃饭。

二十八、无论大人孩子，都不准用刀、剪子、筷子等尖状东西比画指点人。

二十九、不管路程远近，都不许把锅放在地上拖着走，一种说法是怕自家的马将来拉不动重载，另一说法是拖着锅在地上走，像要饭花子，今后没有好日子过。

三十、不准在火盆上烤脚，认为人在火盆上烤脚，会一辈子受穷。

三十一、闹伤寒和生天花时，不许把这一灶坑的火引到另一个灶坑里；这期间不许炒菜，不许做针线活，不许抓虱子，不许打猫狗。孩子生天花期间，不许夫妻合房。

三十二、供神时，不准背朝神坐着，在供神的神板或神龛里不许放别的东西。

鄂伦春族禁忌民俗事象五十九例

禁忌，属心理民俗。鄂伦春族的禁忌民俗几乎贯穿这个民族社会生活的各个领域。它产生于万物有灵观念成为各种信仰和崇拜的思想基础之上，是鄂伦春人心理活动和信念上的传承，亦是民族内部相沿积久的一种文化现象。

本篇调查资料全文发表在《黑龙江民族丛刊》1987年第3期上。所编列的事象，均得到三人以上的认定；文字基本保持被调查者口头叙述的原貌；事象排列虽未采用标题分列法，但基本上是以衣、食、住、行、生产及其他等六个方面顺序排列。

由于鄂伦春人聚居的地理位置不同和受邻近民族文化影响的不同，本篇调查资料所列诸例民俗事象难免会有一定区域性的差异，然而，这种差异只不过是同一文化圈内的区别，而其共性之处则是该民族民俗事象的主体。

1. 女人不能踩男人的帽子。一旦踩着了，男人要用马鞭子抽打女人的衣物。认为经过这样的处置就能抽掉晦气，不会因此而倒霉。

2. 被和褥要分开叠。如果地方小，非得叠在一起时，也必须把褥子放在被的下面。认为身底下压的东西不能放在上面，否则日子会翻个个，要"敖里不究"——不好。

3. 女人从来月经之时起，直到老也不准坐在狍皮上；女人也不能铺狍皮褥子，只能铺用别的野兽皮或用狍腿皮缝成的褥子。认为女人坐了狍皮或铺了狍皮褥子，会使自己家男人的枪"不杀"——枪法不准，打不到野兽。

4. 怀孕女人不准铺坐熊皮褥子，否则会"小月"——流产。

5. 姑娘到别人家串门时，不能踩碰男人的衣物，否则会使别人家男人丧气。

6. 水葬中被扔掉的死人帽子或头巾，无论怎么新和漂亮，活人都不得拾用。认为拾用死人的帽子或头巾戴在头上丧气，会压得一辈不得好。

7. 忌讳到猎人家去买肠肚等野兽脏器。猎人宁肯将这些野兽脏器喂狗，也不卖。

8. 刚生过小孩的女人，一个月内不许吃野兽的"下水"——脏器。认为这时候吃了野兽的"下水"会使丈夫的枪法不准。

9. 忌讳寡妇到别人家吃野兽的下水。认为寡妇吃了谁家煮的下水，谁家的男人打猎时就会不顺当。哪怕是他盘枪（试射）时百发百中，也会在三年之内打不着任何野兽。

10. 忌讳女人吃熊的生殖器及附近的肉，认为女人吃了会得疯病。

11. 忌讳吃熊头。认为熊和鄂伦春人是一家，自己怎么能吃"阿玛哈"——大爷的头呢。（各地称谓不同）

12. 打着大野兽开膛时，要把心和舌头连在一块儿下锅煮熟，什么时候吃，什么时候才能用刀挑断。否则，以后再也打不着这种大野兽了。

13. 啃干净肉的熊骨要包起来和熊头一起放在树杈上，不准扔在地上让狗啃，认为啃了熊骨的狗就再也不通人性、不听人支使，会乱咬人。

14. 两口子无论谁死了，活着的人都得在三年之内不吃犴头和犴下水。认为活着的人吃了犴头和犴下水，死去的那口子都会知道，会使鬼让你再也打不到犴。

15. 不论在什么地方或什么场合喝酒，一般都要先敬山神"白依那恰"。喝酒前，用草棍或无名指蘸酒向上弹，一边弹出一边喊"错，白依那恰"，连弹三次，连喊三次，然后向"白依那恰"神祷告乞求平安的心事。敬酒之后方能饮酒。认为喝酒不敬山神，会触怒山神，进而受到惩罚，路上非得遇上凶险的事不可。

16. 给死人供祭的食物，外来人可以随便吃，自己家的人却不能吃。认为与自己死去的亲人争食，会招来灾星。

17. 祭祀时吃干净肉的兽骨头不许扔在地上，要挂在树上，任其自然掉落，而不准人用手拿下来。

18. 搭建"仙人柱"时忌讳在一棵树（即孤树）底下搭，要选择傍水的树林里搭。一是认为孤树是罪孽之物的化身，免得孤树在遭到雷神惩罚时受牵连；二是认为在孤树底下搭"仙人柱"会使下代儿女不兴旺。

19. 斜仁柱的正面是"玛路"神位，媳妇扫地时，要先从门口向右扫，扫到"玛路"神位时停止，再转回来从门口往左扫，扫到"玛路"神位即止，就是说，无论从哪个方向扫都不能越过"玛路"神位，认为女人越过"玛路"神位，是对神的不敬重，神会生气。

20. 媳妇从娘家带来的全神盒称为"阿黑么毛毛帖"，要放在自己睡卧的右侧；不准同丈夫家的全神——"玛路毛毛帖"放在一起。认为这两个全神不是一家的神，两个神放在一起会打仗，要么闹得夫妻之间不和气。

21. 忌讳生人随便闯进"仙人柱"。生人进斜仁柱前，要用事先储藏的"阿刻哈"烧出的烟围身熏一遍之后，才能进"仙人柱"。认为将这种生长在石砬上的蔓状植物——爬山松晒干剁碎、放在勺子里点燃、冒出的带有香味的白烟，可将生人或不洁净人带来的妖气毒气驱净，免得带进"仙人柱"。萨满对这个习俗更为注重。请萨满进"仙人柱"前，主人必须将萨满所坐的铺位用"阿刻哈"烟仔细地熏一遍，否则萨满会认为不洁净而不肯入座。

22. "仙人柱"门正对的上方是"玛路"神位，神位下的铺席除老人和辈分高的男戚可以坐卧之外，其余的人，特别是年青的女人是绝对忌讳坐卧这个铺席的。

23. 在山里走路时，忌讳说："我不能麻达山（迷路）。"否则，白依那恰就会给人戴眼罩（惩罚之意），一定会使人迷路。若是麻达山了，只有跪在地上磕头，向白依那恰祷告请罪，才能转过来。

24. 走路时，不能随随便便就骑在自然倒下的大（树）木头上。认为这些横倒木常常是由毛毛帖（神）变的，它们正躺在那块歇气。谁要是骑在上面，就是骑在神的腰上了，毛毛帖就会让人闹病。

25. 打围的人忌讳从装有死人的巴克萨（棺材）当天经过的路上穿过。认为穿过死人路过的道去打围不吉利，一定是啥野兽都打不着。

26. 打围的人路过坟头时，忌讳不下马磕头点烟敬酒。认为你不敬死人，死人就会把附近的野兽都给你赶跑，让你打不着东西。所以，打围的人出围时，遇到坟头，不论认识不认识，也不论死人辈分都要下马，在坟头上点一支烟，洒一点酒，像串门一样对死人表示亲近敬意。

27. 走路时，需要吃的，可以到别人的奥伦（仓房）里随便吃，但是忌讳将食物拿走，认为只要你拿走，奥伦里的毛毛帖就会知道，就会使你的日子不太平。据说某族人就是因为偷了奥伦里的东西，全族的人都生了一场大病。

28. 男人骑的马和用的鞍子，忌讳女人骑用，认为女人骑过的马和鞍子同女人一样也不洁净了，男人再骑时就撵不上野兽了。

29. "抬枪"占卜，只能在出围上马前进行，不然的话就不灵验。

30. 搬家时，要用一匹专用的马来驮神盒，也忌讳将其他杂物与神盒放在一起，认为这种不敬神的做法会使神生气，不再保佑神主一家的太平。

31. 出围时，遇到石碴子要下马磕头祷告，保佑平安。认为石头老人白天站在那里是块大石头，晚上躺下来就是一堆骨头。石头老人是人的老祖宗，哪能不恭敬呢？

32. 出围途中，遇见横放在路上的木头，要绕过去走或捡起顺着道路放在路旁，最忌讳从横木头上跨过去，认为跨过横木头后，出门打围会不顺当，此外亦有忌讳将木棍横放在道上的习俗。

33. 出围前，忌讳说"我今要打到多少多少野兽"的话，认为能不能打着野兽或打多少，是山神白依那恰早就安排好了的，打围的人若是比"白依那恰"还明白（聪明）的话，就会受到白依那恰的惩罚，结果是什么也打不着。

34. 出围时，忌讳打老虎。认为老虎是神，能够报仇。倘若是打死了老虎，老虎会连着几代找你报仇，你的儿子孙子别想太平，都得跟着受害。

35. 忌讳打熊，实在不得已打死熊后，不能说是死了，要说阿玛哈——大爷睡觉了，不然熊就会祸害人。

36. 打着熊，要用骟马驮，忌讳用儿马子或骒马驮运，认为用儿马子驮，儿马子会从此就不老实；用骒马驮，骒马就会掉崽或总也不下崽。

37. 打围的半道上，特别是打元皮期间，烧火忌讳烧长木头，要把木头截得越短越好，认为烧的木头越长，离野兽就越远，出围的时间也就得长了。

38. 打围的半道上烧火时，忌讳先烧木头的大头，而要先从小头烧起，认为先从小头烧起，一开始就能打着大野兽。

39. 不净身（擦洗）的死人不能入殓。认为将带着脏事的毛发的死人入殓，死人将会变成鬼。

40. 忌讳给死人穿带毛的衣物。认为给死人穿带毛的衣物，死人将来就不能托生（转世）成人，而要变成鬼。

41. 不准将怀孕时死去的女人树葬，而要将其先行火葬后土葬。认为未下生的孩子会长成谁也制服不了的妖精。

42. 不准丧者家里的人射"领路箭"，而一定要用丧者舅家人或在吊丧人中请一女性代射，认为丧者家里人射了"领路箭"就意味着和舅家人断了亲。

43. "达布库勒"人——怀孕的女人不准看死人，认为怀孕女人看了死人，死人就有罪，只能在地狱里过日子，再也不能托生人了。

44. 不准将死人停放在"仙人柱"后面，而只能停放在"仙人柱"的后面两侧，认为"仙人柱"后面靠近"玛路"神位。

45. 树葬熊头时，要把熊嘴撬开，里面横放一根木棍，让熊张着嘴，认为这样做会使熊还能喘气吃东西，否则熊会使你的孩子成为哑巴。

46. 忌讳用死树进行架棺或吊棺葬，认为用了死树会断了死者和家里人的来往，会使下辈人不兴旺。

47. 忌讳用木棍乱戳火。认为这样做会捅瞎火神奶奶的眼睛。守着火堆喝酒时也得先向火堆扔块肉、洒点酒，先敬火神。

48. 夜间做梦听见枪子声，被认为是最不吉利的事，是将要死人的预兆。早晨起来要赶快向别人说出来，否则会真的要死人。

49. 女人不准在设有"玛路"神位的"仙人柱"里生小孩，可另搭一座不设"玛路"神位的小"仙人柱"作为产房。认为神是洁净的，不准让神看见污秽东西，否则是对神的不敬重，神也会生气发怒。

50. 不能歧视寡妇。认为寡妇身上有种邪气，能给人招来灾星。反过来，谁家小孩的脸或胳膊腿上长了疙瘩，可以请寡妇往疙瘩上吐口气，再用手摸遍就能治好。

51. 给别人制作神像的人要懂得全神和必须做出来全神，不然的话会得罪某个被漏掉的神，这个神就会生气，使做神像的人缺一只脚，做神像的木头、布、桦皮等材料，事前也得用"阿刻哈"烟（见21例）熏一遍，不然的话，神会嫌脏而不来。

52. 女人不准将私生子弄死。认为女人将私生子弄死，将来去世后，到阴间要受到吃死小孩的报应。

53. 忌讳女人多嘴多舌说别人坏话。认为这样的女人死后，阎王爷会在好的舌头上拴个铁圈，由两个小鬼来回硬拉折磨她。

54. 忌讳女人将吃的食物乱扔，认为这样的女人死后，在阴间将得不到可以吃的食物，只能吃别的鬼不吃的东西。

55. 忌讳女人同几个男人发生性关系。认为这样的女人死后，将被钉在木桩子上，由两个人用锯将其从中间劈开。

56. 不准用带爪子的野兽作为供品祭神，认为用这样的野兽祭神，神会生气不再保佑祭者，将来出围时，这种野兽会用爪子抓坏人的身体。

57. 认为红布、红线都是辟邪祛灾之物。哪一侧的眼睛生病，就在哪一侧肩膀上别上一块红布，不长时间就能好。小孩闹嗓子，也可以在脖子上挂一根红线。

58. 萨满穿的神衣和使用的神器不能放在女人的铺席上，否则萨满就请不来神。

59. 不准踩雷击木，也不准把雷击木捡回来当柴烧，认为雷击木是神对有罪东西的报应，虽然被击碎了，邪气还存在，人踩了或捡回家当柴烧，就会招来邪气，使人生病。

提供与核对该篇资料的人员有莫苏恩吉汗（女）、莫庆云、车景珍（女）、刘本占、吴福兴、葛庆春、葛长友、关春生、关长友、孟安臣、孟考杰、吴吉福、吴克用、莫桂珍（女）、吴福玉15位同志。

满族的天体物和动植物禁忌民俗

天体物禁忌是满族人主要禁忌事项之一。大体包括：日食时，各家各户全部关门闭户，人们用小镜子照日头，或用涂上松木燃烧时冒出黑烟的玻璃板照日头，据说这样可以看到天狗食日的情景。不能用手指指向彩虹，否则手指头会发霉烂掉。建造房屋或打地基时，不能选择前方"一条迎面水"，否则，这"一条迎面水"就是一支箭总冲着人，对子孙后代繁衍不利，甚至会断子绝孙。民间对遭雷击而死亡者，说成：横（hèng）死的人，是前世造过孽的报应，不准入祖坟埋葬。同时，在民间还有观察星象时不能用手指和不准说不吉利话的讲究。

动植物禁忌也是满族主要禁忌事项。主要是禁止捕杀，禁止冲犯和咒骂。例如，满族普遍禁忌打狗、骂狗、杀狗，尤其是吃狗肉，禁止戴狗皮帽子和服饰或佩饰，这其中的缘由除源于"黄犬救主"等神话传说之外，主要是因为狗是人们生产特别是狩猎生产的得力助手。对入室构巢的燕子不能捕杀。身上若落上飞禽的粪便，被说成是一种不吉利的预兆。夏季不能捕红、黄两色的蝴蝶。见到小红蜘蛛称其为"喜蛛"，将有喜事降临，绝不准将其打死。倘若是黑色大蜘蛛是致死的预兆，说是在房屋内要发生雷击灾祸。在山间走路时，不要说"蛇"字，倘若一旦说出来，就会碰见蛇真的在"拦路"。猫头鹰是不祥之物，故有一句"猫头鹰进屋，无事不来"的俗语。说猫有九条命，为了惩罚他人的诬陷，将猫放进锅里蒸煮，说能将仇人置于死地。黄鼠狼进仓房既不能用手指，也不准打，说黄鼠狼一旦搬家主人一定会受穷，打杀黄鼠狼会使人头疼。狼进家门也不能捕杀咒骂，只以响声吓跑即可，说狼被人打伤之后，会招致另外的狼来报复，家中的牲畜和家禽都会被狼祸害。故民间有"狼死绝地谓凶兆"之说。小孩不得插柳栽树，否则本人阳气会被吸走，身体会瘦弱多病。捕鱼时，忌讳捕获黑鱼，更不能食用，要么就地放生。还有孕妇不准吃兔子肉，说哪个孕妇吃了兔子肉，哪个孕妇就会生下"三瓣嘴"婴儿。

妇女日常生活需要注意的事

1. 不许妇女从后边上车。怕"千金"重，把车前部分压张起来，称为车张辕子，不吉利。

2. 不许妇女坐"温古"马套的车，"温古"马是吉雅其神看中和骑用的马。因为吉雅其神是主管人畜兴旺的命运之神，是具有神威的圣洁之神，它的鬃毛或尾部拴有黄红绿白四色小布条做标识。女人是不能接近的。

3. 不许妇女睡在西炕。因为西炕上方供奉着祖先神，不准女性坐、卧、睡西炕，这是信奉萨满教诸民族共同遵守的习俗。

4. 不许妇女对着灶坑坐着，也不许孕妇往灶坑里看。萨满教普遍认为，女性是不洁净的人，这样做会亵渎火神。

5. 女人不准靠近挂有神像的地方，连扫地都不准从西边走过。

6. 不许孕妇铺熊皮褥子。鄂伦春人认为熊与鄂伦春人有血缘关系，是全民族的图腾。熊褥子是铺在玛路神位下供男性长者坐卧的。孕妇铺熊皮褥子会触怒熊神，使其遭到"流产"的惩罚。

7. 孕妇不准吃驴肉、不能坐驴车，怕误产期，怕生出孩子长相像驴，性格会驴性霸道，总发驴脾气。

8. 鄂伦春族女人不能在有神像的斜仁柱里生孩子，而要由其丈夫或孕妇自己另外搭建一个斜仁柱作为产房，任何男人都不准进产房。

9. 产妇坐月子期间，不能出大门，怕亵渎神灵；也不准到屋内西北角，因为那里供奉着吉雅其神；也不准到井边，怕污染了井水。

10. 产后三天之内，夫妇都不准到烟囱脖子。

11. 产妇坐月子期间，在门口横放车轴作为标志，驴不准进来，不准推碾子。外人实在需要进屋时，要在屋门外放一铲子火炭，让进来人从火炭上跨过。外地来的车马或出汗的马，一律不准牵入院内。

萨满神服的文化内涵

萨满神服，是萨满从事神事活动时头戴、身披、腰挂的同萨满教观念有关联的衣、帽、饰物的统称。

由于工作关系，三十多年来，笔者有幸亲眼见到过我国不同地域的满族、达斡尔族、鄂伦春族、赫哲族等民族的萨满神服，参观过国内最大的萨满（服）文化展览馆和俄罗斯布拉戈维申斯克市地方志博物馆展出的最早从中国收集到的萨满服。1884年8月17日，以马克为首的俄国皇家地理学会考察队考察瑷珲后在他所编著的《黑龙江旅行记》一书中做出这样的记载："我们一到来，萨满一动不动地待在原地，这是一个身材匀称的青年男子。他在普通的布衫裙外面罩着一件海豹皮短裙（霍夏）。"他在看过一次殡葬仪式后，又对萨满服饰作出基本同样的描述：萨满头戴一顶圆帽，上边饰有只系着铃铛和花花绿绿布块的铁角，帽子的下缘拴着一些玻璃串，这些玻璃串垂在萨满的脸上和脑后。萨满只穿一件普通袍子，通古斯萨满的全套装束是一件挂满铃铛和铁川领的神衣。这种神衣，萨满通常只在非常情况下或重大节日穿着。笔者总体感觉，一是这些萨满服在观念上趋同相近，在材质上有所区别，在文化内涵上总体来说也是趋于一致，在细节上各有千秋，丰富多彩。二是北方少数民族的萨满神服大体上都经历过由简到繁的发展过程。用老百姓的话来讲，越讲究就越复杂。在这一点上，达斡尔族的萨满神服尤为突出。

达斡尔族萨满无论男女都被称为雅德根，都有自己的法衣。

神帽，达斡尔语称"玛嘎垃"或"扎热马格乐"。用铁或铜条制作帽架，架顶上有两只仿鹿角形的六杈铜角，两角中间有一只铜制神鸟。帽架内套有黑或红色大绒帽头，帽边两侧钉有两条布带，以便于戴帽后系在颌下。神帽檐边垂缀着约半尺长的黑色穗子，作为屏障保护神鸟。以鹿角杈数多寡判断萨满的资质。鹿角上可以挂数根五色或七色的彩色布条，神帽前面装有一枚小圆镜，叫"照妖镜"。

法衣，达斡尔语称"扎瓦"，是用梳得软软的罕达犴皮缝制的对襟长袍。长袍领扣到下摆均匀地钉有八个大铜纽，象征八座城门。长袍左右襟上钉有36个青铜小镜，为长城之象征。背悬四小一大青铜镜，大者为护背镜，达斡尔语称"阿尔肯·托力"，防止妖魔从背后下毒手。胸前佩戴一个中型青铜镜，达斡尔语称为"朱日格·托力"，意为护心镜，防止恶魔摄去心肺。袖筒和皮袍子左右下摆绣花纹的有3—5条黑色大绒，意为萨满的四肢八节。左右下摆的大绒上钉有60个小铜铃，也有多达62个小铜铃的，意为守护城墙的卫士。坐落在萨满服肩上左雄右雌的两只小鸟，名曰"博如·绰库日"，汉语意为"能悄声耳语的鸟"，是萨满的使者，能把神佛的旨意悄悄传到萨满耳朵里。长袍背部腰以下部分叫"哈勒帮库"，意为条裙。由绣着日月松树下站着鹿的上下两层飘带组成，犹如绣着孔雀斑斓羽毛，上层12根飘带，叫"杜瓦楞"，代表12种神树和飞禽；下层绣着美丽花朵的12根飘带，为一年十二个月的象征，是神佛来往的必经之路。长袍外套称"扎哈日特"，意为神坎肩，上嵌360颗同样大小的贝雕，叫"岳宝斯"，以示一年三百六十天之意。同时，这种密集的贝雕据说还有防备鬼怪刀剑的功能。长袍两侧腋下各垂2尺多长的九根细皮条，名曰"阿萨朗"，是萨满送神的专用线。萨满神服很重，一般都在六七十斤，重的可达一百多斤。萨满神服也十分昂贵。

萨满穿戴神服进行法事时，随着急骤的鼓点和各种响器之声，神服飘带四下飘逸舒展，犹如大鹏展翅，飞翔天地间之势。

各民族的萨满服虽然比较相近，但是其文化内涵的解读却千差万别，如，达斡尔族萨满神服两侧腋下的细皮条原意是送神佛的专用线，但有的民族另解释为"是萨满给人治病救人的记录。即每一条飘带记录着该萨满救治过一个病人"。

镶蓝旗佛满洲关氏家祭简记

黑河市爱辉区四家子乡五道沟村关氏家庭主要祭祀活动是祭祖和祭天。一年之中风调雨顺，喜获丰收，人也平安，要举行祭祀，叫作"跳太平神儿"。家庭成员有病或因别的事情而求神许（过）愿，到时还愿，也举行祭祀。

祭祀有大祭和小祭之分。大祭需三天时间，前两天祭祖，第三天祭天，时间一般都选在农闲期间。小祭一天，祭祀之主自家进行或只有小部分邻近家庭成员参加。小祭的祭祀时间，是当初许下何时还愿，就何时祭典。

关氏家庭祭祖，即是祭奠祖宗匣子内的"祖宗"。家庭（族）各家西屋西墙上供奉有祖宗龛，龛上居中放三只木香碗。全家族共有祖宗匣子两只，哪家祭祀，祖宗匣在哪家。一只祖宗匣子供在香碗南侧，另一只供在香碗北侧。南侧祖宗匣子中放有长1尺余，宽不到半尺，用多层毛头纸叠的"像"三张。左为上，在左边的"像"呈△形，中间的形与前同，右边的呈□形。左边的"像"涂有两道蓝色；中间的上边一道蓝色，中部一道红色，右边一道红色。

北侧匣子装的是三个1尺多长，用红、黄、蓝、白等各色鲜艳绫条扎成的绫子卷。每卷上部用绳扎住，看上去略具人形。关氏家庭每个新萨满，要将南侧匣中的纸"像"各加上层与原样相同的新纸，将北侧匣中的绫子卷各加一些新绫条。这件事由家庭中年岁最长、德高望重的老太太来做。两只匣子中的纸"像"和绫子卷被呼为"祖宗"，祭祖就是这些"祖宗"受祭。

祭天，也称"祭院子"，同时要"祭杆子""祭老呱"（即祭乌鸦），是在影壁前和索伦杆子下进行的祭祀活动。同其他满族人家一样，关氏家族各家院子中也都立有影壁和索伦杆。新盖的房子没有影壁和索伦杆子，须在自家主办全族大祭第三天祭天时竖立，而不准在其他任何时间竖立。有的人家的影壁很讲究，有的则很简单。简单的影壁是用三根木柱，串（两道）横木埋立而成。要立在院中，对着房门和院门。三根木柱和横木木质须是松木，其他杂木不能用。横木的串法是像早些年农村串木锅盖的串法。三根木柱的直径都在十七八厘米左右。木柱要埋牢，忌讳被风刮倒、被雨水冲倒，埋好后高度要超过大门。影壁朝房的方向为前，冲大门的方向为后。索伦杆立在影壁后，也须是松木，松木长杆上部镶有一木斗，尖端套上猪的锁子骨。下次祭祀时，用新猪锁子骨换下原来的锁子骨，原锁子骨要投入灶中烧掉，严禁乱扔。

关氏家族祭祖用的神具有：专用祭神的供神桌一张；一个挂神"像"和绫子卷的神架；一只用铁片制成的状如猪哈拉巴骨（即肩胛骨）、边缘穿孔、系有铜钱儿的"铁哈拉巴"，一面用狍子皮蒙成的手鼓，一面用马皮蒙成的台鼓，一只用五块小木板条制成的轧板，还有腰铃、裙子等，但没有神帽。另有祖宗龛上的三个香碗和用来盛供品的小方盘。祭祖要跳神。祭天不用手鼓、腰铃之类的神具，也不跳神，只有大萨满（即穆昆萨满、氏族萨满）身穿灰色长袍在神桌前祝辞、带领族人跪拜。祭天神具除供神桌外，还有香碗、小木方盘等。

关氏家庭祭祖祭天上香都用达子香。达子香是用达子香花叶，经晒干捣碎，用细箩筛过而成。达子香花叶须是农历七月十五上山采撷的。达子香的上法是，先在香碗中的香灰上前后向撒一道达子香面，香面上顺放一段线香，线香前头点燃，线香上再撒一道达子香面，香味很浓。祭祀用酒分米酒和白酒两种，米酒为祭祀前用黄米发酵、自酿而成的酒，酒味酸甜，看上去像米汤似的。白酒为买来的白烧酒。

关氏家庭大祭，第一天祭祖用牛舌头饽饽祭典，第二天祭祖和第三天祭天用猪。小祭一天只祭祖不祭天，祭品不用猪，只用"塔萨玛饽饽"。牛舌头饽饽的原料是小黄米即黏谷子碾出的黄面。做法是和好面，做成圆饼，开水煮过晾凉后，捏成两头尖牛舌状，并用油炸。塔萨玛饽饽也是用黄面做的，先做成小圆饼，开水煮过后，粘上红豆即成。用塔萨玛饽饽上供时，要将饽饽摆成金字塔形。祭祀用猪要求是劁后（割断或结扎输精管）的公猪，不得用母猪，对母猪做供品有"老母猪还愿俩不顶一个"的笑谈。供猪的颜色要求是黑色的，花色的勉强可以，白色的绝对不行，被说成是"白搭儿"。猪无论大小都不准用秤称。对于小猪有"猪小神喜，猪大人喜"的解释。实际上如果条件允许还是用大猪祭典，自己觉着体面，也为外人称赞。杀猪前磨刀、搓绳子须在西炕进行，而平时磨刀、搓绳是绝对不允许在西炕的。

关氏家庭祭祀期间，"眼睛不干净"的人（如近期见到死人的人、本身戴孝的人）、"四眼人"（即孕妇）、"半脸人"（即鳏夫和寡妇）都不得入院参与祭祀，家庭内外人员一律受此约束。

关氏家庭三天大祭祭祀活动的过程及仪式如下：大祭前，祭祀主家家主要先与家族的大萨满商量有关祭祀的各项事宜。要先将祖宗匣子请到家中，请祖宗匣子的途中，专派的车或爬犁不许外人搭乘，祖宗匣子要一直抱着不许放下。祭前要选好吉日，或初一或十五，并通知家族各家届时来人参加。

正式祭祀的前一天清早，祭祀主家将院子打扫干净。早饭后，将"草把子"挂到院子大门的西侧。看到门口挑着草把子，村里即知这家祭祀，一切犯禁忌的人也就自觉地不到此家院子中来了。草把子，是用一束谷草对折起来，中间系以红色飘带，把根梢参差的一端剪齐，用绳穿过窝折处系到柳条上做成的。祭祀期间，草把子一直挂着，直到祭祀活动结束后的第一天，外地的族人都已陆续返回、太阳西落后，才摘下来，填入灶中烧掉。不得乱扔。

草把子挂出后，族内各家参加祭祀的人接踵而至。赶到的家庭成员要帮助祭祀主家做各种准备工作。第三天需新立影壁和索伦杆的要在这一天选好木料。第三天祭天时，支锅用的三块石头也须在这一天准备好。选的石头要是三角形的，因其稳固。祭祀结束后，三块石头要分别放在影壁的三根木柱下，平时不得随便搬移，不得往上泼洒秽水污物。当天最大的准备工作是做饼儿、做牛舌头馎馎，量很大，要用百八十斤面。一般是在当天午后和晚上做，油炸却必须是在第二天天不亮时炸。炸制时由男子操作，女子不得插手，窗门都要挡严。在牛舌头馎馎制作的整个过程中，先做供神的，后做人吃的，两种用途的半成品和制成品要单做、单装、单放，不许混杂。早饭时，家庭成员及邻里即食用牛舌头馎馎，吃时辅以豆泥汤。这顿饭在桌子上吃，但不凑桌，随来随吃，吃完即可离开。

正式祭祀第一天上午，人们吃完牛舌头馎馎后，下午开始祭祖。一先一后祭祀两只祖宗匣子中的"祖宗"，最后举行"背灯祭"。

先祭南侧祖宗匣子中的三位"祖宗"。大萨满穿上灰色长袍，在西炕正中位置摆放上供神桌，再立好神架，之后磕头将匣子中的三张"像"请出来，依序挂到神架上。再将祖宗龛上的三个香碗请下，摆成横向一排，上达子香，在香碗后再敬上三盅米酒、两盅白酒。接着供上用小方盘盛装作为"欧也"的牛舌头馎馎，摆上筷子。供品上好，大萨满祝辞、磕头，跪在地上的众家族男子跟着磕头。磕完头，大萨满扎上裙子，系上腰铃，手持"铁哈拉巴"，随屋门口左右的台鼓和轧板的乐点到神位前，由左向右，先后向三纸"像"揖拜，口中念念有词。拜毕再随乐点跳回，卸下神具。之后，二、三、四等萨满仍用大萨满的各种神具重复祝拜。最后大萨满只穿长袍，再到神位前祝辞、磕头，众人随同磕头。将"祖宗"请回。对南侧匣子中的"祖宗"祭典仪式结束。

撤下的馎馎和酒，人可食用。

祭典完南侧匣子中的"祖宗"后，祭典北侧匣子中的三个绫子卷"祖宗"，其制式、仪式与祭南匣子"祖宗"基本一样，只是萨满手中的

"铁哈拉巴"换成了手鼓,台鼓与乐点不同,祝词略有差异。

天黑后,举行"背灯祭"。祭前,插上门,挡严窗子。将供神桌请到西炕北侧。把三个绫子卷中间的一个请到神位上,用祖宗龛上三个香碗中间的一个上香,敬上三杯米酒,供上牛舌头饽饽。大萨满手拿"铁哈拉巴"面向神位,坐到神位前凳子上,祝辞之后把灯灭掉。大萨满边叨念,边上下作揖状摇晃手中的神具,台鼓与轧板的乐点随同大萨满叨咕的快慢时快时慢。之后,大萨满再将腰铃束成一把握在手中,祝辞、摇晃如前。大萨满祝毕,其他萨满不再重复。掌灯。当天祭祀活动结束。晚饭还吃牛舌头饽饽。

第二天的祭祀活动分上午和下午进行。上午,早饭后祭拜南侧匣子中的三位"祖宗";下午祭典北侧匣子中"祖宗";天黑后,再举行背灯祭。这一天祭纸"像"、祭绫子卷、背灯祭,分别与前一天的制式、仪式一样。所不同的是这一天的供品是猪。上午祭纸"像"用一头,下午祭绫子卷和背灯祭用一头。上午供猪前,在神桌下的地上另放一张桌子,把猪抬放到桌子上,猪头向神位,大萨满对祖宗祝辞,持酒一杯倒入猪的左耳,猪耳一扑棱,即示意祖宗将供的猪领去了,这叫"领牲"。领牲之后,萨满持刀杀猪,桌下用大木盆接猪血。把杀死的猪抬到外间褪毛,卸开煮熟,取胸口三块肉做供品,谓之"欧也肉"。摆好供品,如前祭祀完毕,来人享用猪肉。吃时,不放桌子,围坐方盘而食。

下午的祭祀在太阳偏西时进行。背灯祭结束后,再享用猪肉。

第三天早晨开始祭天。祭前,大萨满在影壁前摆好神桌,用香碗上好香,敬上三杯米酒。神桌前再放一张桌子,把猪抬到桌子上,猪头冲影壁。领牲后,大萨满带领众人磕头。磕完头,大萨满执刀杀猪,杀死的猪不褪毛,直接扒皮。皮扒下后,萨满将猪开膛,卸肉。把猪内脏放到索伦杆的木斗里,祭乌鸦。另有人在院子中用四个铁钩子将扒下的猪皮绷起,下面点燃豆秸燎毛,边燎边刮,直到燎黄刮净为止。卸下的肉选一些放入院子中支起的锅中煮,其中包括猪胸口的三块作为"欧也"的肉。其余部分拿到屋里去煮。院子锅中的肉煮至半熟捞出,供上欧也肉,祝拜如前。余肉切碎,重下入锅中煮,至烂熟,将在屋内做好的小米饭捞出兑入,放葱花和盐,做成"小肉饭"。饭好后,众人食用,辅以韭菜花、清酱之类佐料,可在南北炕围方盘进食,也有人端碗站在院子中进餐。

吃完小肉饭，用腾出来的锅煮燎烤好、切成条状的小块猪皮，内加少许葱花和盐，这种肉食，被叫作"燎毛肉"。燎毛肉在下午食用，也是在屋内南北炕上围方盘吃。同时吃上午屋内煮的肉和新做的小米饭。吃完饭，三天大祭的整个祭祀活动就算结束了。

关氏家族三天大祭中，每次祭典之前，参加祭拜的人都要洗手、洗脸、漱口，要"干净"。整个祭祀过程中，主持祭祀和跳神的萨满均为男性，仪式中跪拜的人均为家族的男子。妇女不跪拜，可以在一旁观看。外姓人，只要不是犯禁忌的人，也可以前来观看。祭祖，萨满跳神时，家族男子均站立地上，神情庄重，不苟言笑。祭天时，无论天多冷，家族男子们都不得戴帽子，但允许扎条毛巾或在火上烤一烤。

关氏家族三天大祭中，每次祭典结束，吃饭时都要请全村屯的人共同进餐，以来的人多为荣，将食物吃尽为吉。第一天吃牛舌头饽饽可以放桌子吃。第二天、第三天吃肉吃饭都不许放桌子。三天中人们都是随来随吃，吃完即可离开，体现出原始时代的古风。祭祀如是还愿性的，当天的食物，无论是牛舌头饽饽，还是小肉饭、燎毛肉等，必须当天吃完。如吃不完要倒掉，倒在影壁后。有谁家要，可到影壁后去接，但绝不允许直接从锅中盛走。如是跳太平神儿，所剩食物则不用倒掉，可以留用。

关氏家族小祭一天，仪式往往十分简略，敬上香，奉上两盅白酒，供上塔萨玛饽饽，不跳神，祭主祝辞、磕头了事。

关氏家族在祭祖祭天的同时还祭祀灶王爷和狐、黄等神仙，但他们不祭星星，也不祭关公。

（本篇调查由笔者好友瑷珲历史陈列馆馆长陈会学提供）

第十篇

社会篇

鄂伦春人的氏族

与东北地区满族、达斡尔族、赫哲族等民族的称谓相同，鄂伦春族对氏族的称谓也是"穆昆"，及其谐音"莫昆"（下同），氏族长也称"穆昆达"或"莫昆达"。而鄂伦春语对"穆昆"一词解读含有"兄弟和同姓人"之意。

关于鄂伦春族究竟有多少氏族，各个版本的书刊资料也都是其说不一。而且这些说法基本上都源于传说，通过传说与其现代社会组织相比较，窥视到氏族公社的某些遗迹。例如，在鄂伦春族氏族初级阶段，妇女是处于领导地位的。因此，氏族的遗迹，还保留在一些传说中。传说鄂伦春人最早是男人到女人族中去结婚并在那里生活，直到下山定居前，还沿袭婚前男子到妻子家先同居一个时期的习惯。

从近代开始，鄂伦春氏族制已由女性转为男性。父系氏族发展过程，同时也就是氏族的解体过程。现在已很难看到一个完整或比较完整的氏族形态。较早的氏族形态，还可从姓氏起源中看出来。鄂伦春族的每一个姓，最早即是一个氏族的名称，传说这种姓或取自所居住地区的某座山或某条河的名称，或取决于氏族的某一特点，后者在一个传说中有所反映。《五姓来历的传说》就足以证明这一点。

传说鄂伦春族最初只有一家人，这家生了五个男孩子，各有各的专长。他们的父亲根据每个人的专长都给取了姓，成为后来鄂伦春族五个姓的来历。一个孩子擅长用红色木头做弓箭，就让他姓魏来伊尔（或罗列勒尔），汉译姓魏，来源于"魏拉嫩"，意为红木头；一个孩子擅长猎取公狍子，就要他姓"古来伊尔"（或谷拉伊勒尔），汉译姓关，来源于"古兰"，意为公狍子；一个孩子特别聪明伶俐，要他姓"葛外伊尔"（或戈卧西勒尔），汉译姓葛，来源于"更钦"，汉译聪明或非常好；一个孩子主持分配特别公平，要他姓"吴恰他堪"（或伍查罕），汉译姓吴，来源于"吴克恰坦恩"，意为分配公平；一个孩子是打猎能手，要他姓

"莫拉乎尔"（或莫尼西勒尔），汉译姓莫，来源于"莫勒根"，意为打猎能手。

这个传说虽然有明显的长期加工过程，但它反映了每一个姓是起源于一个共同的始祖，每一个姓都有它们自己的标志和传说。

在历史传说中，鄂伦春氏族分别有源于三姓、五姓、七姓和九姓的传说。

氏族增多，自然姓氏也随之增多。不过现在鄂伦春人有若干姓，并不意味着便有若干氏族，因为姓反映氏族的某些形态，姓并不等于氏族。同一姓可能有几个氏族，例如在呼玛河流域有孟姓，在瑷珲境内也有孟姓。两个孟姓之间，有的说是同姓，也有的说不是同姓，更有人说他们都是从玛涅克尔部落分开的。从近代鄂伦春人自称看，有"呼玛尔千"，意为我是呼玛尔的人；或"瑷珲千"，意为我是爱辉的人；或"必拉尔千"，意为我是毕拉尔的人。由此可见，各地的同姓也不一定是同一氏族。另外鄂伦春还不断增加许多外姓，这一部分姓更不能说明姓即氏族。鄂伦春现有的或曾经有过的姓大约三十个，有何（柯尔特依尔）、白（白依尔）、孟、关、吴、葛、魏、车（车普哲依勒尔）、莫（莫拉呼）、猛（玛哈依尔）、阿（阿其格查依尔）、郭、陈（恰库吉尔）、胞、娄、杜（杜宁肯）、苏、韩（卡那格依尔）、李（尼力吉尔）、谭、丁、赵（穆哈依尔）、叶（雅洽依尔）、张、于、杨、敖等。据说，其中何、白是最古老的姓，主要分布于内蒙古莫力达瓦旗，孟、关、吴、葛、魏也是老姓，主要分布于呼玛尔河流域，莫、猛主要分布地是逊克一带，郭是达呼尔姓（鄂伦春的达呼尔人），杜可能是索伦姓，陈以下各姓大部是汉姓（鄂伦春化的汉人），其中有些姓只有1—2户，有些姓今天已不存在。传说吴、孟出自何姓，关、葛、魏出自白姓，他们是两对父母在不同地方所生，因此出自同一父母则互为兄弟。有的姓也包括原来并不属于本氏族的人，如莫姓一部分是原来的，一部分是后来加入的。这一点反映了氏族组织的一个特点——收容其他氏族成员为本氏族成员，那应是较早发生的情况；而汉姓在鄂伦春姓中出现，是氏族血缘关系薄弱的表现。传说，鄂伦春人本无李姓，一个被俘虏来的奴隶被主人赐姓李，才出现了李姓。

近年来，有学者经调查考证后撰文认定，鄂伦春族原有氏族十余个，姓30多个。他们分别分布在内蒙古阿里河、托河、诺敏河和黑龙江上中游呼玛尔河、色尔滨河、逊河、库尔滨河、嘉荫河、都鲁河等流域。

清代虽然出现了鄂伦春这一族称，但当时只是把居住在黑龙江上游额尔古纳河流域的称为鄂伦春，而把分散在其他民族的鄂伦春人简单地或按流域称呼为"库玛千""瑷珲千"，或按氏族名称与鄂伦春族称并称，如"玛涅依尔""毕拉尔""奇勒尔"等。族称、流域称谓、氏族名称之间混淆，加上谐音、译音的不准确，使称谓上造成混乱。例如，曾经游猎于呼玛河至瑷珲至黑龙江北岸精奇里江（现俄罗斯结雅河）区域的玛涅依尔氏族，俄文文献称其为"玛涅克尔"人，现汉姓为孟，曾经是鄂伦春族人口最多、游猎面积最大的氏族。同样问题也存在于毕拉尔路，"毕拉尔千"最靠河边居住的鄂伦春人，现有七个氏族，而古老的氏族有三个。"毕拉尔千"只能表示是区域性的鄂伦春人，并不能代表氏族。

鄂伦春族乌力楞

乌力楞，其发音亦有谐音"乌力嫩"之别。鄂伦春语"乌力楞"一词，是"子孙们"的意思，即同一乌力楞的成员是由一个男性同他直系的3—4代子孙和他们的妻子构成的一种有血缘关系的家庭公社组织。一个乌力楞一般由几个或十几个小家庭斜仁柱组成。几个同姓的乌力楞方能组成一个穆昆——氏族。

鄂伦春族的氏族，不是社会的基本细胞，即不是一个生产和生活单位，而穆昆即氏族组织下面的乌力楞才是社会的基本细胞，是鄂伦春传统社会的一种社会组织形式。一个乌力楞就是一个父系家庭，人数可能有十几个，也可能是几十人不等，分住在几个斜仁柱里，但基本居住在一地。

乌力楞家庭公社内，主要生产资料为集体所有，猎场也是共有，每个乌力楞成员都可以在区域内随意打猎，一般情况下不会去其他乌力楞猎场打猎。当然，其他乌力楞的猎手们也不会到这个区域内来狩猎。主要生产资料如马匹以及早期的驯鹿、斜仁柱、桦皮船等，都是乌力楞集体所有。其他一般个人使用的小件工具，如弓箭、激达（扎枪）、猎刀、斧头和妇女鞣皮工具还是归个人所有。

按照传统习俗约定，乌力楞里所有的斜仁柱建筑都要一字排开，不能有前后之差和高低之差，以此表示乌力楞成员一律平等，没有高低贵贱之分。这是鄂伦春族原始社会生活的主要标志之一。

乌力楞的成员实行共同劳动、平均分配的制度，当然猎物也是共有的。具有原始部落性质，这也是鄂伦春族原始社会生活的又一个重要标志。

近代鄂伦春族乌力楞成员已不再完全是由同姓成员构成，有可能是由几个姓的成员组成，接近村落公社性质。

靠传统习惯维持氏族秩序

过去，在鄂伦春族内部，氏族秩序是靠传统习惯来维持的。敬老、爱幼是传统美德，对所有的老年人，无论贫富都是尊敬的；对鳏寡孤独、老弱病残的人，大家都能伸出友爱之手给予帮助，优先将兽肉、兽皮分给他们。在这个大家庭中，人人都会感到亲切和温暖。老年人常常用"多爱护别人吧！爱护别人就是爱护自己，帮助别人也是在帮助自己"的话语教育引导晚辈人。"老人不说古，后人离了谱"，这则谚语明确显示出老人在传统教育中的重要作用，老人教育下一代的主要方法是说古，也就是按习惯法进行有效维护氏族秩序的教育，达到"骑马要端正，做事要公平"的理性目的。鄂伦春人从来没有发生过打骂孩子的事，但是却时时处处让孩子们懂得"绊腿的猎马走不远，愚蠢的猎人眼光浅"的道理。

鄂伦春人认为好胜的心理几乎人人都有，但它不同于"出人头地"，他们从未想用压抑别人来抬高自己。在民歌中反映姑娘们寻求的理想对象就是勇敢能干、漂亮温柔、敬老贤惠、为人正直、愿意接近别人的人。

按照鄂伦春老人的普遍认识，为人诚实才能受到别人的尊敬，为人厚道才会得到别人的信任。对于那些破坏秩序的人，处置的办法是和善的也是严厉的。对于懒汉，先是由穆昆达劝诫，一般的人经过劝诫都能改正。对于屡教不改的，人们也不责罚他，就是在下一次出围时谁都不与他合作，实际上在当时的历史条件下，这是最厉害的责罚。对于严重违反氏族纪律的人，则由长辈老人在其屁股上打一顿柳条，对妇女则是打手板。

鄂伦春人具有良好的心理素质和良好的行为规范，据说，鄂伦春族各氏族之间、乌力楞之间，基本未发生过纠纷和争斗。

鄂伦春人热爱大自然的情结

世世代代生息繁衍在大小兴安岭上的鄂伦春人，对深山、河谷，对林木、花草，对飞禽、走兽等山林中的一切都是那样亲近爱恋。而且爱得是如此真真切切，恋得是那样如醉如痴。无论是大人孩子，时时处处都以自己的身边环境能否遭受破坏作为自己的行为准则。在鄂伦春人定居点附近的河边，会经常看见有老人或孩子沿河边捡拾漂流木和树林中的干树枝杈，背回斜仁柱烧水做饭当柴烧。而斜仁柱附近就是成片的树林，却从来不滥砍滥伐，不浪费每一棵树木和每一块木材。妇女们做完饭，会用土把余火埋灭。老人点完烟也同样会把火柴杆插进土里并用脚踩实，防止死灰复燃。在一般人看来这些都是区区小事，而对有着热爱自然保护自然传统美德的鄂伦春人来说，他们心里想到的却是关系到鄂伦春人生死存亡的大事。一位生活在色尔滨河畔德高望重的老人曾经对采访他的记者说："孩子，这可不是小事，一旦跑了火、烧了林子，我们就什么都没有了！"把护林防火的意识同自己的生死存亡紧密连在一起，再也没有比这更高的认识了。

常年在兴安岭深山密林中生活的鄂伦春人，吃、住、穿、用都是来自自然。他们懂得自己的利益要符合人类长远利益，用他们自己的话来说，"不能干绝后的事。"基于这种理念，全民族的猎人有约定俗成的规矩，"不许涉猎正在交配的野兽"，他们认识到自然界动物繁衍生息的规律，动物交配能使动物繁衍后代，使动物资源更加富集，有利于人类生存发展。他们不许打鸿雁、鸳鸯鸟。因为鸿雁总是成双成对地在一起，如果打死一只，另一只就会孤独地死去。鄂伦春人还认为，打鸿雁或鸳鸯会破坏它们夫妻生活，也不利于它们繁殖后代。鄂伦春人认为野鸭子、青蛙、红蜘蛛是吉祥动物，能给人带来幸运与财富，把美丽漂亮的野鸭子毛粘在门框或门楣上会给主人带来幸福和财运。认为青蛙、红蜘蛛跳到主人大腿上，主人家会有喜事临门，主人要用双手捧起青蛙送回水里。

正是鄂伦春人具有真实强烈的热爱并依赖自然、尊重与保护自然界的情结，才使得鄂伦春人同自然界始终保持一种和谐统一的关系，才使得大自然始终不断地造福于鄂伦春人。

鄂伦春人对色彩的认识

在古代狩猎时期，鄂伦春人对色彩的认识源于大自然万物的色彩，但是他们加进了自己意识的成分，把自己的喜怒哀乐、信仰及民俗文化密切地联系起来，形成民族共识的色彩意识，这种色彩意识在他们的原始狩猎生产即民俗文化中占据绝对优势。

红色，是太阳的色彩，象征喜庆，姑娘出嫁时衣物多用红色装饰。

黄色，象征土地，象征男子新婚之喜，也象征男子有大地一样的胸怀，力大无比。

黑色，象征婚姻到永远，红、绿、黑三色用于新婚起舞的装饰。红色象征新婚女子，绿色象征新婚男子，黑色则象征他们婚姻到永远。

如果在桦皮器物装饰上，图案纹饰上出现白色或蓝色，则表明这家有大难或者因为丈夫去世而妻子正在守寡，象征悲苦的心情。

鄂伦春人定居前后的真实心态

瑷珲境内的鄂伦春族于民国二年至四年（1913—1915）开始，在黑河道和库玛尔路协领公署提出的"弃猎归农，培养劲族"收抚政策引导下，接受了政府无偿提供的牛十二头、马二匹，达斡尔车一辆、铁犁两副，新购俄犁一副附犁器用八件，并设屯开垦，向汉人学习农耕技术。但是经过十几年的实践，弃猎归农政策失败了。少数领袖人物成为新土地的所有者，大部分鄂伦春族同胞沦为奴役；猎民顶门弃地进山行围，已开垦的土地被荒弃。日伪时期，日本侵略者对猎民实行保持鄂伦春族落后状态、断绝他们同其他民族特别是同汉族交往的封闭政策，用控制弹药和鸦片引诱等手段，使鄂伦春族濒临灭亡的绝境。

由于长期遭受压迫歧视、封闭隔离，鄂伦春族同胞对外界不了解、不认识，思想上处于迷茫、恐惧之中，所以在定居前后一段时间，心态一直处于矛盾之中。既喜欢聚居，喜欢热闹，但又担心人多打猎会受到干扰。

按吉林师大黑河地区鄂伦春族社会调查组1956年调查材料（1959年版）记载："1953年1月，人民政府为鄂民盖房子补助……瑷珲六千万元。"云南大学编写的《鄂伦春族》①《黑龙江黑河市新生村调查》记载：从1953年春开始，在刺尔滨河和索尔吉汗河汇合处建民房34座63间。"这些房子分为两种：一种是用原木垛起来的，房盖用木板铺成，这类房子占房子总数35%；另一种房屋的墙壁用木桦和泥堆砌而成，房盖用草铺成。住房室内有火炕、火炉子、锅台、窗户，有的还有天棚、地板。另外有30%的住户用白灰粉刷了墙壁。同年9月，新生村鄂伦春族同胞实现定居，住进宽敞明亮的新居，大部分猎民心情舒畅。但是也有一部分鄂伦春族同胞怀有'新居里亮堂，可没有一点青草味'或'新房憋气，

---

① 郭建斌、韩有峰主编：《鄂伦春族》，云南大学出版社出版2004年版。

不如斜仁柱透气',有的住户'怕房子倒了会砸着',干脆在院子里重新搭建的斜仁柱里过夜"等等矛盾心理。

有的鄂伦春族同胞习惯了自由自在的游猎生活,觉得定居生活不如游猎生活自由。

由于鄂伦春族长期过着封闭的生活,对外界事物了解得很少,甚至是不了解。例如,一些猎民参加由政府组织的少数民族参观团到东北三省几个大城市参观,在旋转楼梯下看见有女性在楼上走,便"感到晦气,认为这是亵渎了神灵,恐怕要遭到报复","赶快找个背静之处烧纸,祈求神灵原谅"。看见城市大街上汽车一个接一个地跑,或是汽车拉拖车行驶,觉得惊讶不可思议,认为是"房子拉着房子满大街跑"。

使用钱币怕受骗,喜欢以物易物。认为"钱币只是一张纸,不如以物易物能看得见,实惠,心里踏实"。

不积钱财、不存宿粮,认为"马匹才是财富的代表,平时就是以马匹的多少作为判断穷富的标准"。

部分人不愿意同其他民族接触,怕受愚弄,怕上当受骗。

1953年由于不熟悉农业生产,有人竟把政府拨发的玉米碴子当作玉米种子种进地里,而把没经过加工的整粒玉米当成粮煮吃。

定居前两年,即1951年,由于没有文化,有奸商竟然拿着灶王爷像向鄂伦春族猎民葛庆春老人诈骗说:"这是你们家欠账的证据,上面站着一排是你父辈人,中间坐着的一排是你爸爸辈的人,他们说这些欠账都要由你这辈人来还。"

形成上述诸多矛盾心理的主要因素,首先是鄂伦春族同胞经历了人类最为漫长的原始社会游猎生活,与其他相邻民族社会发展的差距相当大。其次是中国近代统治者和日本侵略者将鄂伦春族看作蛮荒的人,当作猎奇的对象。特别是日伪时期,竟然采取将其隔离、封闭、利用消灭的策略,致使鄂伦春族饱受深重灾难,全民族濒临灭绝的境地。在经济上,屡屡遭受奸商的盘剥、愚弄、欺凌、压榨,心灵上受到摧残,形成很多心理障碍。

满族人发式

满族人发式沿袭其先人女真人的旧俗，发式特别引人注目，并自成一统。

满族男人发式是"半剃半留"的发辫。"半剃半留"就是剃去周围的头发，只留颅后头发，然后编一个辫子垂于脑后，这种辫子便于驰骋山林盘弓射箭。满族男子发式同汉族男子发式"总发为髻"是大不相同的。满族人主中原建立清王朝以后，强行在全国范围内推行满族发式，使之成为满族、蒙古族、汉族等各族的共同发式。直到辛亥革命，满族男子"半剃半留"的发式被彻底"革掉"了，取而代之的是大分、半分大背、寸头等新的发式。

满族女性发式随着年龄的不同发生许多变化。幼年因练习骑射而剃去四周头发，只留颅后发，编辫盘于脑后。到待嫁年龄开始留发，多半是梳成两个小辫或编成单辫。满族已婚女性发式多样，其中以"两把头"样式为最多。"两把头"样式就是把头发束到头顶，分成两绺，在头顶上把头发绾在扁方上，梳成一个横长式扁髻，然后将后面的余发绾成一个燕尾式的发髻。这种发式多为社会上层女性和青年女性所喜爱。满族老年妇女是把头发全部束到头顶梳髻，并戴些花和一耳三环，因为满族女孩出生不久，其额娘就会在女孩耳垂上扎上三个眼，待其成年时戴上三个耳环，叫作"一耳三环"，说是老祖宗留下来的规矩。

说到满族女性"一耳三环"的习俗，民间有个相关的故事。传说在清朝，不知是哪个皇上在位发生的事。有一天傍晚，侍候皇上的太监们抬进一位女性给皇上侍寝。到了龙床上，皇上一看，这个侍寝的女性长得貌若天仙，心中大喜。可皇上刚要和这个侍寝女性亲近时，却龙颜大怒，突然变了脸，把她赶了出去。为什么呢？原来皇上刚用手去摸侍寝女的脸，却发现她戴的耳环是"一耳一环"而不是"一耳三环"，是个不在旗的女人。皇上心想把一个不在旗的女人送来侍寝，不仅是坏了祖宗的规矩，难道还是有人借此机会害朕不成？不论属下做何解释，送侍寝女的太监是没保住命，那个侍寝女因年少漂亮无知，只是受到驱逐出宫的惩罚罢了。

满族大、小姑子在娘家的地位

满族同其他民族习俗不同之处是，家庭中普遍沿袭着重视大、小姑子的习俗。

过去，在满族家庭中，未结婚嫁出去的小姑子，地位高于已经结婚过门的媳妇。家中无论大事小情遇到吃饭时，讲究的是大姑子可以同老公公一并坐上座，小姑子坐侧座，儿媳妇却始终侍立旁边。在家庭事务中，有时大姑子可以代替婆婆做主，并能指挥自己的嫂子或兄弟媳妇干活。所以农村姑娘找丈夫都不愿找有大小姑子的人家。这也就流传下来"大姑子多婆婆多，小姑子多舌头多"的讨厌大小姑子的俗语。

满族曾经是个能骑善射的马背民族，是一个有着悠久历史和灿烂文化传统的民族，在历史发展的进程中，他们创造了绚烂多彩的民族文化。虽然满族"格格"的行为举止因有时有些出格，难免遭人非议，但是满族具有男女平等的礼俗，是个基本上没有重男轻女之偏见的民族。

"肩胛骨上长着眼睛的民族"

历史上，各个民族都曾流传着各种各样的美丽传说，但是被人评论为"肩胛骨上长着眼睛的民族"却只有一个，那就是神奇的达斡尔族人。

传说，那是成吉思汗率铁蹄骑兵席卷天下的时期，当他率领千军万马沿额尔古纳河北岸冲向黑龙江上游北岸的广袤大地时，突然发出一道

"停止前进"的紧急命令,震耳欲聋的马蹄声瞬间就消失了。除了无数面旌旗还在风中呼呼作响之外,旷野间一片沉寂。

突然成吉思汗仰天大笑,手中马鞭指向远处的村落,大声用蒙语向属下问道:"他们是达勒达努赫提达斡尔吗?"意为"他们是肩胛骨上长着眼睛的达斡尔人吗?"得到属下确切的回答后,成吉思汗吩咐属下:"他们的警惕性特别高,又非常善于骑射,不可以武力压服,只能善言招降,为我们出力。"

成吉思汗的这段话立刻传遍全军,他们再也没追击达斡尔人。过后,属下们聊起这段往事时,都说:"大汗是太了解达斡尔人了。"

土匪秘闻

解放战争即将取得决定性胜利的前夕,被解放军击溃的国民党残余人员与瑷珲境内的地方反动势力勾结在一起,结成"三星点""压东边""老靠山"等多股土匪,平时藏匿在深山老林,不时下山骚扰百姓、抢劫民财、掠夺民女,还不时偷袭公安部队和人民解放军驻地,因而民愤极大。

他们说黑话、走黑道,无恶不作,还有一套严密的组织分工,自称为"四梁八柱"。八柱分别为:"大当家"即是匪首,"二当家"的是匪首副官,"炮头"领队冲锋,"总催"督阵殿后,"水箱"负责瞭望警戒,"字匠"负责来往行文,"搬舵"负责占卜吉凶,闲员负责替补。八柱之中无论缺哪一柱,闲员都得能顶上去。

平时,土匪见面,不准双手拱拳于胸,那样做,认为有被锁铐之嫌、不吉利。平时也不准背手踱步,那样又有被缚之嫌。见面时,必须双手合拳过右肩,为的是以防不测,就近取下肩枪。

此事虽已久远,但是作为历史上的一种反面的历史文化现象而录于此书,也许会对今后文艺创作、表演有一定的参考价值。

站人逸事

站人，即驿站之民。从1683年清政府议定设置黑龙江驿站时间起，到清末民初驿站运行了200余年。为清代东北部连疆的防务与稳定作出了重大贡献，也形成了站人这个特殊群体特有的民俗文化。

站人群体的形成。为保卫祖国领土完整，传递文书，沟通军情联络，接待往返于前线与内地之间清军官兵，清政府于1684年开始在吉林与瑷珲之间着手设置了20座驿站。其中嫩江至瑷珲之间，有瑷珲境内黑龙江站（亦称头站，即现坤站）、额雨尔站（二站）、库木尔站（三站）、嫩江境内的塔溪站、科洛站等五处为黑龙江北路驿站。站丁，俗称站民，"皆云南产，以吴王三栏叛帮谪充山海关外，分遣各地效力"。由于是云南发遣的罪犯，所以又被称为"默奴""小云南"。然而这些受吴三桂牵连的"判将之兵""戴罪之人"的祖籍大部分却是山东登州府海洋县等地。由于历史的原因，又被重新称为"站上人""站丁"。

站人"四不准"。由于站人是戴罪之人。所以他们在思想上、行为上都受到严格的控制。他们不准读书，不准参加科举考试，更不准当官。只能在本站内当个领催。例如，二站村邵广永的爷爷曾经当过站上的笔帖式，人称"邵千总""邵千爷"，不过是个没有品级的"马甲"而已。有句民谣笑称"头上金顶乱碰，提到官事发愣；问君多大前程，二十四两准称"；不准同外界通婚，造成近亲繁殖，使后代多发生精神或生理上残疾的悲剧；不准出驿站20公里，违者为逃，逃者杀罪；不准各站丁家里单独拥有刀类等铁器。

站人曾经使用马掌刀削面。为防止站丁谋反，不准站民拥有和使用任何武器和铁器，10家轮流使用一把用铁链连在木板上的菜刀。平时站人使用的生活用品基本上都是木制品，诸如木盆、木勺、桦皮碗，等等。没有铁锅只好把废弃的铁片四角折起当锅用。由于战事需要，驿站迎来送往的任务非常繁重，经常是歇马不歇人，对饮食的要求就是快，所以驿站一直流行刀削面的习惯，因为刀削面开锅即熟，兑点汁就可以吃，面汤俱全。驿站伙房一般都是两个人，平时面都和好，锅里的水半开着，汁也兑好了等着。一旦有过客，一个人添柴烧火，另一个人在锅水大开时，左脚踏着锅台，大腿上铺块白布，左手掌在布上托块面团，右手用马掌马"嗖、嗖、嗖"将面条削进开水锅里煮。也就是说话的功夫，面就煮好了，捞出放进大碗，浇上葱花加盐兑成的汁后，就可以进食了。可驿站对刀具控制得严，经常是刀具不够用。站上人就把驿站快马用过的，已经磨得很薄的旧铁马掌找来，在石头上沾盐水反复磨，有了边刃，还很锋利，就用这样马掌替代砍刀使用。后来，站上人就把这种砍刀称为"马掌砍刀"。这也算是驿站特有的文物了。

站人倒背手习俗的由来。背手本来是人们日常的生活习惯，并不奇怪。奇怪的是过去站上人无论大人孩子，都有倒背手、往高抬的习俗。2017年4月，坤站村年届八旬的邵太全老人，为采风组模仿并介绍说：站上人平日里总是爱倒背手、尽量把两只胳膊往高抬，把手掌带小胳膊往另一只袖口里伸，全伸进去后，还要往高再抬一抬，然后再迈步走路。

为什么会有这种习俗？邵老解释说："这还用说吗？是老辈留下来的。听老辈说，当年老祖宗从云南被遣送发配黑龙江时，不少人就是这样被绑着一步一步走过来的。虽然300多年过去了，还是有不少站上人仍旧自觉不自觉地保留着这种习俗，连我自己也是这个样。"

驿站为国家的贡献早已载入史册。《历史的见证》[①]中《清代通往瑷珲的驿站》对此有明确的记载和论述："黑龙江驿站设置后，开辟了直达京师的交通线，在反击沙俄战役中起到了重要作用。""首先是运送兵员武器——每门用12头大牛拉，炮车辙有尺宽，车轨宽6尺多，车辙压下两条沟，后来长出三溜白草——其次是军需给养——科尔沁十旗例贡的牛羊等（物质）在战时皆通过驿站全部送到黑龙江军前，以为军中肉食。更为重要的是发挥着驰驿传递谕令、文书、奏报的功能"，为驱除入侵者，保卫祖国边疆作出重要贡献。

1900年至1903年，驿站在精心组织、成功护送四五万难民往返于瑷珲与齐齐哈尔之间的历史功绩，已载入《黑龙江瑷珲县志》卷九，称驿

---

① 《历史的见证》，黑龙江人民出版社1978年版，第57页。

站"其功德在民,未便湮没,谨为表彰,以资观感"。

在清代,就是这些仍受刑部管理的罪犯——手无寸铁的站丁,在千里驿道上,忠实地传递军情、运送粮草、接待官兵、开荒种地,为保卫祖国边疆、为黑龙江的社会发展做出了牺牲和贡献,他们的功绩不仅留在历史档案里,更留在人们心中。

黑龙江上冬天中俄边界的标志

黑龙江上发生过很多有趣的现象。玻璃棵子象征国界就是一个很好的例子,按现在的说法,也算是黑龙江上曾经长期存在的一道"风景线"。

19世纪中期,黑龙江还是条内河,满语称其为"萨哈连乌拉","萨哈连"是黑色的意思,"乌拉"是大河的意思,合起来就是黑色的大河。到了清代咸丰年间,这条河变成中俄两国的界河,而黑龙江主航道就成为中俄两国的国界,或者更进一步说是国境线。

听老辈人讲,至少是从1948年起,黑龙江左岸的军人到封江之后,就在主航道的江面插上玻璃棵子,也就是小柞树,学名蒙古栎。那一棵棵还带着黄叶子的玻璃棵子,每隔百八十米就有一棵插进冰里,迎着风雪在江面上"站岗"。据当时冬天在江面赶爬犁拉脚的黑河老客们讲,黑河往下的江面上插不插玻璃棵子不知道,反正往上(游)的江面上都插,年年冬天如此。那时候,从漠河到黑河的江面上,中间都插玻璃棵子,玻璃棵子右侧是中国江上爬犁道,左侧是(俄国)军人巡逻的江上汽车道。这小小的玻璃棵子就是国界的标志。不管哪一方只要越过玻璃棵子,就被视为越境犯法。

日子长了,当地人习惯了,知道它就是国界,也就没人招惹。可偏偏有好事者想看稀奇,结果惹了麻烦。据曾经在江边住过的一位名叫"小石头"的笔者亲人回忆说:20世纪70年代末或80年代初的一年冬天,从外地来了一对刚结婚的小两口看光景,开始小两口还站在岸上看,看着江中心插着一排黄叶玻璃棵子,就觉得挺稀奇,说大冬天,这里却在冰上栽树,两人就从江岸下了江,来到主航道上,看看从上到下顺江插着一排带黄叶的小柞树枝,看看中国的江道,又看看对岸苏军汽车巡逻道,然后撅下一根小树枝,在雪地上郑重地写下"某年某月某日×××和×××到此一游"。小两口离开后不到半天,他们就看见对岸军人开着大车小车,来到这儿,又是照相又是测量地折腾一会儿走了。紧接着不长时间,这小两口就被有关部门请问话,还在那个部门住了几天。

第十一篇

外来文化篇

钉齿耙传入瑷珲的时间

钉齿耙过去一直是农民春耕生产中的重要农具之一,主要作用是平整和松散土地,便于下种。

从前,瑷珲地区达斡尔族农民春耕整地最初使用的是圆木拖枝耙。就是用一根两米多、直径十七八厘米粗的圆木做磙子,拖挂着两棵带树枝的灌木组成,说是耙地,不如说是捞地,所以有人直接称其为"捞子"。土壤水分适中墒情好时,整地的效果还凑合;遇到涝年头,拖泥带水地下不去地;遇到旱年,不但地整不平,还扬起漫天的灰土,破坏土壤墒情,加重旱情,严重影响着作物的产量。

传说是在1900年前1900年后,由在黑龙江东给俄国人种地的达斡尔人将俄国人制作的钉齿耙画出草图并将钉齿实物带回黑龙江西,请瑷珲城铁匠炉依照着打出自己的钉齿,再请"本地大眼"木匠(自学的仅能干些粗活的木匠)同样做成耙架,烫木扎眼,打进16根带倒刺儿并烧红的铁钉齿,做成自己的钉齿耙。

由于钉齿耙铁钉齿又长又尖硬,密度还大,整地效果远远好于最初的圆木拖枝耙,所以很快在瑷珲沿江一带各族农户中普及开来,粮食产量较过去也明显增加。直到20世纪70年代初,钉齿耙才逐渐离开农业生产领域。

俄式农具对瑷珲农业发展的影响

瑷珲沿江农村接触使用新式农具的时间较早。早在1900年"庚子俄难"前,江左一些官庄就有使用新式农具的民间传闻。"庚子俄难"后,大约是从民国五、六（1916、1917）年起，江右岸陆续开始把芟刀、钉齿耙、洋犁、割地机等俄式新农具用在农业生产上。这些农具大部分是在十月革命前，从黑河对岸布拉戈维申斯克的"孔氏洋行""秋林公司""俄满洋行"买来的。十月革命后，两岸交通断绝，俄式新农具不能继续输入，只有少数人买到了逃亡到瑷珲沿江寻求避难的白俄所带来的俄式农具。也有些白俄在带来俄式农具的同时，还在瑷珲等地开设小工厂，专门修理俄式农具。

俄式农具在质量、性能上都普遍优于本地传统农具，对瑷珲沿江一带的农业发展起到一定的促进作用。例如到清末前后，瑷珲农民还在普遍使用小镰刀，到市场上买来镰刀头，自己安上木把，用于割地，可每个人割一天还割不到1亩地。使用俄式芟刀（实际上有一部分是奥地利生产的）后，一个人每天能割6—7亩，而且几乎家家都有，不仅能割地，还可以打羊草。等到割地机传入后，套4匹马，每天能割2—2.5垧。俄式农具所带来的不仅仅是高效率，更深层次的是农户对新农具心理上的喜爱和认可。以坤河村为例，全村竟有规格为16号和14号洋犁5副，每副洋犁一天可开垦生荒地5亩，翻熟地1垧。与传统木犁相比较，具有犁得快、犁得深、犁得平整、效率高等优势。自从有了洋犁，各家都忙于开荒翻地，无犁户也忙着借用或插犋合套使用。

民国后期，瑷珲境内沿江一带农业生产有了明显的发展，主要表现在农业户数多了，新农具增多了，土地面积扩大了，粮食产量也增加了。

瑷珲沿江乡村的"马神"热

"马神"在俄语中是"机器"的意思。20世纪初至60年代，大约在半个多世纪内，瑷珲境内一直对某些曾经由俄国进口和后来由国内仿制的同样机器设备统一都称为"马神"，这种现象在沿江乡村尤其更为普遍。

这种"马神"称谓风，首先是从黑龙江北俄制缝纫机传入开始，传到黑龙江南城乡后，人们认为叫马神的机器太多了，就在缝纫机的动力上做了文章，将俄语的马神同汉字的针组合在一起，直接叫马神针成为瑷珲城乡民众用汉语对俄式进口缝纫机的称谓。为了区别手摇与脚踩两种缝纫机，就将手摇缝纫机称为手摇马神针，把脚踩缝纫机称为脚踩马神针。

实际上，把凡是由俄国进口的机器按性能统称为"马神"不过是个习惯而已。那时候，瑷珲境内农村种地，大都是用带犁挽子的旧式木犁，而俄制开荒用的铁犁本来也有自己的名称叫"革足犁"，但是民众却称其为"开荒翻地马神"；马拉割地机本来叫摇臂收割机，民众却称其为"割地马神"；脱谷机也是如此，在农村脱谷称为打场，所以脱谷机被民众称为"打场马神"，等等。最为有趣的是，对驾驶割地机或脱谷机的技术人员统称为"马神迷子"，其含义按人们习惯可以解释为操作机器的技师、师傅或能人。但这"迷子"是哪一国语言，又该作何解释，还需要作进一步探讨。

进口俄货的"洋"字风

瑷珲位于我国东北边陲，人烟稀少，交通不便。清末民初，中俄两国贸易交往十分频繁。作为口岸，黑河曾被称为"万国商埠"。

那时，出口的货物多是麦豆、饲料、牛羊猪肉、冻鱼、糖茶等农副产品。

进口的货物则多是中国市场特别是瑷珲境内短缺的新式农具及一些轻工产品。而这些货物一旦由江左岸布拉戈维申斯克市进口到江右岸黑河，全部货物名称前面都被民众冠以"洋"字，并由此衍生出一些同样带"洋"字的货物名称及带"洋"字的工匠。

诸如，进口铁钉被冠以"洋钉"名称，蜡烛被称为"洋蜡"，火柴被称为"洋火"，进口花布被称为"花洋布"，毛葱被称为"洋葱"，水泥被称为"洋灰"，等等。受这种语言环境影响，连喂牲畜的饲草也被称为

"洋草"，其计量单位也是沿用俄语称谓"嘎姆纳"。

最为明显的是将薄铁皮冠以"洋铁"或"洋铁皮"的称谓。由此衍生出用薄铁皮做出的房盖瓦楞铁皮被称为"洋铁瓦"，用薄铁皮做成的烧水壶被称为"洋铁壶"，薄铁皮水盆被称作"洋铁盆"，薄铁皮水桶被称作"洋铁桶"，用薄铁皮加工制作各种生活用品的师傅们被称作"洋铁匠"。

刷白灰水的苏联"玛达姆"

从前，瑷珲境内无论是城镇乡村的住房，除少量是砖瓦墙之外，大部分都是土墙，远望近看，都是灰土土一片。为了增加室内亮度，看着美观，稍有钱的人家就在年根底下，扫完房，打好糨糊，把从街上买来的糊墙纸对好缝，一张一张贴在天棚或墙上，又亮堂，又喜庆。

大约是从20世纪40年代中期开始，随着城乡苏联人的不断涌入，特别是苏联妇女的增多，就把她们在江左岸爱干净整洁亮堂、刷白灰水墙的习惯带了过来，瑷珲沿江一带墙上刷白灰水的习惯也就先城镇后乡村逐步兴了起来。人们把这种做法叫"刷白灰水"，其实就是刷石灰水。

由于刷白灰水的人家越来越多，加上机关大院和买卖人家更有这种需求，社会上就出现了一个"刷白灰水的"职业人群。在这个群体中，领头的或者说最受人们欢迎的就是"刷白灰水的苏联玛达姆"。她们一般年龄都在四五十岁左右，干净、能干，活干得特别利索。只见她们无论春夏秋冬，一年四季都身着长裙，头扎花头巾，拿着自制的长把刷子，拎着一个装着短把刷子的小桶，穿梭于大街小巷之间，为大小平房和楼房刷白灰水美容。

刷白灰水的活说起来简单，能干好却不容易。只见她们按比例在水中放入生石灰块儿，随着"咕嘟咕嘟"的冒泡声，生石灰块在水中溶解成十分细腻的石灰浆，按主人的需求兑好颜料，就开始有条不紊地刷着。最让人佩服的是，墙刷完了，她们还从衣袋里掏出块小抹布，把溅出来的小石灰水点擦净。人们常说：干活好的不是本地人，而是苏联玛达姆。这些人不仅在外面活干得好，家里也收拾得特别干净利索。有人借故前去探访，结果回来全都信服地说："人家住的房子真的不是那么全都好，可人家就是户户窗明几净，那墙刷得倍儿白，那白纱窗帘洗得也是刷白刷白的，那油漆地板刷得铮亮，那没刷油的地板也被人家用竹根刷子刷得全露白茬，真让人佩服。"所以人们总是愿意找苏联玛达姆刷白灰水，特别是城里一些大户或有身份的人家都愿意请苏联玛达姆到家当保姆。

对于长期住土墙的民众来讲，墙上刷白灰水无疑是一种文明。白灰水不仅可以杀死寄居室内的潮虫等有害生物、净化空气，还可以使人在视觉上感到舒服。黑河人在长期的生活实践中认识并接受了这一点，所以才总找特别能干的苏联玛达姆刷白灰水。

瑷珲沿江一带的俄式取暖设施

史料显示，至迟是在光绪三十四年，即公历 1908 年，瑷珲城就已经引入俄式取暖设施。《黑河海关志》第一章第一节"瑷珲海关建立"对此有如下描述："瑷珲副都统责成善后局与房主惠恩堂（商号）议妥上下楼房三间，四围门壁，窗户俱全，楼上间壁三道，楼下两道，别拉气（炉子）、扶梯等装修均系新制……"①

直到 20 世纪 80 年代初，瑷珲区城里的少数人家和乡村较多的农户家中，仍然可以看到继续使用俄式取暖设施的现象。这些取暖设施首先是同时具有取暖、烧水、做饭、烤土豆或烤饼等多种功能于一体的"别拉搭"；其次还有俄式或仿本书信息俄式"别拉气"，民间称其为"铁炉子"；再次还有俄式铁皮烟囱、拐脖和别拉搭盖子，被当地汉族人称为"别拉气筒子、别拉气拐脖、别拉搭盖子"，这三件生活用品的称谓实际

---

① 中华人民共和国黑河海关编：《黑河海关志》，中国社会科学出版社 1997 年版。详见该书 70 页，即第一章第一节。

上是一种俄汉语的新组合。

"别拉搭"是仿制俄式炉子搭建起来的一种长约 150 厘米，高约 80 厘米，宽约 60 厘米的用砖砌制的取暖设施。分三种样式。第一种是分上下两层，即上面的薪炭燃烧层和下面的储灰层，这两层中间由一块长方形铁炉箅子隔挡，铁炉箅子四周用黄泥封堵呈弧形窝状，利于起火。火塘上面设置铸铁板带一个眼或两个眼的"别拉搭盖子"。第二种与第一种基本一致，不同之处在于炉箅子与炉盖子之间加设一道同箅子平行的砖砌挡火层，使明火和柴灰不至于直接进入这一层，民间称一层为炉二层为塘，主要功能是便于加工食品。第三种是炉盖子上面加砌一座拱形火墙并与室内间壁火墙成为一体，充分利用其余温取暖。这种设施保温性能好，至今个别乡村特别是山区住户仍在继续使用"别拉搭"采暖。

"别拉气"是俄制铸铁炉子。一般高度在 80 厘米左右，有直筒式的，但较多的还是使用由三节组成的上下稍细中间稍粗的分体铁炉子，底层是灰仓，中上层是呈椭圆形外带竖条散热片的燃烧室，顶盖上设有活动的铁炉盖，可烧水或放置小炖锅。其使用特点是体积较小，便于搬动安装和热得快。缺点是保温性能差，凉得快，民间称其为"冻死鬼"，主要是不能为其经常添煤而造成的，不能长时间用于取暖。

由于自然条件和区位因素，使用俄式取暖设施的习惯在瑷珲沿袭时间很长。

使用俄制计量单位的习惯

近百年内，在瑷珲境内民众的生产生活中，使用俄语和俄式计量单位的情况屡见不鲜。形成这种习惯的主要因素至少有两点：一是黑河作为万国商埠后，同阿穆尔州及其首府布拉戈维申斯克两岸贸易交往日趋频繁，随着进出口货物品种和数量逐年增加，人们有机会接触和使用这些俄式生产用具和生活用品，也就顺理成章地沿袭着其商品的原有称谓和使用方法，积久习常。二是大批中国人进入布拉戈维申斯克市及远东各地，从事修建铁路、森林采伐、淘金、种地、经商等劳务生产活动，他们使用的是俄国制造的机器和生产工具，计算单位和计算方法都是俄式的，当他们回国后，对自己十分熟悉的俄式生产生活用具仍旧保持着原有的称谓和使用习惯。例如，在春播时，使用一种吊带斜挎的俄式木制撒籽匣子，用这种木匣子装满粮食，重量刚好是俄国计量单位1普特，即中国计量单位16.38公斤就直接称其质量单位普特。在草场，人们将前期用俄制苦刀割下的一趟趟已晾干的羊草堆起，两人用草杈叉起草，在空中相对时为一个计量单位，俄语称为"嘎姆拿"，汉语意为一个标准草堆计量单位。堆这种"嘎姆拿"草堆的技术要求是草根向里草梢向外，特别是草堆顶部要摆好压实，免得草堆进雨，从中间开始霉烂。在丈量土地长度时，使用俄制"沙申"作为计量单位，而中国则称其为"沙绳"，3沙申相当于中国2丈。《黑河海关志》记载："瑷珲县公署遵照黑河道尹公署指令，拨给卧牛河、小黑河两处（建海关分卡）均各为东西9沙申、南北5沙申作为卡房之用。"①

瑷珲语言的多元化

瑷珲境内语言多元化的特点十分明显。基本特点首先是以汉语为主体语言，夹杂着满族、达斡尔族、鄂伦春族、蒙古族等民族语言，相互交替使用。其次因为地域和历史因素，汉语中又夹杂一定数量的俄语或由汉语俄语组合的新词组。

在生活中，经常会出现使用民族遗存的民族语言现象。如，"拉忽"，满语原意是"打猎没本事"，后来演变成"办事不靠谱，太粗心大意"，进而经常用于"他这个人太拉忽了，什么事也办不好"，还发展成重叠词"拉拉呼呼"使用。很多人并不知道"拉忽"一词源于满语。同样，"咋呼"一词也是如此，它本是满语"查呼"，词意是指泼妇一样的行为，现

---

① 《黑河海关志》，中国社会科学出版社1997年版。本节引自该书第79页。

在引申意义为虚张声势的喊叫。而且也经常以"咋呼呼"重叠词使用。至于民间仍然将小船称"威乎",把变质有刺鼻味的油脂称"哈喇",把用眼睛查看称"撒目",把仓库称"哈室",把石头称"嘎垃"等,满语遗存沿用现象比比皆是。而且很多人并不了解在本地人使用的汉语中仍夹杂着一定数量的满语。同样,俄语夹杂在汉语中的现象也不少。诸如,过去专门用进口薄铁皮打制烧水壶或小铁炉烟囱的师傅,本地人称其为"做别拉气筒子的洋铁匠"。又如,"葵花籽"俄语称谓是"斜么子",而本地人却称其为"斜么嗑",把俄语名词与汉语动词连接起来。至于直接用俄语称谓的现象更为普遍。诸如,过去黑龙江上航行的用拖轮牵引的拖船,俄语称谓是"巴拉士";用薄铁皮制作的方形水桶,俄语称谓是"邦克";高勒翻毛皮鞋,俄语称谓是"巴斤克",诸如此类的俄语称谓都曾经在本地流行过很长时间。

中国少数民族语言也好,外来的俄语也罢,都是体现瑷珲作为少数民族聚居地和亚欧文化交汇处这一特定区域语言文化的重要特征,是特定的历史时期内形成的一种文化遗存。

俄国建筑文化对瑷珲民居建筑的影响

清末民初,瑷珲古城除魁星楼之外,全部进行重建。

从现有的几栋具有文物保护价值被保留下来的砖瓦结构民居看,在基本保留中国建筑特色的基础上,明显融入了俄国建筑文化元素,这也是瑷珲作为特定历史文化、特定地域文化、边境文化的特点。从外部表象看,房屋建筑材料不再一律是青砖青瓦,而是开始使用当时从俄国进口的瓦楞形薄铁皮为盖。虽然与传统建筑风格上感觉有些格格不入,但是这种建筑材料确实有视觉上亮堂、材质轻薄、易于安装更新的优势,具有较强的实用性价值。在这批建筑的迎面窗户上,全部安装上明显带有俄式雕刻纹饰的窗护板,这些美观大方实用性强的装饰起码在本地传统民居建筑上是绝无仅有的。在大墙转角位置上大都建有精致砖雕盆花、蝙蝠等喜庆吉祥图案。我国传统砖雕图案几乎是清一色的单枝花或连理枝，而在俄国砖雕作品中有很多是有花有盆的作品。至于砖雕蝙蝠则完全是反映中国民俗"五蝠（福）临门"祈福心理的传统工艺品。

此时除瑷珲古城外，还包括沿江城镇村屯的一些住宅，与本省内地一些城乡住宅相对照，比较早的开始用从对岸进口的玻璃镶嵌窗户，逐渐结束几百年来棱格窗、糊窗户纸光线昏暗的室内生活。

据黑河业内老人讲，黑河街里的板夹锯末房也是由对岸传过来的。那时对岸的木材蓄积量特别大，木材加工设备先进，成品木材储存量也多，城市房屋建筑需求量也大，除砖房、木刻楞之外，就是建板夹锯末房。因为这种房屋建材特别丰富，工艺简单，建房速度也快，所以，这种建筑形式很快传入黑河，导致黑河街里迅速出现一批板夹锯末房。据《黑河海关志》第九章第三节"关产"部分记载："外班关员值班室（八十年代为黑河市兴安街第四居民委）。位于黑河镇，占地面积2亩……1912年建成，木板平房，双层板墙，内用木屑填塞，造价4200元大洋，后被技术顾问占用。"①

一个家庭两种信仰，一桌吃饭两种饮食习惯

第二次世界大战结束后，瑷珲境内江沿岸乡村出现许多由中国男人同苏联女人组成的家庭，有的是中国小伙与中苏混血姑娘结婚成家，有的是中国男人早在对岸期间就同苏联女人成了家，后来拖儿带女回到中国，在黑龙江沿岸择地住下来。这种苏联女人主动嫁给中国男人特别是中国山东或河北男人的现象，在那一段时间十分普遍。

黑河上游一个沿江山村就有这么一个家庭，一家六口人，男主人姓

---

① 因筑建黑龙江公园于20世纪90年代拆除。《黑河海关志》，中国社会科学出版社1997年版，第328页。

李,50多岁,因为他说话嗓门大,人们就叫他李大嗓门。这个人能吃苦也特别能干活,是个典型的山东汉子。年轻时李大嗓门闯关东到江北一个没有男劳力的农户家住下来,并与这家的大姑娘娜达莎成了家,生养一个苏联名字叫阿廖沙、中国名字叫李乂侠的儿子。这栋位于会晤室东侧的建筑,因建黑龙江公园于1994年拆除。李大嗓门带着苏联老婆和他20岁出头长得十分帅气的儿子,从布拉戈维申斯克市郊区来到这个沿江山村安了家,还让儿子娶了个本地姑娘作儿媳妇,给他连生了两个孙女。

平日里,娜达莎帮着老伴伺候奶牛、烤羊角面包、搅冰糕、用酸面包做又酸又甜的格瓦斯,中午由李大嗓门把这些食品挑到学校卖给小孩子。只要他一到学校操场,上学没上学的孩子们就把他围起来,用钱买或用鸡蛋换这些小食品,场面可热闹了。儿子李乂侠背着从对岸带过来的双筒猎枪进山打猎,儿媳伺候孩子连带做饭,一家六口人其乐融融地过着日子,村里人都很羡慕。可在他们家里,有时也会出现一些烦心的事。先是李大嗓门在家灶坑上方临近天棚处供奉个灶王爷,后来又在大屋里供奉着关老爷,时不常地还上香拜一拜。娜达莎是个虔诚的东正教徒,天天对着圣母玛利亚像向上帝祈祷。两个人信仰不一,各说各的理,谁也没服过谁。再就是同在一个桌上吃饭,却经常各吃各的饭菜。李大嗓门总是说牛奶面包不如山东老家的煎饼卷大葱好吃,说这样吃爽口来劲还下饭。娜达莎觉得煎饼卷大葱味道不好太刺鼻。两个人为这两件事一直没少闹矛盾。

老两口的感情非常好,娜达莎经常对外人说:"老头心眼好,能干,顾家,特别疼我,他爱吃煎饼卷大葱就让他吃吧!"大嗓门也回应说:"娜达莎跟我没少吃苦,我爱她,也离不开她,她愿意信上帝就让她信吧。反正我们家有关老爷保佑,日子平安,也能发点小财,我就心满意足了。"

1956年,上了岁数的娜达莎因为太惦念自己在黑龙江北的父母,中国政策又允许,李大嗓门就带着一家老老小小又去了江左岸。

后　　记

《黑龙江中上游右岸民俗文化》就要同读者见面了。我心里深感遗憾与愧疚。遗憾的是此书竟然拖至三十余年才完成，愧对时任中国民俗学会常务副理事长兼秘书长、北京师范大学中文系教授、博士生导师张紫晨先生对我的期望。1983年，我曾在张先生亲自主持和授课的"全国民俗学民间文学讲习班"学习。1985年，在出席中国民间文艺家协会第三次理论年会期间，张先生约我谈谈讲习班结业后学习工作情况，得知我有出书的想法，就鼓励我"要耐得住清贫和寂寞，扎扎实实做学问"，并对书稿的体例等方面进行点拨指导。临别前，在北京国谊宾馆412房间，先生为我题写"把黑龙江民俗调查研究搞起来。张紫晨1985年5月3日"的题词。三十余年过去了，先生已驾鹤赴天国多年，我却因为种种原因迟迟才了却先生的心愿。此时，我只能眼望先生的遗像遗嘱，心里暗暗自泣说："先生，真的对不起！我辜负了您的期望。"

我是吃黑土地产的粮食、喝黑龙江水长大的瑷珲人。瑷珲各少数民族的文化滋养了我，瑷珲各界朋友把爱给了我。我不会忘记，在我求学最困难的时候，是黑河师范学校在寒冬里用衣物接济我，才使我以优异成绩顺利完成学业；我也不会忘记，参加工作四十余年来，有关单位领导无数次让我参加地、省、东北地区乃至全国举办的各种学习班、研讨会，给予我多次外出观摩考察、学习提高的机会。省民间文艺家协会原主席王士媛老师、我的学长族兄富育光、祁学俊无论是在任期间还是退休后，都在学术上给予我无私的帮助。黑河学院科研处处长宁艳红和刘成、刘东龙、盖玉玲、王思源等文友也都一直鼓励支持此书的出版，我愿借此机会一并表示谢意。

我已年届八旬，视力急剧减退。本书能够出版与家人支持分不开，我也感谢他们的付出。

白长祥

2018 年 10 月于黑河